# Special Thanks to

세상이 아무리 바쁘게 돌아가더라도
책까지 아무렇게나 빨리 만들 수는 없습니다.

길벗은 독자 여러분이
가장 쉽게, 가장 빨리 배울 수 있는 책을
한 권 한 권 정성을 다해 만들겠습니다.

독자의 1초를 아껴주는 정성을
만나보세요.

홈페이지(www.gilbut.co.kr)에서 책을 함께 만들 수 있습니다.

㈜ 도서출판 길벗
길벗이지톡
길벗스쿨

# 구글 워크스페이스

김종원 지음

길벗

# 구글 워크스페이스

Google Workspace

**초판 발행** • 2021년 7월 30일

**지은이** • 김종원

**발행인** • 이종원

**발행처** • (주)도서출판 길벗

**출판사 등록일** • 1990년 12월 24일

**주소** • 서울시 마포구 월드컵로 10길 56(서교동)

**대표 전화** • 02)332-0931 | 팩스 • 02)323-0586

**홈페이지** • www.gilbut.co.kr | 이메일 • gilbut@gilbut.co.kr

**기획 및 책임편집** • 최동원(cdw8282@gilbut.co.kr) | **디자인** • 장기춘 | **제작** • 이준호, 손일순, 이진혁

**영업마케팅** • 임태호, 전선하, 차명환 | **웹마케팅** • 조승모, 지하영 | **영업관리** • 김명자 | **독자지원** • 송혜란, 윤정아

**편집진행** • 김휘중 | **전산편집** • Vision IT | **CTP 출력 및 인쇄** • 두경m&p | **제본** • 경문제책

▶ 잘못된 책은 구입한 서점에서 바꿔 드립니다.

▶ 이 책은 저작권법에 따라 보호받는 저작물이므로 무단전재와 무단복제를 금합니다. 이 책의 전부 또는 일부를 이용하려면 반드시
  사전에 저작권자와 (주)도서출판 길벗의 서면 동의를 받아야 합니다.

**ISBN** 979-11-6521-613-9 03000

(길벗 도서번호 000795)

정가 27,000원

---

독자의 1초를 아껴주는 정성 길벗출판사

**(주)도서출판 길벗** | IT실용서, IT/일반 수험서, IT전문서, 경제실용서, 취미실용서, 자녀교육서

**더퀘스트** | 인문교양서, 비즈니스서

**길벗이지톡** | 어학단행본, 어학수험서

**길벗스쿨** | 국어학습서, 수학학습서, 유아학습서, 어학학습서, 어린이교양서, 교과서

**페이스북** • www.facebook.com/gilbutzigy

**네이버 포스트** • post.naver.com/gilbutzigy

# 머리말

'왜 다른 일보다 Google Workspace 활용 교육에 매진하며 책까지 출간하는가?' 사람들이 저에게 묻지도 않는데 스스로에게 묻는 질문입니다. 기본적으로 컴퓨터를 좋아하기 때문이겠지만, 나름 목적하는 바가 있습니다. 중소기업과 같은 작은 조직에게 Google Workspace를 알려서 도움을 드리고 싶어서 입니다. 스마트워크 도구인 Google Workspace가 작은 조직에게 도움이 된다고 생각하는 두 가지 이유가 있습니다.

**첫째, 다양한 조직 문화를 담기에 충분히 유연하고 효율적입니다.**
문서 대장을 종이에 쓰거나 차량 이용 기록을 화이트보드에 쓰는 작은 조직이 아직도 많습니다. 이런 오래된 방식을 사용하는 이유가 무엇일까요? 그 방식이 최적이라고 생각하기 때문일까요? 더 좋은 방법을 모르거나 적용이 힘들다고 생각하기 때문인데, 결국은 효율적이지 못한 방법을 선택하게 됩니다. Google Workspace를 사용하면 조직 상황에 맞게 업무 환경을 설계할 수 있습니다. 자율이 중요한 조직이라면 직원에게 무한한 자유를 부여할 수 있습니다. 보안이 중요한 조직이라면 Google Workspace로 조직원의 활동을 확인하고, 통제 및 관리할 수 있습니다. 지향하는   조직 문화에 맞게 구축하여 효율적으로 일을 할 수 있습니다.

**둘째, 조직이 변해야 합니다.**
조직 문화에 대해 이야기하는 몇 가지 관점이 있습니다. '대표의 생각을 바꾸어야 조직이 바뀐다', '리더십이 바뀌어야 한다', '사람이 바뀌어야 한다' 와 같은 메시지가 주류인데, 이는 문제를 사람 중심으로 보는 보수적인 관점입니다. 생각해보면 스마트폰 때문에 우리의 삶이 많이 바뀌지 않았나요? 하지만, 아직 스마트폰과 스마트폰이 몰고 온 클라우드 환경이 업무에 자리 잡히지 않는 곳이 많습니다. 업무 방식을 클라우드로 바꾸면 업무 소통이 바뀔 겁니다. Google Workspace는 조직을 바꿀 수 있는 최적의 업무 도구입니다. 사람이 바뀌면 조직이 변하고, 도구가 바뀌어도 조직이 변화합니다. 제가 기꺼이 여러분을 위한 프로메테우스가 되겠습니다.

신용우 선생님 덕분에 이 책을 집필할 수 있었으며, 함께 Google Workspace를 공부하는 과정에서 제가 많이 배웠습니다. 또, 이 책이 나오도록 애써 주신 Vision IT의 김휘중 실장님, 길벗출판사의 최동원 차장님께 감사드립니다. 탈고한지 일주일 만에 G Suite에서 Google Workspace로 이름이 바뀌면서 다시 수정하느라 수고가 많으셨습니다. 마지막으로 조직의 변화를 꿈꾸는 사람들에게 이 책이 조금이라도 도움이 되기를 바랍니다. 진심으로 고맙습니다.

저자 김종원

# 이 책의 구성

SECTION
02

## SECTION 02 / 일정 등록

Google 캘린더에서 일정을 등록할 수 있는데 제목과 시간을 입력하는 것뿐만 아니라 위치, 알림, 설명 등의 옵션을 추가해서 일정을 등록할 수 있습니다.

1 | Google 캘린더에 일정을 등록하기 위해 [만들기]를 클릭한 후 일정 입력 팝업 창이 나타나면 일정 제목을 입력하고, [옵션 더보기]를 클릭합니다.

**잠깐만요** 세부 설정 없이 일정을 빠르게 입력하려면 일정 팝업 창의 제목에 '총무팀 회의 14시'라고 입력하고, [저장]을 클릭합니다. 자동으로 오후 2시 일정으로 등록합니다.

2 | 시간 설정과 함께 그 외에 위치, 알림, 설명 등을 추가로 입력할 수 있습니다. 필요한 정보를 모두 입력하고, [저장]을 클릭합니다.

**3** | 해당 날짜에 일정이 등록된 것을 확인할 수 있습니다.

전문가의 조언 **•** **드래그로 일정 변경**

날짜만 변경되고 시간은 그대로라면 해당 날짜에서 원하는 날짜로 드래그하여 일정을 쉽게 이동할 수 있습니다.

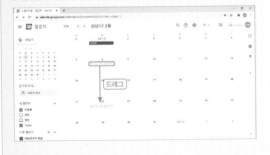

### 전문가의 조언

IT 전문가가 아니더라도 걱정하지 마세요. 구글 전문가가 친절하게 알려줍니다.

### 검색 탭

다양한 앱과 설정을 검색 탭으로 빠르게 찾아볼 수 있습니다.

# 목차

# 목 차

## GOOGLE 드라이브

### Chapter 1 · Google 드라이브 활용

### Chapter 2 · Google 드라이브 설정

## PART 03 · GOOGLE 문서 도구

### Chapter 1 · Google 문서 도구의 활용

### Chapter 2 · Google 문서

### Chapter 3 · Google 스프레드시트

# 목 차

## PART 04 · GOOGLE WORKSPACE의 다양한 앱

### Chapter 1 · Gmail

# 목차

# PART 05 관리 콘솔 고급 관리

## Chapter 1 · 관리 콘솔 고급 설정

PART 01

# GOOGLE WORKSPACE

조직에서 사용할 최적의 스마트워크 도구를 고민하고 있다면 즉각적인 생산성 향상과 수준 높은 협업을 체감할 수 있는 Google Workspace를 적극 추천합니다. Google Workspace를 사용하면 여러분이 꿈꾸는 업무 환경을 조성할 수 있습니다.

# Google Workspace의 이해

Google Workspace는 Google의 클라우드 서비스로 조직의 생산성 향상과 협업을 위한 스마트워크 서비스입니다. 전 세계 600만의 기업과 학교, 비영리단체에서 사용하는 Google Workspace는 G Suite라고 불렸던 서비스가 2020년 10월부터 Google Workspace로 명칭이 변경된 것입니다.

# SECTION 01 / 클라우드 기반의 스마트워크

이 책을 펼치는 분이라면 Google 드라이브, Google 문서 도구 등 다양한 Google 앱을 개인 계정으로 사용해 본 적이 있을 겁니다. Google Workspace 는 다양한 Google 앱을 조직에서 사용할 수 있게 만든 통합 스마트워크 도구로 조직에서 동료와 협력하기에 최적의 업무 환경을 제공합니다.

보통 '클라우드'라고 하면 '클라우드 스토리지(저장 공간)'을 의미하는 것으로 다양한 파일들을 서버에 보관해 두고, 각종 기기를 통해서 파일을 불러올 수 있는 서비스를 말합니다. 대표적인 클라우드 서비 스로는 Google 드라이브, OneDrive, 네이버 MYBOX, Dropbox가 있습니다.

기술이 점점 발전하면서 클라우드 개념이 고도화되었습니다. 파일만 서버에 저장하는 것이 아니라 앱 도 클라우드에 올려놓고 사용할 수 있습니다. 앱을 컴퓨터에 설치해서 사용하는 것이 아니라 인터넷에 접속하여 사용하는 방식입니다. 문서 작업은 기본이고 디자인, 데이터 관리, 자동화 서비스 등 모든 작업을 웹 브라우저를 통해서 합니다. 인터넷만 접속하면 사용할 수 있기 때문에 어떤 운영 체제나 어 떤 기기에서든 같은 사용자 경험을 제공합니다.

'클라우드'라는 개념이 어렵게 느껴질 수 있지만 이미 우리 일상에서 많이 사용하고 있습니다. 한 예로 우리는 이메일을 클라우드 방식으로 사용하기 때문에 이메일을 내 컴퓨터에 저장하지는 않습니다. 다 음, 네이버, Gmail 등의 이메일 서비스에 접속해서 내용을 쓰고 발송합니다. 내 이메일 내용뿐만 아니 라 발송 서비스까지 인터넷에 모두 있기 때문에 언제 어디서든 접속해서 사용할 수 있습니다.

Google Workspace에서 제공하는 앱은 단 하나의 버전만 있습니다. 수시로 새로운 기능이 추가되지 만, 버전 구분이 없습니다. Google 문서 도구로 만든 어떤 문서든 하위 호환 문제를 걱정할 필요가 전 혀 없습니다. Google Workspace를 사용하다 보면 앱이 수시로 업그레이드 되는 것을 확인할 수 있 는데, 이는 클라우드 방식으로 앱을 사용하기 때문에 가능한 방식입니다.

Google Workspace를 제대로 사용하기 위해서는 Chrome 웹 브라우저를 써야 합니다. Google이 꿈꾸는 클라우드 개념은 Chrome 브라우저만 있으면 어떤 운영 체제나 기기에 관계없이 Google의 모든 서비스를 사용할 수 있는 환경입니다. 타 웹 브라우저를 사용해도 되지만, 오프라인 액세스와 알 림, 음성 입력 등 Google Workspace의 모든 기능을 사용하기 위해서는 Chrome 웹 브라우저가 필 수입니다.

# SECTION 02 다양한 앱과 계정 비교

Google Workspace는 조직을 위한 통합적인 스마트워크 도구로 조직의 다양한 요구를 해결하기 위한 여러 가지 앱을 제공합니다. Google 개인 계정과는 달리 Google Workspace 계정은 조직의 관리자를 통해 받을 수 있으며, Google Workspace 버전별로 사용할 수 있는 앱이 조금씩 다릅니다. 다양한 버전의 Google Workspace에 대한 자세한 내용은 28쪽을 참고하세요. 여기에서 소개하는 앱은 Google Workspace Business Standard 버전을 기준으로 정리했습니다.

- **소통** : 메일, 일정, 채팅, 화상 회의 등으로 조직 내외 사람과 소통을 도와줍니다.
- **협업** : 문서, 스프레드시트, 프레젠테이션 등 다양한 문서와 콘텐츠를 만들어 조직원과 협업합니다.
- **관리와 보안** : 파일과 앱, 사용자 계정, 기기 등 Google Workspace 전반을 운영 및 관리합니다.

각 분류에 해당하는 앱에 대한 간단한 설명은 다음과 같습니다.

## 소통

| 앱 | 설명 |
| --- | --- |
| **Gmail** | 비즈니스 업무에 최적화된 메일 서비스로 조직의 Google Workspace 관리자가 부여하는 조직 도메인 계정(you@company.co.kr)으로 메일을 사용할 수 있습니다. 대화 방식으로 메일을 주고받고 라벨과 필터링으로 메일을 분류하고 정리할 수 있습니다. 또한, Gmail에서 채팅 서비스를 사용할 수 있습니다. |
| **캘린더** | 달력에 일정을 기록하고 조직원과 공유하는 서비스로 회의실, 차량, 노트북 등과 같은 조직의 공간과 공유 물품을 겹침 없이 예약할 수 있습니다. |

| | |
|---|---|
| **채팅** | 동료와 문자로 대화할 수 있는 채팅 서비스로 팀원과 채팅방을 만들어 소통하면서 다양한 문서를 공유하거나 공동 작업을 할 수 있습니다. |
| **Meet** | 화상 회의 서비스로 기기 화면을 공유하거나 소그룹으로 나누어 회의할 수 있습니다. |
| **Currents** | 사내 소셜 네트워크 서비스로 페이스북과 비슷합니다. 특히, 직원의 의견을 공유하고, 동료와 아이디어를 주고받는 데 좋습니다. |

## 협업

| 앱 | 설명 |
|---|---|
| **문서** | 문서를 작성하고 편집하는 서비스로 어느 기기에서든 기기 형식에 맞게 최적화된 문서를 볼 수 있습니다. 유사한 앱으로는 MS Word나 한컴오피스 한글이 있습니다. |
| **스프레드시트** | 표에 숫자나 문자를 입력해 수치 계산 등을 하는 서비스로 함수 등을 사용하여 자동으로 데이터를 계산할 수 있습니다. 유사한 앱으로는 MS Excel이 있습니다. |
| **프레젠테이션** | 시청각 발표 자료를 만드는 서비스로 슬라이드 형식의 그래픽 문서를 작성할 수 있습니다. 유사한 앱으로는 MS PowerPoint가 있습니다. |
| **설문지** | 신청서, 업무 양식, 설문 조사, 퀴즈 등을 제작할 수 있는 온라인 설문 서비스로 설문 받은 데이터를 Google 스프레드시트와 연동하여 다양하게 분석할 수 있습니다. |
| **사이트 도구** | 코딩 없이 간편하게 웹사이트를 만드는 서비스로 Google Workspace의 다양한 앱을 사이트 도구에 넣으면 업무에 도움이 되는 인트라넷을 구축할 수 있습니다. |
| **Keep** | 메모 서비스로 타사의 메모 앱에 비해 간편하게 사용할 수 있습니다. |
| **내 지도** | 정보를 Google 지도에 표시해 위치 기반 정보를 한 눈에 볼 수 있는 맞춤 지도를 만들 수 있습니다. |
| **포토** | 사진과 동영상에 특화된 클라우드 서비스로 사진과 동영상을 저장하고 취합하면서 공유하기에 유용합니다. |

## 관리와 보안

| 앱 | 설명 |
|---|---|
| 드라이브 | 다양한 파일을 클라우드에 모아 놓는 저장 공간으로 문서를 공유하여 공동 작업을 할 수 있습니다. 공유 드라이브를 사용하면 팀원과 파일을 쉽게 공유하면서 소유권 걱정 없이 사용할 수 있습니다. |
| 관리 콘솔 | 사용자 추가, 그룹 설정, 권한 부여, 기기 관리 등 Google Workspace의 모든 설정을 총괄합니다. 관리자 권한이 있는 사용자만 사용할 수 있습니다. |
| 기기 관리 | 어느 모바일 기기에서든 작업할 수 있는 환경을 제공하며, 직원이 사용하는 기기의 보안을 확인하고 관리합니다. |

## 개인 계정과 Workspace 계정 비교

누구나 google.com에 가입하면 'you@gmail.com' 형식의 Google 개인 계정을 받을 수 있으며, 이는 Google이 직접 각 계정을 관리합니다. Google Workspace 계정은 조직이 Google로부터 Google Workspace 사용권을 부여받아 계정을 조직원에게 개설하는 방식으로 'you@company. co.kr' 형식의 계정이 생성됩니다. 조직의 Google Workspace 관리자가 조직원의 Google Workspace 계정을 직접 관리 및 운영합니다.

Google 개인 계정과 Google Workspace 계정의 비교는 다음과 같습니다.

| 항목 | 개인 계정 | Google Workspace 계정 |
|---|---|---|
| 비용 | 무료 | 유료<br>(인증된 비영리단체, 학교는 무료) |
| 계정 주체 | 개인 | 조직 |
| 계정 형식 | you@gmail.com | you@company.co.kr |
| 도메인 가입 | 해당 없음 | 조직의 도메인(company.co.kr)을 Google Workspace와 연계 등록 |
| 가입 | 자유 | 조직의 Google Workspace 관리자를 통해 허락된 조직원만 가입 가능 |
| 관리 | Google 정책 안에서 사용자가 직접 관리 | Google이 허용한 Google Workspace 권한 안에서 Google Workspace 관리자가 관리하거나 조직의 Google Workspace 관리자가 설정한 정책 안에서 사용자가 직접 관리 |
| 모니터링 | Google에서 모니터링 하지만 특별한 제약이 없음 | Google Workspace 관리자가 사용자의 활동을 수시로 모니터링하고, 다양한 제약이 가능 |
| 계정 삭제 | 사용자가 직접 자신의 계정을 삭제 가능 | 사용자 자신의 계정 삭제는 불가능, Google Workspace 관리자가 계정 삭제 가능 |
| Google 드라이브 용량 | 15GB | 30GB ~ 무제한 |
| 공유 드라이브 | 없음 | 있음<br>(Google Workspace Business Starter 버전에는 없음) |
| 동기화 프로그램 | 백업 및 동기화 프로그램에 최적화 | 데스크톱용 Google 드라이브 프로그램에 최적화 |
| Google 드라이브 링크 공유 | 링크가 있는 모든 사용자에게 공유 | 조직 내에서만 링크로 공유 또는 링크가 있는 모든 사용자에게 공유 가능 |
| Google 캘린더 | 일정 작성과 공유 | 일정 작성과 공유, 조직의 공유 공간과 물품을 등록하고 예약 가능 |
| Google Meet 사용 시간 제한 | 1시간 | 24시간 |

# Google Workspace를 추천하는 이유

컴퓨터에 파일을 저장하여 작업하는 기존 업무 시스템에서 Google Workspace로 전환해야 하는 이유를 일목요연하게 정리하였습니다. 클라우드 방식으로 업무를 처리할 때의 장점이 Google Workspace에 그대로 적용됩니다.

## 안전한 문서 관리

조직에서 문서를 제대로 관리하지 못해 손실을 겪는 일은 더 이상 없어야 합니다. 또 직원이 자기 사업 문서를 가지고 퇴사하거나, 어떤 파일이 어느 컴퓨터에 있는지를 못 찾거나, 실수로 문서를 삭제하거나, 랜섬웨어에 걸려 파일이 사라지는 일 등은 더 이상 없어야 합니다. Google 문서 도구로 만든 문서 파일은 원천적으로 랜섬웨어나 바이러스에 취약하지 않으며 누가, 언제, 어떤 내용을 수정했는지 모든 과정이 기록되고, 복원할 수 있습니다. Google 드라이브에 있는 파일을 수정하면 버전 관리를 통해 수정한 파일이 모두 저장되며, 임의로 삭제한 파일도 관리자가 복원할 수 있습니다. 이렇게 Google Workspace를 사용하면 조직의 문서를 안전하게 관리할 수 있습니다.

## 생산성 향상

기존에는 앱마다 제작사가 달라서 분절된 방식으로 앱을 사용했습니다. Google Workspace의 핵심 서비스는 10여 개이고, 추가 Google 서비스는 50여 개로 업무에 필요한 방대한 앱을 제공합니다. Google Workspace는 한 계정에서 60여 가지의 앱을 사용할 수 있기 때문에 Google Workspace의 모든 앱을 통합된 방식으로 활용할 수 있습니다. 이는 업무 대부분을 Google Workspace 앱만으로 모두 처리할 수 있을 정도입니다. Google Workspace의 모든 앱은 클라우드 방식으로 설계되어 있어 어떤 기기를 사용하든지 실시간 협업하는 작업에 최적화되어 있습니다. 또한, 대부분의 서비스는 한번의 마우스 클릭만으로 사용할 수 있기 때문에 조직원 전체가 간단하게 이용할 수 있습니다. 이러한 Google Workspace의 도입만으로도 조직의 생산성 향상을 체감할 수 있습니다.

## 조직 문화의 변화

사람이 바뀌거나 도구가 바뀌면 조직 문화도 바뀝니다. 스마트폰 덕분에 여러분의 삶이 어떻게 바뀌었는지 생각해보세요. 조직에서는 변화와 혁신을 꿈꾸지만 이것을 적절히 담아낼 수 있는 도구를 찾지 못해서 예전 방식을 계속 사용하는 경우가 많습니다. Google Workspace는 유연하기 때문에 조직의 변화 수준에 맞게 도구를 설정할 수 있습니다. 관리자의 권한이 많아야 하는 조직에서도, 자율성이 중요한 조직 문화에서도 각 조직에 맞게 Google Workspace를 최적화하여 사용할 수 있습니다.

## 저렴한 비용과 쉬운 관리

여러분은 현금을 주로 어디에 보관하나요? 보통은 은행에 보관하게 됩니다. 은행에 돈을 맡기면 안전하게 보관하면서도 다양한 편의 기능을 사용할 수 있습니다. 스마트워크 서비스도 이와 같습니다. 예전에는 기업에서 전산화를 위해 다양한 서버를 직접 구축해야 했습니다. 하지만 구축 비용이 만만치 않은데, 대략 몇 천에서 몇 억 원은 기본입니다. 여기에 해당 전문 장비를 운용하기 위한 전문가를 상시 고용해야 했습니다. 또한, 정기적으로 업그레이드를 하는 비용도 만만치 않았습니다. 하지만 클라우드 기반인 Google Workspace에서는 인원 수마다의 비용을 지불하면 Google이 제공하는 최상의 서비스를 사용할 수 있습니다. 특히, 시스템 에러 등의 문제는 Google이 알아서 해결해 주기 때문에 기업은 활용에만 고민하면 됩니다. 자동 업그레이드는 기본입니다. 데이터를 조직에 직접 보관하고 관리하는 것보다는 Google Workspace와 같이 외부 전문 서비스를 활용하는 것이 보다 효율적입니다.

# Google Workspace의 장점

기존 업무 시스템에서 Google Workspace로 전환할 때의 장점은 다양합니다. 그중에 조직에서 체감할 수 있는 장점을 다섯 가지로 정리했습니다. 디지털의 워라밸과 함께 조직 내 통합 및 관리를 할 수 있고, 업무를 위한 용량을 확보하여 다양한 부가 기능을 설치할 수 있습니다.

## 공사의 분리

'워라밸'은 'Work and life balance'의 줄임 말로 개인의 삶과 업무 조화를 뜻합니다. 여기에는 '업무가 개인 삶을 침범하지 않아야 한다.'는 메시지가 담겨 있습니다. 이 말의 무게 만큼 우리의 현실은 조금씩 워라밸로 나아가고 있습니다. 그러면 지금의 디지털 삶도 워라밸로 나아가고 있을까요? 예를 들어 네이버나 다음 메일 주소가 적혀 있는 회사 명함이 있습니다. 사적으로 만든 메일을 업무에서도 사용하는 것인데, 일을 하면 할수록 메일 안에는 개인 메일과 업무 메일이 뒤섞이게 됩니다. 퇴사를 하더라도 업무상 주고받은 메일이 그대로 남아있습니다. 개인 메일에 조직의 내부 자료나 타인의 개인정보 등이 담겨 있지만 관리에 소홀하다 보니 결과적으로는 보안에 손을 놓고 있는 상황이 됩니다.

업무 중에 발생하는 모든 정보는 조직의 자산입니다. 사적인 일과 업무가 섞이지 않게 업무용 계정을 따로 만들어야 합니다. Google Workspace를 사용하면 'you@company.co.kr'의 형식으로 직원별 업무 계정을 만들 수 있습니다. 이러한 계정으로 업무 자료를 만들고 소통하면 퇴사 시 업무 과정에서 생성된 정보가 자동으로 조직에 귀속됩니다. 관리자는 퇴사자 후임에게 해당 계정을 위임하거나 중요 정보만 전달하면 연속적으로 업무를 이어갈 수 있습니다. Android 기기를 사용하면 직장 프로필 기능을 통해서 개인 앱과 업무 앱을 분리할 수 있으며 퇴근, 주말, 휴가 시 해당 업무 앱을 비활성화할 수 있습니다. 업무 메시지를 받을지는 직원이 선택할 수 있습니다. 자세한 내용은 378쪽을 참고하세요.

Google Workspace를 사용하면 디지털 삶까지 워라밸을 구현할 수 있습니다. 개인의 삶을 침범하지 않으면서도 조직의 정보 자산을 지킬 수 있습니다. 지금까지 Google 개인 계정으로 업무를 하고 있었다면 공사의 분리를 위해서 Google Workspace 사용을 추천합니다.

## 조직 내 통합

업무에서 아직도 카카오톡으로 소통하는 조직이 많습니다. 카카오톡은 내 연락처에 있는 사람을 모두 메신저로 소통할 수 있는 장점이 있지만, 사적인 관계와 공적인 관계가 뒤섞여 분리해내기 쉽지 않습니다. 휴가를 가더라도 카카오톡을 끌 수 없으니 업무 연락까지 받게 됩니다.

Google Workspace는 우리 조직원끼리 더 긴밀하게 소통할 수 있는 유연한 울타리를 제공합니다. 조직원을 그룹별로 묶어 놓으면 몇 글자를 입력하는 것만으로도 몇 명, 몇 십 명과 긴밀하게 소통할 수 있습니다.

▲ Google 개인 계정의 Google 드라이브 링크 공유 설정

▲ Google Workspace 계정의 Google 드라이브 링크 공유 설정

왼쪽 그림은 Google 개인 계정의 Google 드라이브에서 파일을 공유했을 때 링크 보기 팝업 창이고, 오른쪽은 Google Workspace 계정의 Google 드라이브에서 파일을 공유할 때 링크 보기 팝업 창입니다. Google Workspace 계정에서는 공유 범위를 조직(여기에서는 소셜프리즘)으로 선택할 수 있는 옵션이 하나 더 있습니다. Google Workspace에서는 파일 공유의 기본 범위가 조직 내로 설정되어 있습니다. 신뢰할 수 있는 조직원과 협업할 수 있는 울타리가 생겨나는 것입니다. 또한, 관리자는 보안을 위해 조직의 문서가 외부에 공유되지 못하도록 설정할 수도 있습니다. 자세한 내용은 164쪽을 참고하세요.

## 용량 확보

Google Workspace를 사용하면 Google 개인 계정과 분리된 업무용 클라우드 저장 공간을 사용할 수 있습니다. Google Workspace 버전에 따라 최소 30GB에서 최대 무제한의 용량을 제공합니다. 자세한 내용은 28쪽을 참고하세요.

**잠깐만요** Google 개인 계정의 클라우드 저장 공간은 15GB입니다.

가장 많이 사용하는 Google Workspace Business Standard 버전을 기준으로 사용자당 2TB의 클라우드 저장 용량을 사용할 수 있습니다. 2TB는 온전히 Google 드라이브만을 위한 용량이 아닙니다. Gmail 및 Google 포토와 함께 공유해서 사용하는 용량입니다.

| 이름 | Google 드라이브 | Gmail | Google 포토 |
|---|---|---|---|
| 저장할 수 있는 파일 | 모든 파일(주로 문서) | 주고받은 메일 | 사진과 동영상 |
| 용량 | 클라우드 저장 공간 | | |

## 조직 내 관리

Google Workspace 전체 서비스를 조직에 맞게 총괄 및 관리하는 관리 콘솔 앱이 있습니다. 입사, 퇴사, 업무 변경, 팀 개편, TF팀 조직, 권한 설정과 위임, 모바일 기기 제어, 통계, 조직의 공유자원 등을 관리합니다. Google Workspace 관리자는 조직 환경 변화에 민감하게 반응하면서 직원을 위해 지원 서비스를 신속히 진행해야 합니다. 관리자가 관리 콘솔을 어느 정도 활용할 수 있느냐에 따라 Google Workspace의 활용 수준이 달라집니다. 관리 콘솔에 대한 자세한 내용은 71쪽을 참고하세요.

**잠깐만요** 모바일 기기의 Google Play 스토어나 Apple 앱 스토어에서 'Google 관리 콘솔'을 검색하면 스마트폰용 관리 콘솔 앱을 설치할 수 있습니다. 모바일 기기에서 간단하게 사용자 관리를 할 수 있습니다.

## 다양한 부가 기능

Google Workspace에서는 Google에서 제공하는 기본 서비스 이외에도 다른 회사에서 만든 서비스를 Google Workspace Marketplace에서 검색 및 설치할 수 있습니다. 예를 들어 Google Workspace 기반의 전자결재, 영수증 또는 수료증을 자동 발급, Google 설문지에서 답변자 인원 제한, Google 스프레드시트에서 모은 자료를 회귀분석, 캘린더에 ZOOM 화상 회의 등록 등 다양한 기능을 설치할 수 있습니다.

**잠깐만요** 한컴오피스 한글 파일을 깔끔하게 볼 수 있는 부가 기능을 설치하려면 234쪽을 참고하세요.

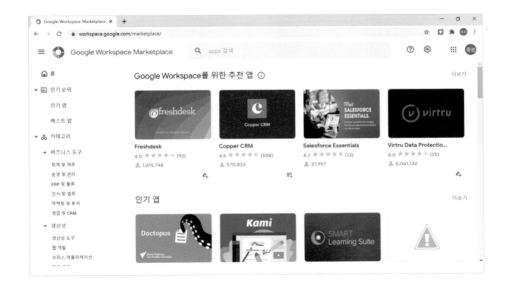

또한, Google Apps Script라는 프로그램 언어를 사용하면 Google Workspace의 다양한 앱을 엮어 새로운 도구를 만들 수 있습니다. 예를 들어 메일 머지 기능을 활용한 자동 수료증 발송, 생일자에게 자동 문자 발송, QR 코드로 출입 관리 등 조직에 필요한 도구를 무한히 만들 수 있습니다. Google Apps Script는 개발자의 영역이지만 전문 개발자에게는 고급 기술이 아니기 때문에 저렴한 비용으로 조직에서 필요한 도구를 다양하게 개발할 수 있습니다.

# Google Workspace의 다양한 버전

Google Workspace에는 다양한 버전이 있습니다. 크게 영리, 교육, 비영리단체 버전으로 나눌 수 있으며, 버전에 따라 무료에서부터 $30(USD/사용자당/월)의 비용이 듭니다. 그러므로 조직 상황에 맞는 Google Workspace 버전을 선택합니다.

## 영리

기업에서 구입할 수 있는 Google Workspace 버전은 Google Workspace Business Starter, Google Workspace Business Standard, Google Workspace Business Plus, Google Workspace Enterprise 이렇게 4가지입니다. 고가의 버전일수록 대용량과 강력한 검색, 보안, 감사 기능을 제공합니다. 영리 버전의 Google Workspace는 Google을 통해 직접 구입하거나 메가존 또는 SBC Technology, 베스핀글로벌과 같은 Google Workspace 공식 리셀러를 통해 구입할 수 있습니다. 공식 리셀러를 통해서 Google Workspace를 구입하면 Google Workspace의 설치, 오류 대응, 기술 지원 등의 서비스를 제공 받습니다.

아래의 표는 Google Workspace 공통 서비스를 제외한 버전별 비교입니다. Google Workspace의 공통 서비스에 대해서는 18쪽을 참고하세요. Google이 추천하는 영리 버전은 Google Workspace Business Standard입니다.

| 버전<br>항목 | Google Workspace Business Starter | Google Workspace Business Standard | Google Workspace Business Plus | Google Workspace Enterprise |
|---|---|---|---|---|
| 가격<br>(USD/사용자당 /월) | $6 | $12 | $18 | $20, $30<br>(영업팀에 가격 문의) |
| 클라우드 스토리지<br>(사용자 당) | 30GB | 2TB | 5TB | 무제한 |
| 공유 드라이브 용량 | 사용 불가 | 모든 가입자의<br>남은 용량의 합 | 모든 가입자의<br>남은 용량의 합 | 무제한 |
| Cloud Search스마트 검색<br>(Google Workspace 전반에서 이용할 수 있는 스마트한 검색 기능) | 없음 | 자사 데이터 | 자사 데이터 | 자사 및 타사 데이터 |
| Google Meet 기능 | 동시 참여자 수 100명 | 동시 참여자 수 150명 | 동시 참여자 수 250명, 화면 녹화, 참석 추적 | 동시 참여자 수 250명, 화면 녹화, 참석 추적, 주변 소음 제거, 도메인 내 실시간 스트리밍 기능 |
| 보안 | 기본 | 기본 | 고급 | 최상 보안 |
| Vault<br>(디지털 증거 검색과 감사) | 없음 | 없음 | 제공 | 제공 |
| 최대 가입 인원 | 300명 | | | 무제한 |

Google Workspace를 사용하는 전 세계 기업 중에서 국내 기업은 다음과 같습니다. 영리 버전의 Google Workspace의 가입 방법은 33쪽을 참고하세요.

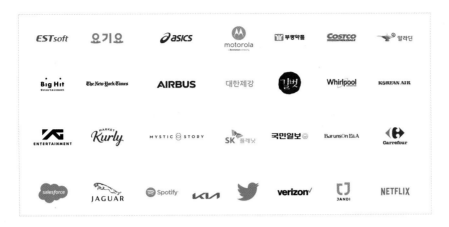

## 교육

교육용 버전은 크게 무료 버전인 Google Workspace for Education Fundamentals과 나머지 3가지의 유료 버전으로 나뉩니다. 우리나라에서 Google Workspace for Education Fundamentals을 무료로 사용할 수 있는 기준은 정식 인가를 받은 초중고교(K-12) 또는 교육 기관입니다. 정식 인가를 받은 유치원, 초등학교, 중학교, 고등학교와 대학교에서 사용할 수 있습니다. 서울대, 연세대, 고려대, 방송통신대 등 주요 대학교에서는 교직원, 학생에게 Google Workspace for Education을 제공하고 있습니다. 코로나 19의 영향으로 초중고교로 확대되고 있는 추세입니다. 시도 교육청에서도 Google Workspace 계정을 제공하고 있습니다.

| 버전<br>항목 | Google Workspace for Education Fundamentals | Google Workspace for Education Standard | Teaching and Learning Upgrade | Google Workspace for Education Plus |
|---|---|---|---|---|
| 가격 | 무료 | 3$<br>(USD/년/사용자) | 4$<br>(USD/월/사용자) | 5$<br>(USD/년/사용자) |
| 클라우드 스토리지<br>(학교 당) | 100TB | 100TB | 공유 스토리지 100TB 및 사용자당 100GB | 공유 스토리지 100TB 및 사용자당 20GB |
| Cloud Search<br>스마트 검색 | 없음 | 없음 | 없음 | 자사 데이터 |
| Google Meet 기능 | 동시 참여자 수 100명, 임시 화면 녹화 | 동시 참여자 수 100명, 화면 녹화 | 동시 참여자 수 250명, 화면 녹화, 출석 관리, 도메인 내 실시간 스트리밍 | 동시 참여자 수 250명, 화면 녹화, 출석 관리, 도메인 내 실시간 스트리밍 |
| 보안 | 기본 | 기본 | 기본 | 고급 |
| Vault<br>(디지털 증거 검색과 감사) | 제공 | 제공 | 제공 | 제공 |

**잠깐만요** 위 정책은 2022년 7월에 적용되며, 기존에 G Suite for Education 가입 학교는 2022년 7월 전까지 기존 서비스 그대로 사용할 수 있습니다.

교육용 버전은 상황에 따라서 동시에 2가지 이상의 버전을 사용할 수 있습니다. Education Standard, Teaching and Learning Upgrade, Education Plus와 같은 다른 버전으로 업그레이드하려면 Education Fundamentals 버전을 보유하고 있어야 합니다. Education Plus를 Education Standard 또는 Teaching and Learning Upgrade와 동시에 사용할 수는 없으며, Education Fundamentals 만 동시에 이용할 수 있습니다. Education Standard와 Teaching and Learning Upgrade는 동시에 사용할 수 있습니다. 교육 영역에서는 Google Workspace 활용 시험이 가장 발달되어 있습니다. Certified Educator Level 1, Certified Educator Level 2, Certified Trainer, Certified Innovator 중에 자신의 목표와 실력에 맞게 시험을 볼 수 있습니다.

## 비영리단체

비영리단체용 버전에는 비영리단체용 Google Workspace, Business Standard, Business Plus, Enterprise가 있습니다. 네 가지 버전 중에 비영리단체용 Google Workspace를 추천합니다. 무료 이지만 충분히 활용할 수 있을 정도로 많은 기능을 제공합니다. 비영리단체용 Google Workspace 는 Google Workspace Business Starter와 유사한 버전입니다. Google Workspace Business Starter와 가장 다른 점은 공유 드라이브를 사용할 수 있다는 점입니다. 공유 드라이브는 팀원과 파일을 공동 소유하며, 서비스로 팀원과 파일을 함께 사용하는 공유 공간으로 유용합니다. 공유 드라이브에 대한 자세한 내용은 136쪽을 참고하세요. 비영리단체용 Google Workspace를 가입하기 위해서는 지정기부금단체, 즉 법인세법 시행령 제36조 1항의 관련 항목에 근거해 기부금 공제가 되는 단체로 테크숍 코리아를 통해 비영리단체 인증을 받아야 합니다. 자세한 가입 절차는 48쪽을 참고하세요. 지정기부금단체가 아닌 비영리단체는 영리 버전의 Google Workspace에 가입해야 합니다.

| 버전<br>항목 | 비영리단체용<br>Google Workspace | 비영리단체용<br>Google Workspace<br>Business Standard | 비영리단체용<br>Google Workspace<br>Business Plus | 비영리단체용<br>Google Workspace<br>Enterprise |
|---|---|---|---|---|
| 가격<br>(USD/사용자/월) | 무료 | $3 | $5.04 | Google Workspace<br>Enterprise의<br>70% 할인 |
| 클라우드 스토리지 | 30GB | 2TB | 5TB | 무제한 |
| 공유 드라이브 용량 | 가입자 모두의 남은<br>용량의 합 | 가입자 모두의 남은<br>용량의 합 | 가입자 모두의 남은<br>용량의 합 | 무제한 |
| 스마트 검색 | 없음 | 자사 데이터 | 자사 데이터 | 자사 및 타사 데이터 |
| 화상 통화 | 동시 참여자 수 100명 | 동시 참여자 수 150명,<br>화면 녹화 | 동시 참여자 수 250명,<br>화면 녹화 | 동시 참여자 수 250명,<br>화면 녹화, 실시간 스트<br>리밍(최대 뷰어 10만 명) |
| 보안 | 기본 보안 | 기본 보안 | 강화된 보안 | 최상위 보안 |
| Vault<br>(디지털 증거 검색과 감사) | 없음 | 없음 | 제공 | 제공 |

비영리단체에서도 스마트워크에 대한 관심이 많아져서 점점 비영리단체용 Google Workspace를 사용하는 추세입니다. Google Workspace를 설치한 사회복지기관의 목록과 위치를 보고 싶으신 분은 다음의 링크를 참고하세요.

▲ http://bit.ly/구글워크스페이스설치기관

**잠깐만요** 영리, 교육, 비영리단체용 이외의 버전으로 Google Workspace Essentials이 있는데, 이는 Gmail과 Google 캘린더가 제외된 버전입니다. 기존에 타사의 이메일 서비스를 사용하고 있다면 해당 버전을 선택합니다. 비용은 8$(USD/사용자/월)로 사용자당 100GB, 2TB의 공동 클라우드 저장 공간을 제공합니다.

# CHAPTER 2

# Google Workspace 시작하기

Google Workspace에 대한 전반적인 설명을 통해 다양한 장점을 살펴보았습니다. 이제 Google Workspace의 가입과 설치 방법에 대해 자세히 알아보겠습니다.

# SECTION 01 — Google Workspace 가입

영리용 Google Workspace 가입 방법에는 두 가지가 있습니다. 첫 번째는 Google Workspace의 웹사이트를 통해 직접 가입하는 방법으로 특별한 인증 절차가 없기 때문에 회사 정보와 도메인만 입력하면 바로 가입할 수 있습니다. 두 번째는 메가존 또는 SBC Technology, 베스핀글로벌과 같은 Google Workspace의 공식 리셀러를 통해 가입하는 방법으로 추가 비용 없이 가입에서부터 운영 및 관리에 대한 사후 지원을 해줍니다. 직접 설치하기 어려운 조직은 리셀러를 통해서 구입하기를 추천합니다. 여기에서는 Google Workspace 홈페이지를 통해서 직접 가입하는 방법에 대해 살펴보겠습니다.

**1 |** Google 검색 창에서 'Google Workspace'를 입력하여 Google Workspace 웹사이트로 이동한 후 [시작하기]를 클릭합니다.

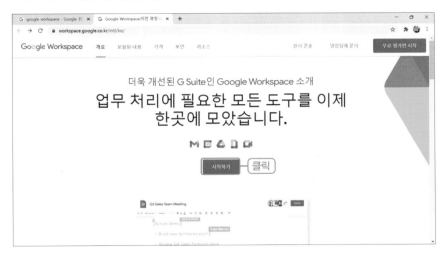

**잠깐만요** 리셀러를 통해서 가입하려면 [영업팀에 문의]를 클릭합니다.

**2** | 업체 이름을 입력하고, 직원 수를 선택한 후 [다음]을 클릭합니다.

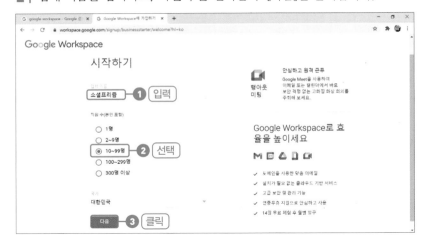

**3** | 성, 이름, 현재 이메일 주소, 업체 전화번호를 각각 입력한 후 [다음]을 클릭합니다.

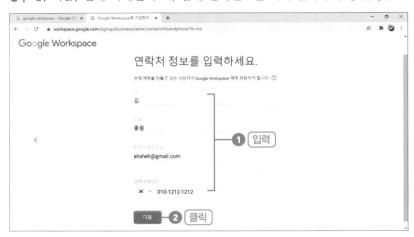

**4** | '도메인을 소유하고 있습니다.'를 선택하고, [다음]을 클릭합니다.

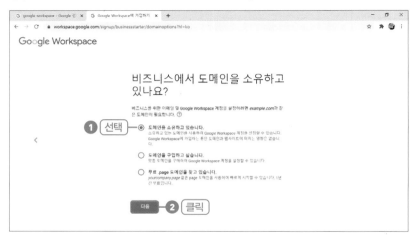

- **도메인을 소유하고 있습니다.** : 조직에 도메인을 소유하고 있을 때 선택합니다.
- **도메인을 구입하고 싶습니다.** : Google을 통해서 도메인을 새로 구입합니다.
- **무료 .page 도메인을 찾고 있습니다.** : Google이 제공하는 .page 도메인을 1년 동안 무료로 사용합니다.

**5** | 비즈니스의 도메인 이름을 입력하고, [다음]을 클릭합니다.

**6** | 계정 설정을 위해 도메인을 다시 한 번 확인하고, [다음]을 클릭합니다.

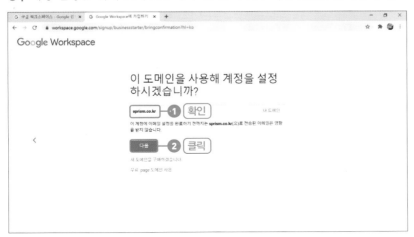

**잠깐만요** 설정한 기본 도메인을 다른 도메인으로 변경하기는 쉽지 않으므로 신중하게 입력합니다.

**7** | Google 서비스에 관한 정보를 수시로 받기 위해서 [확인]을 클릭합니다.

**8** | Google Workspace의 최초 관리자 계정을 위해 사용자 이름의 아이디와 비밀번호를 입력하고, [로봇이 아닙니다.]를 클릭하여 체크 표시한 후 [동의 및 계속하기]를 클릭합니다.

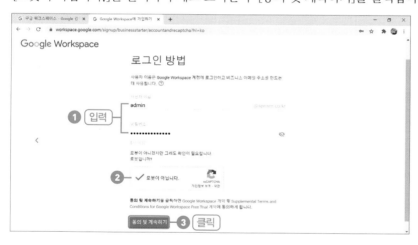

**잠깐만요** ⟩ 처음 만드는 계정의 이름은 보통 'admin'으로 입력합니다. 이는 '관리자'라는 의미로 컴퓨터 개발자들의 관례라고 할 수 있습니다. 처음 만드는 계정은 우리 조직의 Google Workspace 전체를 관리 및 삭제할 수 있는 최고 관리자 권한을 가집니다.

**9** │ Google Workspace 계정이 생성되면 [설정으로 이동]을 클릭합니다.

**10** │ 앞서 새롭게 만든 계정으로 로그인 합니다.

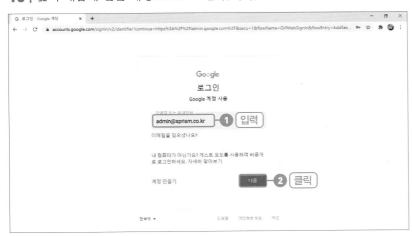

**11** │ 새 계정 시작의 약관을 읽고, [동의]를 클릭합니다.

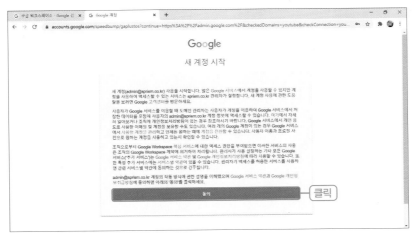

**12** | 관리 콘솔로 이동하려면 [다음]을 클릭합니다.

잠깐만요 직접 Google Workspace를 가입하면 Google Workspace Business Standard 버전으로 가입하게 됩니다. 혹시라도 창을 닫은 후에 다시 관리 콘솔에 들어가려면 https://admin.google.com에 접속해야 합니다.

# Gmail 활성화 설정

Google Workspace의 무료 체험판이 시작되고, 14일 안에 Gmail 활성화 설정을 마쳐야 Google Workspace 가입이 최종적으로 마무리됩니다. Gmail 활성화는 도메인 관리 권한이 있어야 진행할 수 있습니다.

**1 |** 관리 콘솔에서 [도메인 확인]을 클릭합니다.

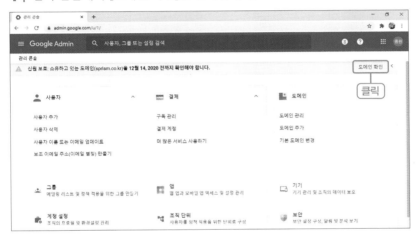

**2 |** Gmail 활성화를 위해 [활성화]를 클릭합니다.

**잠깐만요** **2**번 항목에서 '(도메인 이름)용 Gmail 활성화'가 아니라 '(도메인 이름) 확인하기'라고 나올 때가 있습니다. 이런 경우 TXT 레코드를 따로 입력해야 하는 등 도메인 설정 방법이 달라집니다. TXT 레코드 설정 방법에 대한 자세한 내용은 339쪽을 참고하세요. 여기에서는 주로 볼 수 있는 Gmail 활성화 설정 중심으로 진행하겠습니다.

**3 |** 전체 설명을 읽고, [계속]을 클릭합니다.

**4 |** Gmail로 이메일 라우팅하기에서 '5. 인증 코드 받기' 항목에 있는 [복사]를 클릭합니다.

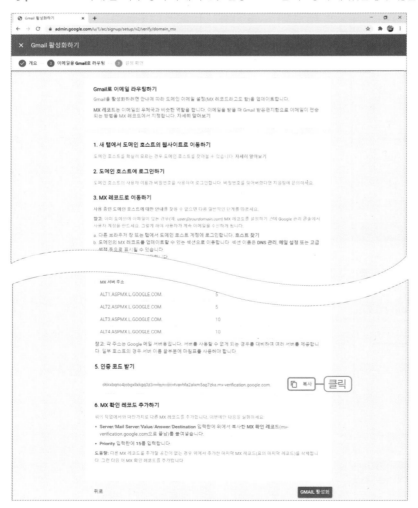

**5 |** 가비아 사이트에서 'DNS 관리' 페이지로 이동한 후 [레코드 수정]을 클릭합니다.

**잠깐만요** 가비아, 아이네임즈 등 우리 조직의 도메인 관리 사이트에 로그인하여 DNS 관리 툴 또는 네임 서비스로 이동합니다. 여기에서는 가비아를 기준으로 설명하였습니다.

**6 |** DNS 레코드 수정 창에서 [레코드 추가]를 클릭합니다.

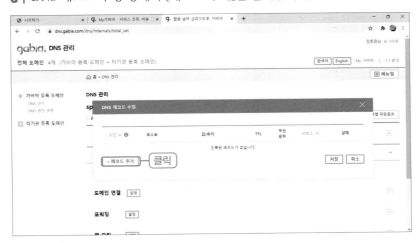

**7 |** DNS 레코드 정보를 각각 입력하고, [저장]을 클릭합니다. 이때, DNS 레코드에 삽입해야 하는 정보는 다음의 표로 정리했습니다.

| 타입 | 이름/호스트/별칭 | 값/응답/목적지 | TTL(수명) | 우선순위 |
|------|----------------|--------------|-----------|---------|
| MX | 공백 또는 @ | ASPMX.L.GOOGLE.COM | 3,600 | 1 |
| MX | 공백 또는 @ | ALT1.ASPMX.L.GOOGLE.COM | 3,600 | 5 |
| MX | 공백 또는 @ | ALT2.ASPMX.L.GOOGLE.COM | 3,600 | 5 |
| MX | 공백 또는 @ | ALT3.ASPMX.L.GOOGLE.COM | 3,600 | 10 |
| MX | 공백 또는 @ | ALT4.ASPMX.L.GOOGLE.COM | 3,600 | 10 |
| MX | 공백 또는 @ | (복사한 값)<br>(예:google-site-verification=rXOxyZ ounnZasA8Z7oaD3c14JdjaKSWvsR1 EbUSIQ) | 3,600 | 15 |

**잠깐만요** 도메인 관리 사이트에 따라서 MX 서버 값 뒤에 ASPMX.L.GOOGLE.COM과 같이 콤마(.)를 붙여야 할 때도 있습니다. 가비아에서는 콤마를 붙여야 합니다.

- ALT1.ASPMX.L.GOOGLE.COM.
- ALT2.ASPMX.L.GOOGLE.COM.
- ALT3.ASPMX.L.GOOGLE.COM.
- ALT4.ASPMX.L.GOOGLE.COM.

**8 |** 다시 'Gmail 활성화하기' 페이지로 돌아와 [GMAIL 활성화]를 클릭합니다.

**9 |** 도메인에 입력한 MX 레코드 설정이 제대로 되었는지 확인하는 절차가 진행되며, 네트워크 상황에 따라 1분에서 15분 정도 소요됩니다.

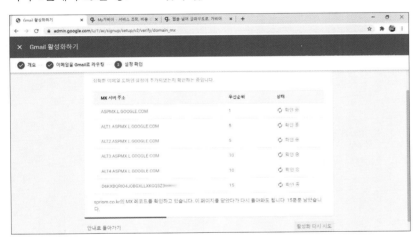

**10 |** MX 레코드 설정이 마무리되면 '(사이트 주소)에 Gmail이 활성화되었습니다'라는 메시지를 확인하고, [건너뛰기]를 클릭하면 Gmail 활성화 작업이 마무리 됩니다. 사용자 추가에 대한 자세한 내용은 75쪽을 참고하세요.

---

**전문가의 조언 ● 도메인 소유권이 확인되지 않을 때**

시간이 지나도 도메인 소유권을 확인하지 못하면 홈페이지 제작 업체의 네임 서버에서 조직의 도메인을 관리하기 때문에 도메인 소유권을 찾지 못할 가능성이 높습니다. 그렇다면 다음의 표 정보를 업체에게 전달합니다. 홈페이지 제작 업체에서 MX 레코드를 도메인 관리 설정에 적용한 후에 관리 콘솔에 들어가면 도메인 소유권과 Gmail 라우팅 설정 결과를 확인할 수 있습니다.

| 타입 | 이름/호스트/별칭 | 값/응답/목적지 | TTL(수명) | 우선순위 |
|---|---|---|---|---|
| MX | 공백 또는 @ | ASPMX.L.GOOGLE.COM | 3,600 | 1 |
| MX | 공백 또는 @ | ALT1.ASPMX.L.GOOGLE.COM | 3,600 | 5 |
| MX | 공백 또는 @ | ALT2.ASPMX.L.GOOGLE.COM | 3,600 | 5 |
| MX | 공백 또는 @ | ALT3.ASPMX.L.GOOGLE.COM | 3,600 | 10 |
| MX | 공백 또는 @ | ALT4.ASPMX.L.GOOGLE.COM | 3,600 | 10 |
| MX | 공백 또는 @ | (복사한 값)<br>(예:google-site-verification=rXOxyZounnZasA8Z7oaD3c14JdjaKSWvsR1EbUSIQ) | 3,600 | 15 |

## SECTION 03 / 결제 설정

Google Workspace에 처음 가입하면 14일 무료 체험판으로 사용할 수 있습니다. 14일 후에도 지속적으로 사용하기 위해서는 결제 정보를 미리 입력해야 합니다. Google Workspace 버전별 결제 비용에 대한 자세한 내용은 28쪽을 참고하세요.

**1 |** Gmail 활성화 설정을 마치면 Gmail 및 기타 앱 시작하기 화면으로 이동합니다. 필요한 추가 설정을 위해 [결제 설정]을 클릭합니다.

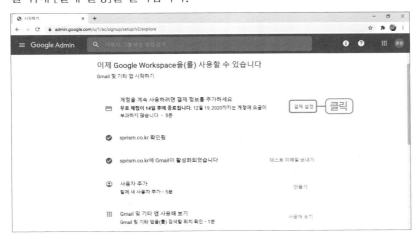

**2 |** 요금제 검토에 대한 내용을 확인한 후 [결제]를 클릭합니다.

**3 |** 결제 정보에 필요한 계정 유형, 세금 정보, 결제 수단 등을 각각 입력한 후 [주문하기]를 클릭합니다.

잠깐만요 계정 유형 항목에는 사업자 또는 개인을 선택할 수 있고, 세금 정보 항목에는 간이과세 또는 일반과세를 선택할 수 있습니다(사업자등록번호도 입력 가능). 결제 수단 항목에는 해외 결제가 가능한 신용카드번호만 입력해야 합니다. Google Workspace 웹사이트를 통해서 직접 가입하면 월별 자동 결제만 가능합니다. 차후 연 단위 결제를 하려면 메가존, SBC Technology, 베스핀 글로벌과 같은 공식 리셀러에게 문의합니다.

**4** | 구매 확인 메시지를 확인하고, 팝업 창을 닫습니다.

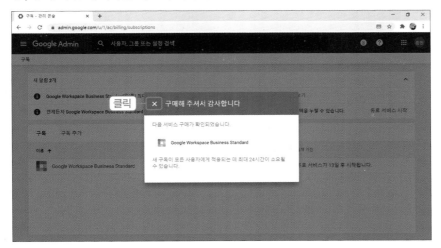

**5** | 무료 체험판인 경우는 사용자를 10명까지만 입력할 수 있으며, 11명 이상의 사용자를 등록하려면 유료 서비스로 전환해야 합니다. [유료 서비스 시작]을 클릭합니다.

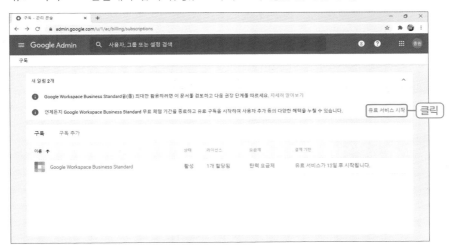

**잠깐만요** 추후 결제 정보를 확인하거나 수정이 필요한 경우는 관리 콘솔의 첫 화면에서 [결제]를 클릭합니다.

# 비영리단체용 Google Workspace
# ❶ 테크숩 가입

비영리단체는 비영리단체용 Google Workspace에 무료로 가입할 수 있습니다. 비영리단체용 Google Workspace에 가입하기 위해서는 두 가지 작업을 해야 합니다. 첫 번째는 테크숩 코리아에서 비영리단체임을 인증해야 하고, 두 번째는 Google 비영리단체 프로그램에 가입한 후 비영리단체용 Google Workspace를 활성화해야 합니다.

테크숩 코리아는 IT 솔루션을 제공하는 기업과 솔루션이 필요한 NPO와의 교류 협력을 돕는 비영리단체로 테크숩 글로벌 네트워크의 한국 지부입니다. 지정기부금단체로 지정된 비영리단체는 테크숩 코리아를 통해서 Windows, Microsoft 365(구 Office 365), Adobe Creative(포토샵, 프리미어 프로 등이 포함), 잔디(업무용 메신저), Slack, Google Workspace 등을 무료로 얻거나 저렴하게 구매할 수 있습니다. 테크숩 코리아의 가입 절차는 테크숩 코리아 회원 가입 → 단체 등록 → 서류 발송 → 인증 완료로 이루어집니다.

**1 |** '테크숩 코리아'를 검색하여 해당 웹사이트에 접속한 후 [회원가입]을 클릭합니다.

**2 |** 영문으로 이름, 성, 메일 주소, 비밀번호 등을 입력하고, [계속]을 클릭합니다.

**3 |** 주요 활동과 단체 정보의 각 항목을 입력하고, [계속]을 클릭합니다.

**4** | 서류를 제출하기 위해서 지금 문서 업로드하기 항목의 [문서 추가하기]를 클릭합니다.

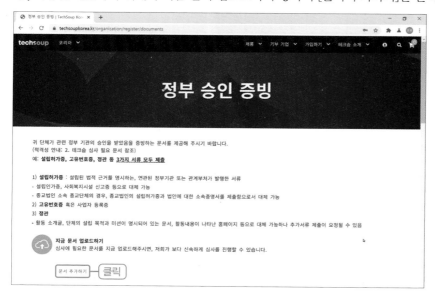

**5** | [열기] 대화상자에서 준비한 고유번호증, 설립허가증, 정관을 각각 선택하고, [열기]를 클릭합니다.

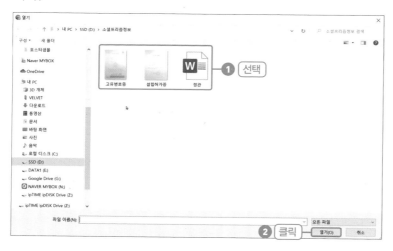

> **잠깐만요** 업로드할 수 있는 문서의 파일 형식은 doc, docx, xls, xlsx, pdf, txt, jpg, png, gif 등이며, hwp 파일은 업로드할 수 없습니다.

**6 |** 서류를 모두 업로드하면 [완료]를 클릭합니다.

**7 |** 테크숩 가입이 완료되었습니다.

**8 |** 이메일을 확인해 보면 등록 결과를 확인할 수 있습니다.

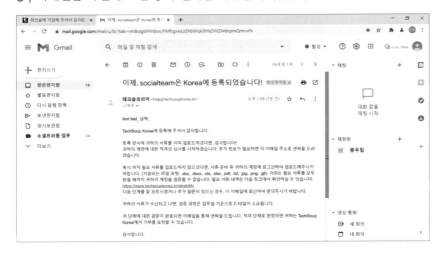

**9 |** 7~10일 후 비영리단체의 인증 완료 메일을 받으면 테크숩 코리아와 관련된 모든 인증 절차가 완료됩니다. 메일을 확인해 보면 등록 결과를 확인할 수 있습니다.

# SECTION 05
# 비영리단체용 Google Workspace ②가입

테크숩 코리아를 통해 인증을 마친 비영리단체는 Google 비영리단체 프로그램의 웹사이트를 통해서 비영리단체용 Google Workspace, Google AD Grants, YouTube 비영리단체 프로그램, Google 어스 및 지도를 무료로 받을 수 있습니다. 이 중에 비영리단체용 Google Workspace를 무료로 받는 방법에 대해 자세히 알아보겠습니다. Google 비영리단체 프로그램의 가입 절차는 Google 비영리단체 프로그램 가입 → 비영리단체용 Google Workspace 활성화입니다.

**1 |** Google 웹사이트에서 '구글 비영리단체 프로그램'을 검색한 후 '비영리단체 관리 리소스 – Google 비영리단체 프로그램'을 클릭합니다.

**2 |** Google 비영리단체 프로그램 웹사이트에서 [로그인]을 클릭합니다.

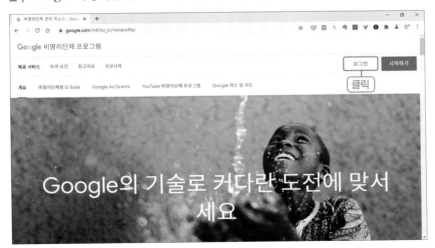

**3 |** Google 비영리단체 프로그램 가입 시 Google 계정을 선택해야 하므로 [계속]을 클릭합니다.

> **잠깐만요** 직원의 개인 계정으로 가입하기 보다는 기관 이름으로 만든 Gmail 계정으로 가입하기를 추천합니다. 모든 직원이 퇴사하더라도 기관
> 에 남는 계정을 사용해야 지속적으로 Google 비영리단체 프로그램 서비스를 활용할 수 있습니다.

**4 |** 학교, 병원, 정부 기관이 아니라는 사실을 확인하고, [다음]을 클릭합니다.

**5 |** 국가 또는 지역을 확인하고, [다음]을 클릭합니다.

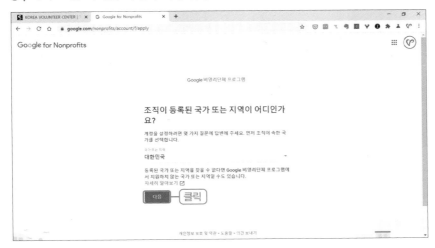

**6 |** 테크숍 인증 토큰을 입력하는 화면이 나타나면 웹 브라우저의 새 탭을 엽니다.

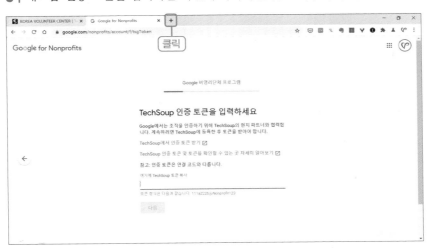

**7** | 테크숩 코리아 웹사이트로 이동하여 로그인을 한 후 [●]−[계정]을 클릭합니다.

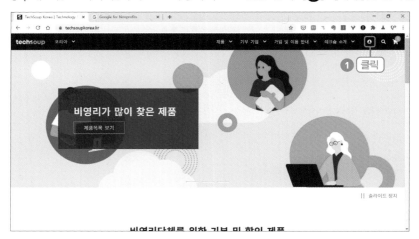

**8** | [검증 토큰]을 선택한 후 토큰 항목에서 [복사하기]를 클릭합니다.

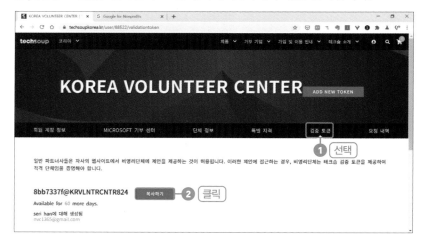

**9 |** 다시 테크숩 인증 토큰을 입력하는 화면으로 돌아와서 '여기에 TechSoup 토큰 복사'의 입력란에 붙여넣기한 후 [다음]을 클릭합니다.

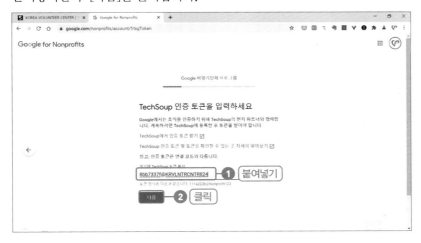

**10 |** '(기관 이름)의 토큰이 확인됨'이라는 메시지를 확인하고, [다음]을 클릭합니다.

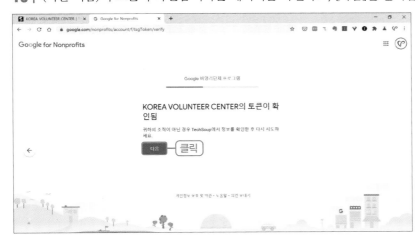

**11 |** 조직의 전화번호와 웹사이트 주소를 입력한 후 [다음]을 클릭합니다.

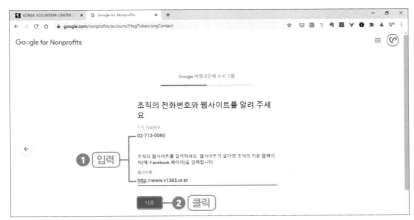

**12 |** 연락처 세부정보에서 이름과 직책을 입력하고, [다음]을 클릭합니다.

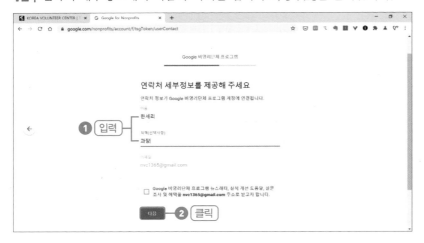

**13 |** '위 이용약관에 동의합니다.'의 체크 상자를 선택하고, [제출]을 클릭합니다.

**14 |** '단체가 인증되어 Google 비영리단체 프로그램에 가입할 수 있습니다.'라는 메시지가 나타나면 [제품 활성화]를 클릭합니다.

**15 |** '비영리단체를 위한 Google Workspace 활성화'에서 [시작하기]를 클릭합니다.

잠깐만요 ▶ 위 화면 하단으로 내려가면 Google Ad Grants, YouTube 비영리단체 프로그램, Google Maps Platform 크레딧을 활성화할 수 있습니다.

**16 |** 비영리단체를 위한 Google Workspace에서 '아니요, 아직 Google Workspace를 사용하지 않습니다'를 선택하고, [다음]을 클릭합니다.

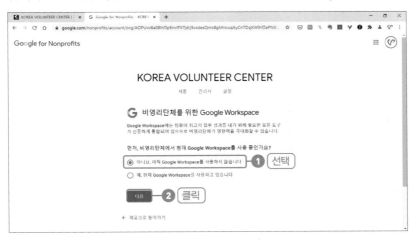

**17** | '비영리단체용 Google Workspace 무료 체험판에 가입합니다.'를 클릭합니다.

**18** | 비영리단체용 Google Workspace 사용에서 [다음]을 클릭합니다.

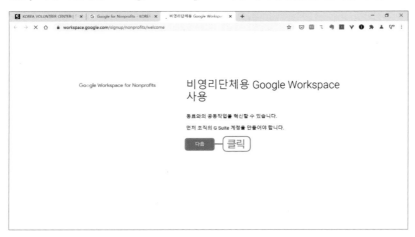

**19** | 조직 이름을 입력하고, 직원 수를 선택한 후 [다음]을 클릭합니다.

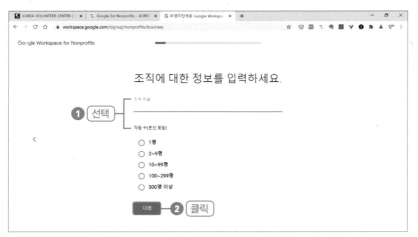

**20 |** 업체 전화번호를 입력하고, [다음]을 클릭합니다.

**21 |** 성, 이름, 현재 이메일 주소를 입력하고, [다음]을 클릭합니다.

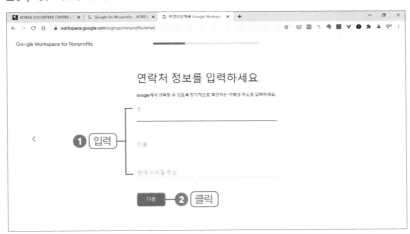

**22 |** 조직 도메인에서 [예, 사용할 도메인이 있습니다.]를 클릭합니다.

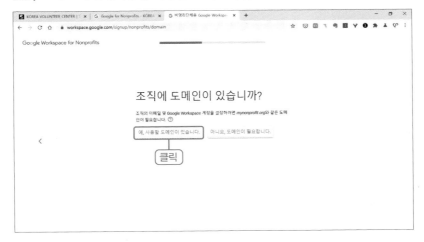

- **예, 사용할 도메인이 있습니다.** : 조직 소유의 도메인이 있을 경우 선택합니다.
- **아니요, 도메인이 필요합니다.** : 조직 소유의 도메인이 없는 경우 선택합니다. Google Workspace의 가입 방법이 간편해집니다.

**23** | 사용할 도메인 이름을 입력하고, [다음]을 클릭합니다.

**24** | 계정 설정에 필요한 도메인을 다시 확인하고, [다음]을 클릭합니다.

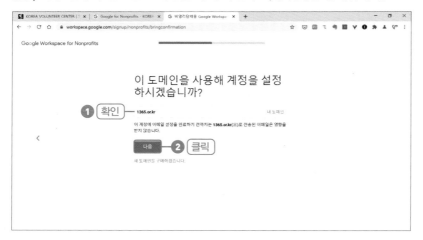

**25** | 비영리단체용 Google Workspace의 첫 계정을 만들기 위해 사용자 이름의 아이디와 비밀번호를 입력하고, [다음]을 클릭합니다.

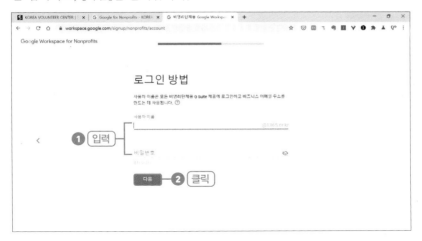

**26** | Google 서비스의 정보를 받기 위해서 [확인]을 클릭합니다.

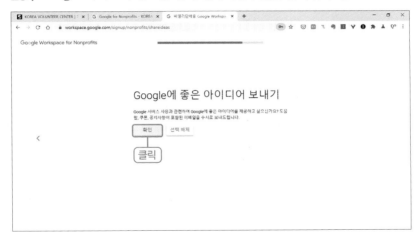

**27** | [로봇이 아닙니다.]를 체크하여 활성화한 후 [동의 및 계속하기]를 클릭합니다.

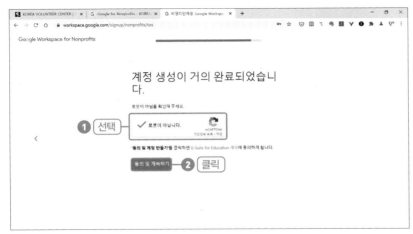

**28** | 14일 이내에 모든 단계를 완료해야 한다는 메시지를 확인한 후 [설정 페이지로 이동]을 클릭합니다.

**29** | 관리 콘솔로 이동하면 비영리단체용 Google Workspace 활성화를 위해 [다음]을 클릭합니다.

> **잠깐만요** 이후에 진행하는 Gmail 활성화 설정은 39쪽을 참고하세요. Gmail 활성화 설정을 마치면 다음의 비영리단체 Google Workspace 활성화 설정을 진행합니다.

# SECTION 06

## 비영리단체용 Google Workspace ③활성화

Gmail 활성화 설정을 모두 마친 후에는 비영리단체용 Google Workspace 활성화를 완료해야 합니다. Google Workspace 설치를 마무리했다는 것을 Google에게 알려 확인을 받는 절차입니다. Gmail 활성화 설정은 39쪽을 참고하세요.

**1** | Google 비영리단체 홈페이지로 이동한 후 [로그인]을 클릭합니다.

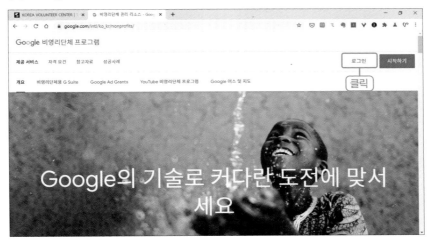

**2** | Google 비영리단체 프로그램에 가입했던 계정으로 로그인을 한 후 [계속]을 클릭합니다.

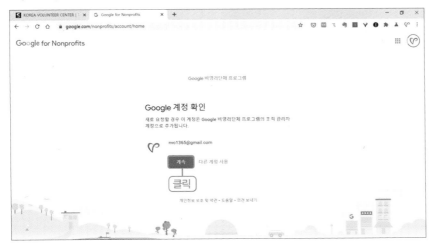

**3 |** 비영리단체를 위한 Google Workspace 활성화에서 [시작하기]를 클릭합니다.

**4 |** 비영리단체용 Google Workspace를 사용하지 않고 있으므로 '아니요, 아직 Google Workspace 를 사용하지 않습니다'를 선택한 후 [다음]을 클릭합니다.

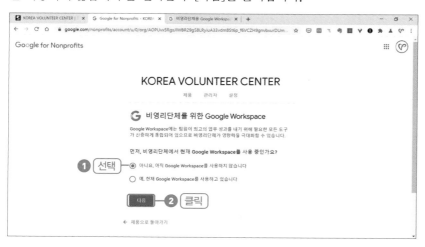

**5** | 앞에서 **1**번과 **2**번 내용을 모두 진행하였으므로 도메인 이름만을 입력하고, [활성화]를 클릭합니다.

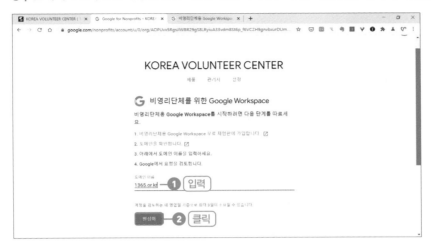

**6** | 비영리단체를 위한 Google Workspace 항목의 상태가 '활성화 요청 접수됨'으로 변경된 것을 확인할 수 있습니다.

잠깐만요 | 영업일 기준으로 3일 안에 비영리단체용 Google Workspace가 활성화 됩니다.

**7 |** 약 3일이 지난 후에 활성화 여부를 확인하기 위해 관리 콘솔에서 [결제]를 클릭합니다.

**8 |** 요금제의 '평가판 제도'가 '무료 요금제'로 변경된 것을 확인할 수 있습니다.

잠깐만요 ▶ 비영리단체용 Google Workspace를 설치하는 모든 과정은 테크숩 코리아와 Google 비영리단체 프로그램에 등록한 Google 계정의
메일로 남습니다. 메일 목록을 통해 진행 과정을 확인할 수 있습니다.

Google Workspace 버전을 업그레이드하기 위해 관리 콘솔에서 [구독]을 선택한 후 [구독 추가 또는 업그레이드]를 클릭합니다.

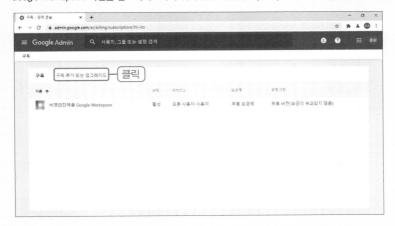

원하는 Google Workspace 버전의 [무료 체험판 시작]을 클릭하면 버전에 대한 자세한 설명과 비용을 확인할 수 있습니다. 버전에 대한 자세한 설명은 28쪽을 참고하세요.

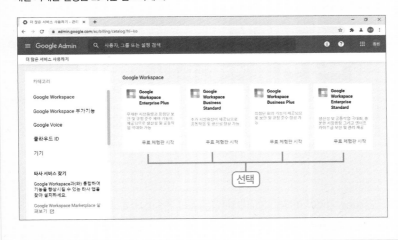

# CHAPTER 3

# 관리 콘솔

Google Workspace 가입이 마무리되면 이제부터는 관리 콘솔에서 조직원들을 등록하고, 필요한 조직을 나누면서 역할에 따른 권한 설정 작업을 진행해야 합니다. 그리고 관리 콘솔의 다양한 메뉴를 확실하게 숙지해야 조직에 맞는 최적의 설정을 찾을 수 있습니다.

# SECTION 01 관리 콘솔의 소개

Google Workspace 설정을 마무리하면 가장 먼저 관리 콘솔을 만나게 됩니다. 생소한 메뉴이지만 Google Workspace 관리자라면 반드시 숙지해야 하는 화면으로 관리자 권한이 있는 사용자만 관리 콘솔에 접속할 수 있습니다.

**1** | Google Workspace의 관리자 계정으로 로그인한 후 [⋮⋮⋮]−[관리]를 클릭합니다.

**2** | 서비스 전체를 관리할 수 있는 관리 콘솔에서 [≡]를 클릭하면 부메뉴 형식으로 다양한 서비스에 접근할 수 있습니다.

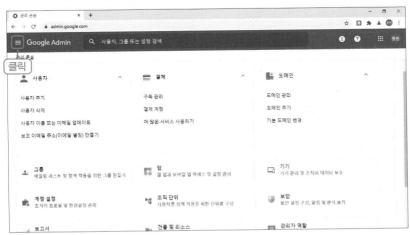

▲ 관리 콘솔 부메뉴

**3** | 관리 콘솔에 있는 다양한 앱에 대한 설명은 다음과 같습니다.

| 앱 | 설명 |
|---|---|
| 사용자 | 조직원을 등록 또는 삭제하고, 조직 단위별로 배치합니다. 조직원에 관한 다양한 정보를 입력하여 관리합니다. |
| 결제 | Google Workspace 서비스에 대한 결제를 진행하고, 버전을 업그레이드하거나 구독을 취소합니다. |
| 도메인 | 조직의 Google Workspace에서 사용할 수 있는 도메인을 추가하거나 다른 조직과의 긴밀한 협업을 위해 도메인을 연결합니다. |
| 그룹 | 공동 작업을 위해 그룹을 만듭니다. 사내 여러 조직을 그룹으로 나누어 빠르고 쉽게 소통할 수 있으며 그룹을 팀, 메일링 리스트 등으로 만들 수 있습니다. |
| 앱 | Gmail과 Google 캘린더, Google 드라이브와 같은 Google Workspace 앱 및 서비스를 관리 및 설정합니다. |
| 기기 | 조직에서 Google Workspace 계정을 사용하는 기기를 관리합니다. 사용자가 어떤 기기에서나 업무를 볼 수 있으며, 조직의 데이터를 보호할 수 있습니다. |
| 계정 설정 | 조직의 Google Workspace에 대한 기본 설정과 서비스 삭제 등을 관리합니다. 회사 로고 등 세부 정보와 함께 통신 환경을 설정합니다. |

| | |
|---|---|
| **조직 단위** | 사용자를 직위, 부서, 권한에 따라 다른 조직에 배치하여 조직 단위별로 다른 정책과 권한을 설정합니다. |
| **보안** | 2단계 인증, 비밀번호 모니터링과 정책 시행 등 Google Workspace의 전반적인 보안을 관리합니다. |
| **보고서** | 조직원들이 Google Workspace 서비스를 어떻게 사용하는지 그래프와 표를 이용하여 모니터링합니다. 감사 로그에서는 사용자와 관리자 활동을 추적할 수 있습니다. |
| **건물 및 리소스** | 건물, 회의실, 조직 물품 등 조직의 공유 자원을 등록 및 관리하고 모니터링합니다. |
| **규칙** | 피싱, 멀웨어, 의심스러운 활동 등과 같은 중요한 이벤트가 발생하거나 감사 로그로 설정된 이벤트가 발생하면 관리자가 바로 알 수 있도록 알림을 설정합니다. |
| **관리자 역할** | 다른 사용자를 관리자로 추가하거나 관리자 권한을 설정하여 Google Workspace의 관리 역할을 분배합니다. |
| **데이터 이전** | 이전 도구를 사용하여 다른 서비스에 있던 이메일, 캘린더 일정, 주소록과 같은 데이터를 원하는 조직의 Google Workspace 계정으로 가져옵니다. |
| **지원** | 도움말을 검색하거나 채팅, 전화, 이메일로 필요한 사항을 Google 지원팀에 문의합니다. |

**Google Workspace 상태 대시보드**

갑자기 메일이 오지 않는다면 조직의 Google Workspace 설정에 문제가 있는지 또는 Google의 Gmail 서버 상태가 잘못되었는지를 확인할 수 있습니다. Google Workspace 상태 대시보드에서는 일별로 Google 서비스의 상태 정보를 볼 수 있습니다. Google Workspace는 유료 서비스이기 때문에 서비스 운용에 관한 정보를 제공합니다. 특별히 언급이 없는 경우는 Google Workspace 서비스와 개인용 서비스에도 적용됩니다.

관리 콘솔에서 화면 오른쪽에 있는 [ ‹ ]를 클릭하고, 'Google Workspace 상태 대시보드'를 선택합니다.

초록색, 주황색, 빨간색으로 서비스의 상태를 표시합니다. 앱 이름 앞에 있는 상태 표시는 앱의 현재 상태를 나타내고, 날짜별로 있는 상태 표시에서는 과거의 상태를 확인할 수 있습니다. 날짜의 상태 표시를 클릭하면 자세한 문제 상황과 보고서를 확인할 수 있습니다.

- ◎ : 문제 없음
- ◎ : 서비스 문제
- ◎ : 서비스 중단

**SECTION**

**02** / 사용자 등록

Google Workspace를 사용하기 위해서는 직원별로 Google Workspace 계정을 만들어야 합니다. Google Workspace 계정을 만드는 방법에는 사용자를 개별 등록하는 방법과 일괄 등록하는 방법이 있습니다.

## 개별 등록

사용자를 한 명씩 등록합니다.

**1 |** 관리 콘솔에서 [사용자]를 선택한 후 [새 사용자 추가]를 클릭합니다.

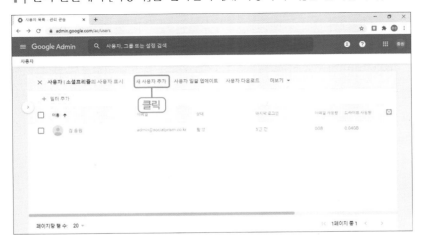

**2 |** 새 사용자 추가 팝업 창에서 성, 이름, ID를 입력하고 조직 단위를 선택합니다. 조직 단위에 대한 자세한 내용은 98쪽을 참고하세요.

**3** | 필요에 따라 보조 이메일, 전화번호, 비밀번호를 입력한 후 모든 설정이 끝나면 [새 사용자 추가]를 클릭합니다.

• **비밀번호 자동 생성** : 자동으로 비밀번호가 생성되므로 관리자가 비밀번호를 설정할 필요가 없습니다.
• **다음 로그인 시 비밀번호 변경 요청** : 사용자가 처음 로그인할 때 관리자가 설정한 비밀번호를 입력하여 인증이 끝나면 사용자가 원하는 비밀번호를 입력해야 합니다. 사용자가 직접 비밀번호를 관리할 수 있도록 활성화하기를 추천합니다.

**4** | 사용자가 등록되면 아이디와 비밀번호를 사용자에게 알려주고, [완료]를 클릭합니다.

• **추가 작업** : 사용자 정보를 추가하거나 그룹에 추가할 수 있습니다.
• **사용자 로그인 정보를 이메일로 발송** : Google Workspace 첫 로그인을 위한 정보를 사용자의 보조 이메일로 발송합니다.

**5** | 사용자 정보가 등록된 것을 확인할 수 있습니다.

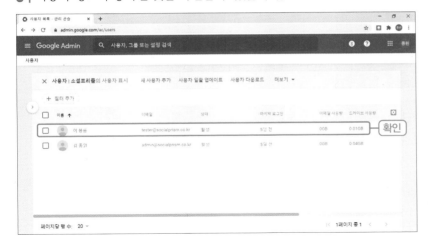

**잠깐만요** 추가해야 하는 사용자가 많은 경우는 일괄 등록을 추천합니다.

## 일괄 등록

CSV 파일에 여러 사용자 정보를 입력한 후 한 번에 등록합니다. 이는 여러 계정을 일괄 등록할 때 유용합니다.

**1** | 관리 콘솔에서 [사용자]를 선택한 후 [사용자 일괄 업데이트]를 클릭합니다.

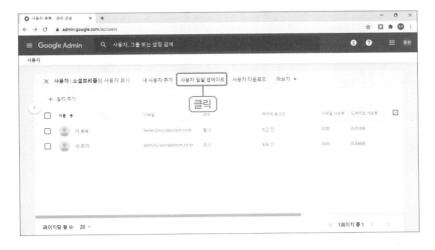

**2** | 사용자 일괄 업데이트 팝업 창에서 [빈 CSV 템플릿 다운로드]를 클릭하여 'users.csv' 파일을 다운
로드한 후 [취소]를 클릭합니다.

**3** | 'users.csv' 파일을 수정하기 위해서 [⠿]−[드라이브]를 클릭합니다.

**4** | 드라이브 화면에서 [새로 만들기]를 클릭합니다.

**5 |** 나타난 메뉴에서 [파일 업로드]를 선택합니다.

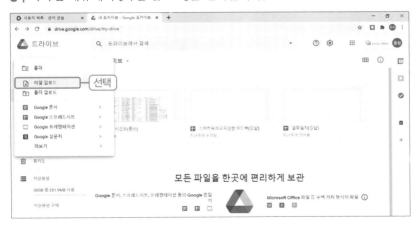

**6 |** [열기] 대화상자에서 다운로드 받은 'users.csv' 파일을 선택하고, [열기]를 클릭합니다.

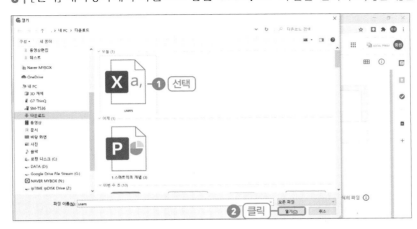

**7 |** 업로드한 파일에서 마우스 오른쪽 버튼을 클릭하고, [연결 앱]-[Google 스프레드시트]를 선택합니다.

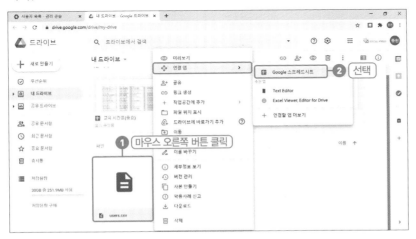

**잠깐만요** 다운로드 받은 'user.csv' 파일은 MS Excel에서도 수정할 수 있지만, 인코딩 문제로 한글이 제대로 보이지 않을 수 있습니다.

**8** | Google 스프레드시트에서 'user.csv' 파일이 열리면 열 제목에 해당 내용을 일괄 입력합니다.

잠깐만요 ▶ 필수로 입력해야 하는 항목에는 열 제목에 '[Required(필수)]'라고 적혀 있습니다.

필수로 입력해야 하는 항목은 다음과 같습니다.

• **First Name [Required](이름[필수])** : 성을 제외한 이름을 입력하며, 60자까지 입력할 수 있습니다.

• **Last Name [Required](성[필수])** : 성을 입력하며, 60자까지 입력할 수 있습니다.

• **Email Address [Required](이메일 주소[필수])** : 등록하고 싶은 Google Workspace 계정을 입력하며, you@company.co.kr 형식으로 입력합니다. '@' 앞부분의 ID는 관리자 또는 사용자가 지정하고, '@' 뒷부분의 도메인은 Google Workspace와 연결된 도메인을 입력합니다. 새로 만드는 계정은 다른 계정과 겹치지 않도록 주의합니다.

• **Password [Required](비밀번호[필수])** : 관리자가 미리 설정한 비밀번호를 입력하며, 8글자 이상을 입력합니다.

• **Org Unit Path [Required](조직 단위[필수])** : 조직 단위를 입력합니다. 미리 설정되어 있지 않다면 최상위 조직 단위를 뜻하는 '/(슬래시)'를 입력합니다. 이미 조직 단위가 설정되어 있는 경우는 '/총무팀', '/사업팀/사례관리팀'과 같은 형식으로 입력합니다. 조직 단위에 대한 자세한 설명은 98쪽을 참고하세요.

• **Change Password at Next Sign-In(다음 로그인 시 비밀번호 변경)** : 'TRUE'를 입력하면 사용자가 로그인 시 비밀번호를 재설정해야 합니다. 아무 것도 입력하지 않거나 'FALSE'를 입력하면 비밀번호를 재설정하지 않아도 됩니다. 해당 항목은 필수는 아니지만, 비밀번호를 사용자가 직접 관리하기 위해서 'TRUE'로 설정하기를 추천합니다.

**9** | Google 스프레드시트에서 필수로 입력해야 하는 열만 표시한 후 필수 항목에 주어진 사용자 정보를 각각 입력합니다.

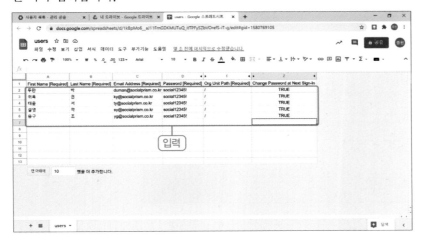

**10** | [파일]-[다운로드]-[쉼표로 구분된 값(.csv, 현재 시트)]을 선택하여 CSV 파일을 다운 받습니다.

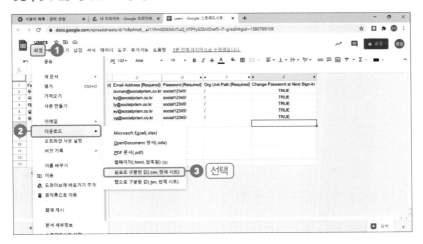

**11** | 다시 관리 콘솔로 이동하여 [사용자 일괄 업데이트]를 클릭한 후 해당 창에서 [CSV 파일 첨부]를 클릭합니다.

**12** | '파일이 첨부됨'이라는 메시지와 함께 첨부 파일이 나타나면 [업로드]를 클릭합니다.

**13** | 업로드가 완료가 되면 내 작업란에 '사용자 정보 일괄 업로드를 완료했습니다.'라는 메시지가 나타납니다.

**14** | 페이지 새로 고침(F5)을 하면 사용자 목록에서 등록한 사용자 정보를 확인할 수 있습니다.

---

**전문가의 조언 : 일괄 등록 시 CSV 파일에서 선택 입력할 수 있는 항목**

- **Password Hash Function [Upload Only](비밀번호 해시 함수[업로드 전용])** : 지원되는 해시 함수(MD5, SHA-1, crypt) 중 하나를 지정합니다. Password(비밀번호) 열에는 해시된 비밀번호가 있어야 합니다. 예를 들어 해시 함수 SHA-1을 사용하고 비밀번호 abc의 해시가 xyz이면 Password(비밀번호) 열에는 xyz를 입력합니다. 지원되는 해시 함수를 사용하여 해시된 비밀번호를 생성하는 유틸리티를 웹에서 찾을 수 있습니다.

- **Recovery Email(복구 이메일)** : 본인 확인 요청을 위한 이메일로 조직의 Google Workspace 이외의 이메일을 입력합니다.

- **Recovery Phone(복구 전화번호)** : 본인 확인 요청에 사용되는 복구 정보를 입력합니다. +(더하기) 기호로 시작해야 하며 국가 코드, 지역 번호, 전화번호 순으로 표시합니다. 최대 15개의 숫자를 입력할 수 있습니다(예: +821025551212).

- **Employee ID(직원 ID)** : 일부 본인 확인 요청에서는 사용자에게 직원 ID를 입력하도록 요구합니다. 직원 ID는 번호, 문자, 기호를 포함할 수 있습니다.

- **Work Address(직장 주소)** : 직장 주소를 입력하며, 주소는 큰따옴표로 묶어야 합니다.

- **Home Address(집 주소)** : 집 주소를 입력하며, 주소는 큰따옴표로 묶어야 합니다.

- **New Primary Email [Upload Only](새 기본 이메일[업로드 전용])** : 기존 사용자 계정을 수정하는 용도로만 사용할 수 있으며, 새 기본 이메일 주소(사용자 아이디)를 지정합니다.

- **Building ID(건물 번호), Floor Name(층 이름), Floor Section(층 구역)** : 사용자의 건물 위치를 입력합니다. 해당 정보를 입력하려면 사전에 '건물 및 리소스' 항목에서 정보를 입력해야 합니다. 자세한 내용은 110쪽을 참고하세요.

- **New Status [Upload Only](새 상태[업로드 전용])** : 사용자를 보관 처리하거나 정지하려면 'Archived'(보관처리됨) 또는 'Suspended'(정지됨)을 입력합니다. 보관을 취소하거나 정지된 사용자를 복원하려면 'Active'(활성화)를 입력합니다. 기존 사용자 계정을 수정하는 용도로만 사용할 수 있습니다.

## 일괄 등록이 되지 않을 때 적용 방법

CSV 파일에 잘못된 사용자 정보가 입력되어 있을 경우 대처 방법에 대해 알아보겠습니다.

**1** | 일괄 등록 시 user.csv 파일에서 4번 행에는 조직 단위를, 5번 행에는 이메일의 도메인을 잘못 입력한 후 '사용자 일괄 업데이트'를 진행합니다. 사용자 일괄 업데이트의 자세한 방법은 77쪽을 참고하세요.

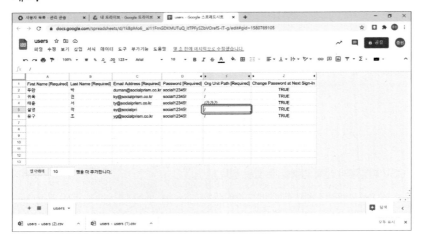

**2** | CSV 파일에 잘못된 정보가 있으면 '사용자 정보를 일괄 업로드할 수 없습니다. 일부 행을 처리하지 못했습니다.'라는 오류 메시지가 나타납니다. 내용을 확인하기 위해서 오류 메시지 하단의 [세부정보 보기]를 선택합니다.

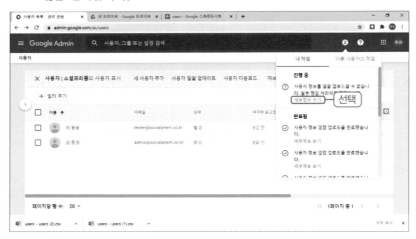

**3 |** 오류 메시지의 세부 내용이 나타나면 [로그 다운로드]를 선택합니다.

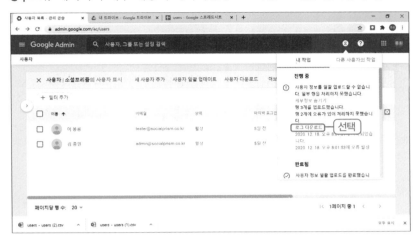

**4 |** 다운로드 받은 log 파일을 실행하면 메모장에서 확인할 수 있습니다. 행별로 결과 메시지를 확인하고 실패한 항목만 다시 등록합니다. 이때, 등록할 사용자가 많으면 다시 일괄 등록하고, 적으면 개별 등록합니다.

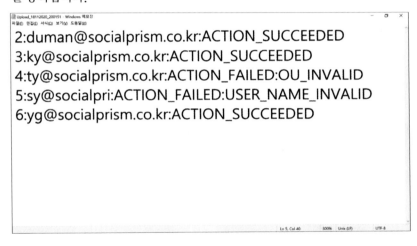

| 결과 메시지 | 설명 |
|---|---|
| ACTION_SUCCEEDED (작업 성공) | 작업이 문제없이 실행되어 계정을 사용자로 등록합니다. |
| ACTION_FAILED: Validation(작업 실패: 확인) | 항목에 지원되지 않는 문자가 포함되어 있습니다. 이메일 주소에는 소문자(a-z), 숫자(0-9), 대시(-), 밑줄(_), 아포스트로피('), 마침표(.)를 포함할 수 있습니다. |
| ACTION_FAILED: UNKNOWN_ERROR(작업 실패: 알 수 없는 오류) | 일시적인 오류가 발생했을 가능성이 크므로 CSV 파일을 다시 업로드하거나 항목을 여러 파일로 나누어 업로드합니다. 해당 오류는 이메일 주소 열의 사용자 이메일 주소에서 잘못된 도메인 이름(@ 기호 뒤)을 입력한 경우 발생할 수 있습니다. |
| ACTION_FAILED: OU INVALID(작업 실패: 잘못된 조직 단위) | 조직 단위를 잘못 입력한 경우로 해당 조직 단위를 확인한 후 다시 입력합니다. |
| EMPTY-Org_Unit_Path [Required](빈 조직 단위[필수]) | 조직 단위 항목은 필수 입력 사항으로 조직 단위를 모를 경우는 '/'(슬래시)를 입력합니다. |
| ACTION_FAILED: USER_ NAME_INVALID(작업 실패: 잘못된 사용자 아이디) | Email Address 열의 이메일 주소(사용자 아이디) 형식이 잘못된 경우입니다. |
| ACTION_FAILED: PASSWORD_HASH_ FUNCTION_INVALID(작업 실패: 잘못된 비밀번호 해시 함수) | Password Hash Function(비밀번호 해시 함수) 열에 잘못된 해시 함수 이름이 있습니다. |

# SECTION 03 사용자의 첫 로그인

Google Workspace에 접속하는 방법은 Google에 로그인하는 방법과 같습니다. 사용자가 처음 로그인했을 때 약관에 동의하고 비밀번호를 바꾸는 절차를 진행해야 합니다. 사용자가 Google Workspace를 원활하게 사용하기 위해서는 Chrome 웹 브라우저를 사용하는 것이 좋습니다.

**1 |** 크롬(Chrome)에서 google.com 사이트에 접속한 후 [로그인]을 클릭합니다. 이미 개인 계정으로 로그인이 되어 있다면 89쪽을 참고하세요.

**2 |** 조직에서 부여 받은 Google Workspace의 계정과 비밀번호를 입력합니다.

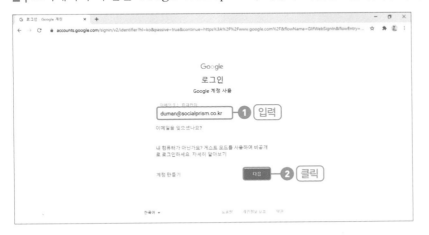

**3** | 새 계정 시작에서 약관을 읽고, [동의]를 클릭합니다.

**4** | 사용자가 직접 새 비밀번호를 입력한 후 [비밀번호 변경]을 클릭합니다.

> **잠깐만요** 사용자가 생성한 비밀번호는 Google Workspace 관리자도 알 수 없습니다. 혹시 비밀번호를 잊어버리면 Google Workspace 관리자가 비밀번호를 재설정해 줄 수 있습니다. 자세한 내용은 105쪽을 참고하세요.

**5** | 로그인이 되면 사용자는 본격적으로 Google Workspace의 서비스를 이용할 수 있습니다.

## SECTION 04 / Chrome에서 계정 분리하기

Chrome을 Google 개인용 계정으로 계속 사용하고 있다면 Chrome에 Google Workspace 계정을 추가하여 계정별로 분리 사용해야 계정 권한이 섞이지 않게 작업할 수 있습니다. Chrome에 Google 개인 계정이나 Google Workspace 계정을 포함해 여러 계정을 추가할 수 있습니다.

**1 |** Chrome에서 [Chrome 프로필]–[추가]를 선택합니다.

**2 |** Chrome 프로필 맞춤설정 창에서 이름 또는 라벨을 입력하고, 테마 색상을 선택한 후 [완료]를 클릭합니다.

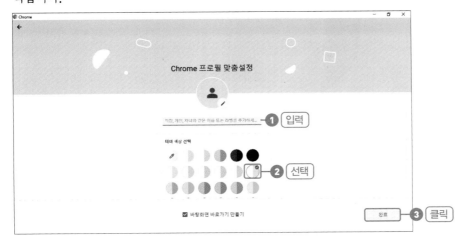

- 👤 : Chrome 프로필 이미지를 선택합니다.
- **이름 또는 라벨 입력** : 직장, 개인, 자녀와 같은 이름 또는 라벨을 입력하여 사용자를 구분합니다.
- **테마 색상 선택** : 사용자별로 다른 Chrome 테마를 설정하여 어떤 계정으로 Chrome을 사용하고 있는지 구분합니다.
- **바탕화면 바로가기 만들기** : 데스크톱 바탕화면에 바로가기 아이콘이 추가됩니다.

**3** | 새 계정의 Chrome이 실행되면 Google 사이트(google.com)에서 Google Workspace 계정으로 로그인하여 Chrome을 사용합니다. [ 👤 ]을 클릭하면 Chrome에 등록된 계정 목록을 확인하고, 다른 계정으로 전환할 수 있습니다.

**잠깐만요** [동기화 사용...]을 클릭하면 같은 계정을 등록한 모든 기기에서 북마크와 방문 기록, 비밀번호, 기타 설정 등 동기화된 정보를 확인하고 업데이트할 수 있습니다.

**4** | 바탕화면에 계정별로 등록된 Chrome의 바로가기 아이콘을 확인할 수 있으며, 원하는 계정으로 Chrome을 바로 실행할 수 있습니다.

중원 (개인용) - Chrome                업무용 - ...

# 다른 사용자를 쉽게 언급하는 방법

사용자가 조직의 다른 사용자를 쉽게 언급할 수 있도록 설정할 수 있습니다. 메일을 보내거나 파일을 공유할 때 이름 또는 계정 주소를 몇 글자만 입력해도 자동 완성으로 확인할 수 있어 편리합니다.

**1 |** 관리 콘솔에서 [≡]를 클릭한 후 [디렉터리]–[디렉터리 설정]을 선택합니다.

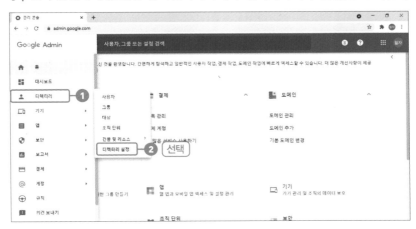

**2 |** 디렉터리 설정에서 [공유 설정]을 클릭합니다.

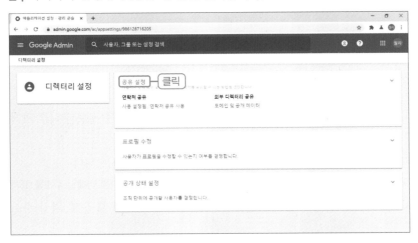

**3** | 계속해서 [연락처 공유]를 클릭합니다.

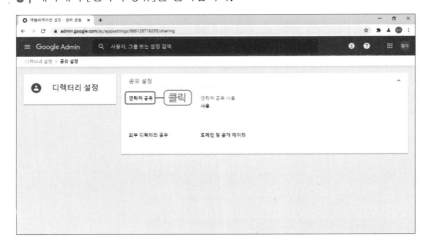

**4** | '연락처 공유 사용'을 선택한 후 해당 옵션을 확인하고, [저장]을 클릭합니다.

- **연락처 공유 사용** : 조직 내 사용자에게 연락처 정보가 자동으로 공유됩니다. 연락처 정보는 외부 조직에 공유되지 않습니다.
- **이메일 주소 모두 표시** : 사용자의 기본 이메일 주소와 이메일 별칭 주소를 모두 표시합니다.
- **보조 이메일 주소와 별칭 이메일 주소만 표시합니다. 사용자에게 기본 이메일 주소만 있으면 기본 이메일 주소를 표시합니다.** : 보조 이메일 주소나 이메일 별칭이 있는 사용자는 기본 주소가 아니라 보조 및 별칭 주소만 표시합니다.
- **기본 이메일 주소만 표시** : 사용자의 기본 이메일 주소만 포함하고, 별칭 주소나 보조 이메일 주소는 표시하지 않습니다.
- **사용자의 기본 도메인에 있는 이메일 주소만 표시** : 도메인 별칭이 있는 경우 사용자의 기본 도메인에 있는 이메일 주소만 표시하고, 모든 도메인 별칭 주소는 숨깁니다.

- **도메인 프로필만 표시** : 내부 사용자(도메인에 이메일 주소가 있는 사용자)의 프로필만 포함하고 외부 연락처는 모두 제외합니다.
- **도메인 공유 주소록만 표시** : 공유 시 외부 연락처만 포함합니다.
- **도메인 프로필과 도메인 공유 연락처 모두 표시** : 내부 및 공유의 외부 연락처를 포함합니다.

**5** │ Gmail에서 사용자가 이메일을 발송할 때 '받는사람' 항목에 이름이나 이메일 주소의 일부만 입력해도 다른 사용자를 자동 완성으로 쉽게 찾을 수 있습니다. Google 드라이브에서 파일을 공유할 때도 자동 완성을 사용할 수 있습니다. 파일 공유에 관한 자세한 내용은 127쪽을 참고하세요.

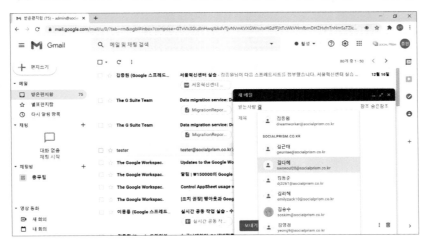

**잠깐만요** 보안이 중요한 조직인 경우 모르는 조직원을 찾지 못하게 운영해야 할 때가 있습니다. 이와 같은 상황에서는 '연락처 공유 사용' 항목을 비활성화합니다.

# 사용자 그룹 관리

그룹을 만들면 여러 사용자를 한 번에 불러올 수 있는 하나의 계정이 생깁니다. 예를 들어 'yourteam@company.co.kr'이라고 입력하는 것만으로도 여러 사용자에게 메일을 동시에 보내거나 파일을 공유할 수 있습니다. 한 사용자는 여러 그룹의 회원이 될 수 있습니다. 또한 팀, 조직 전체, TF팀, 팀장 등 다양한 그룹을 만들어 관리할 수 있습니다.

**1 |** 관리 콘솔에서 [그룹]을 선택한 후 그룹 화면에서 [그룹 만들기]를 클릭합니다.

**2 |** 그룹의 세부 정보를 각각 입력하고, [다음]을 클릭합니다.

> **잠깐만요**    그룹 이름을 '총무팀'으로 정해도 좋지만, '총무팀(그룹)' 또는 '총무팀_그룹'이라고 입력하면 사용자 계정과 그룹 계정을 쉽게 구분합니다.

**3** | 그룹 유형으로 사전에 설정된 액세스 유형 중 하나를 선택하거나 직접 설정합니다. 여기에서는 '팀'을 선택하고, [그룹 만들기]를 클릭합니다.

## 액세스 유형

- **공개** : 조직의 모든 사용자에게 그룹이 공개되는데 설정에 따라 조직 외부의 사용자에게 공개될 수도 있습니다. 공개로 설정된 그룹은 스팸 메일을 많이 받을 수 있습니다.
- **팀** : 조직 내부의 부서나 특정 팀을 위한 그룹을 만듭니다.
- **공지 전용** : 그룹에 공지사항과 같은 정보를 알릴 때 사용합니다. 예를 들어 회사의 소식을 수신하는 그룹으로 사용합니다.
- **제한됨** : 민감한 정보를 공유하는 직원 대상으로 비공개 그룹을 설정합니다.
- **사용자 지정** : 그룹의 유형을 자유롭게 설정합니다.

## 그룹에 참여할 수 있는 사용자

- **조직에 있는 모든 사용자가 요청할 수 있음** : 조직 사용자가 그룹에 가입하려면 요청 후 승인을 받아야 합니다.
- **조직에 있는 모든 사용자가 가입할 수 있음** : 조직 사용자가 직접 그룹에 자신을 추가할 수 있습니다.
- **초대된 사용자만** : 초대받은 사용자만 그룹에 참여할 수 있습니다.

## 조직 외부의 회원 허용

- **비활성화** : 조직의 외부 사용자를 그룹에 추가하지 못하게 설정합니다.
- **활성화** : 조직의 외부 사용자를 그룹에 추가할 수 있게 설정합니다.

**4 |** 그룹이 만들어지면 [(그룹 이름)에 회원 추가]를 클릭합니다.

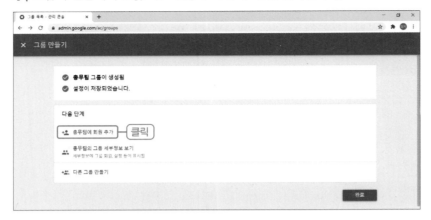

**5 |** [ + ]를 클릭한 후 회원 추가 팝업 창이 나타나면 그룹 회원으로 여러 계정을 입력하고, [그룹에 추가]를 클릭합니다.

**잠깐만요** 관리 콘솔의 [사용자]에서는 사용자 목록에 있는 사용자를 클릭하여 그룹에 추가할 수 있습니다.

**6** | 지정한 그룹에 사용자가 추가된 것을 확인할 수 있습니다.

**그룹 공유**

Google 드라이브에서 파일을 공유할 때나 Gmail에서 메일을 보낼 때 그룹 이름 또는 그룹 계정을 입력하면 그룹에 있는 모든 회원은 파일을 공유 받거나 메일을 받습니다. 조직의 팀, 조직원 전체, TF팀 등을 그룹으로 관리하면 여러 사용자와 신속하게 소통할 수 있습니다. Google 드라이브에서 파일을 공유할 때 사용자 및 그룹과 공유에 그룹을 등록한 후 그룹명에 마우스 포인터를 올리면 그룹 정보를 확인할 수 있는 팝업 창이 나타납니다. 팝업 창에서는 그룹 멤버를 확인하고, 그룹 대상으로 추가 작업을 진행할 수 있습니다.

- **추가정보** : 본인이 속한 그룹, 최근에 사용한 그룹, 모든 그룹 등을 확인할 수 있습니다.
- ✉ : 그룹의 멤버에게 이메일을 발송합니다.
- 📅 : 그룹의 멤버들이 참석하는 일정을 Google 캘린더에 등록합니다.

# 조직 단위

임원과 직원, 정직원과 인턴, 전체 직원과 홍보팀, 선생님과 학생 등과 같이 구분되는 대상에게 다른 권한을 부여할 때 조직 단위를 사용합니다. Google Workspace에서 조직 단위는 앱과 서비스의 권한을 나누는 기능이라고 할 수 있습니다.

## 조직 단위 추가하기

조직 단위는 상위 조직 아래에 조직 단위를 배치해야 합니다. 디렉토리 구조를 생각하면 쉬운데 최상위 조직 단위는 조직 전체를 의미하는 조직 이름이 위치합니다. 사용자를 등록할 때 조직 단위를 따로 지정하지 않았다면 최상위 조직에 속하게 됩니다.

**1 |** 관리 콘솔에서 [조직 단위]를 선택하고, [ + ]를 클릭하면 새 조직 단위 만들기 팝업 창이 나타납니다. 조직 단위의 이름, 설명, 상위 조직 단위를 입력하고, [만들기]를 클릭합니다.

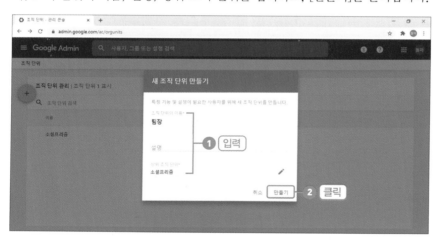

**잠깐만요** 처음으로 조직 단위를 만드는 것이라면 최상위 조직만 존재하기 때문에 '상위 조직 단위' 항목을 설정하지 않아도 됩니다.

**2 |** 새 조직 단위가 추가되며, 조직 단위에 마우스 포인터를 올리면 조직 단위별로 관리할 수 있는 버튼이 나타납니다.

❶ [ ➕ (새 조직 단위 만들기)] : 새 하위 조직을 만듭니다.

❷ [ 📁 (조직 단위 이동)] : 다른 상위 조직을 선택하여 이동합니다.

❸ [ ⋮ (옵션더보기)] : 조직 단위에 관한 정보를 수정하거나 삭제합니다.

**3 |** 일부 직원을 새 조직 단위로 이동하기 위해 관리 콘솔에서 [사용자]를 선택한 후 조직 단위를 이동시킬 사용자를 선택하고, [더보기]-[조직 단위 변경]을 선택합니다.

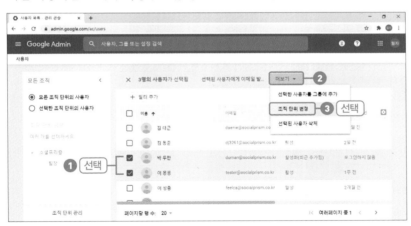

**잠깐만요** [선택한 사용자를 그룹에 추가]를 선택하면 선택한 사용자를 원하는 그룹에 추가할 수 있습니다. 그룹에 관한 자세한 내용은 94쪽을 참고하세요.

**4 |** 조직 단위 변경 팝업 창에서 변경하고 싶은 조직 단위(예 : 팀장)를 선택하고, [계속]을 클릭합니다.

**5 |** 사용자 이동 확인 팝업 창에서 조직 단위에 적용되는 사항을 확인하고, [변경]을 클릭합니다.

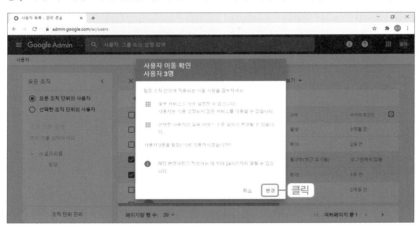

**6 |** 화면 왼쪽에서 새로 만든 조직 단위(예 : 팀장)]를 선택하면 해당 조직 단위에 있는 사용자를 확인할 수 있습니다.

## 특정 조직 단위에 다른 권한 설정하기

특정 조직 단위에 다른 권한을 부여하여 앱과 서비스를 맞춤으로 설정할 수 있습니다. 여기에서는 앞서 추가한 '팀장'의 조직 단위만 YouTube를 사용하도록 권한을 부여해 보겠습니다.

**1 |** 관리 콘솔에서 [앱]–[추가 Google 서비스]를 선택한 후 'YouTube' 앱 항목의 [모든 사용자에 대해 사용 설정]을 클릭합니다.

**2 |** 서비스 상태 항목에서 [모든 사용자에 사용]을 클릭합니다.

**3** | 특정 조직 단위만 YouTube를 사용하기 위해서 '모든 사용자에 대해 사용 중지'를 선택하고, [저장]을 클릭합니다.

잠깐만요   기본 설정은 모든 사용자가 YouTube를 사용할 수 있게 되어 있습니다. 특정 조직 단위만 YouTube를 사용하기 위해서는 모든 사용자가 YouTube를 사용하지 못하도록 설정합니다.

**4** | 화면 왼쪽의 조직 단위에서 [팀장]을 선택한 후 서비스 상태 항목에서 '사용'을 선택하고, [재정의]를 클릭합니다.

**5** | '팀장' 이외의 조직 단위에 속한 사용자가 YouTube에 접속하면 위쪽 화면처럼 로그아웃되고, '팀장' 조직 단위에 속한 사용자가 YouTube에 접속하면 아래쪽 화면처럼 로그인됩니다.

◀ '팀장' 이 외의 조직

◀ '팀장' 조직

**잠깐만요**   '팀장' 조직 단위에 속한 사용자는 Google Workspace 계정으로 YouTube를 사용할 수 있습니다. Google Workspace 계정으로 YouTube 시청 기록이 남고, 필요한 영상을 업로드할 수 있습니다.

**6** | '팀장' 조직 단위에 속하지 않은 사용자가 YouTube에서 [로그인]을 클릭하면 'YouTube에 액세스할 수 없습니다.'라는 메시지가 나타납니다.

| 항목 | 그룹 | 조직 단위 |
|---|---|---|
| 기능 | • 서비스 사용 설정<br>• 일부 서비스 설정 구성 | 서비스 사용 설정 |
| 서비스 액세스 | • 그룹 사용자에 대해 서비스를 사용 설정<br>• 그룹 설정은 항상 조직 단위의 설정보다 우선 적용 | 조직 단위의 사용자에 대해 서비스를 사용 설정 |
| 지원되는 서비스 | • Google Workspace 핵심 서비스, 추가 Google 서비스(예 : YouTube, Google Ads)<br>• SAML 앱<br>• 보안 설정 | • 앱 서비스와 기기 서비스 전반<br>• 보안 설정<br>• 보고서 전반<br>• 관리자 역할 |
| 사용자 멤버십 | • 서로 다른 조직 단위의 사용자가 같은 그룹에 속할 수 있음<br>• 사용자는 다수의 그룹에 속할 수 있음 | 한 사용자는 하나의 조직 단위에만 속함 |
| 상속 | 한 그룹 내에서 여러 그룹이 서비스에 액세스 할 수 있음 | 조직 단위는 상위 조직 단위의 설정을 상속하거나 재정의할 수 있음 |
| 사용자 라이선스 자동 부여 | 아니요 | 예 |

# SECTION 08 / 사용자 관리

Google Workspace 관리자는 사용자의 세부 정보를 확인하고 관리할 수 있습니다. 사용 용량, 보안 상황, 권한 등을 확인하고 비밀번호 재설정, 보조 이메일 추가, 데이터 복원 등을 작업할 수 있습니다.

**1 |** 관리 콘솔에서 [사용자]를 선택하고, 관리하고 싶은 사용자를 클릭합니다.

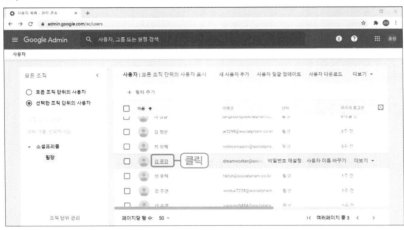

**2 |** 사용자의 가입 정보와 Google Workspace 활용 정보를 확인할 수 있으며, 각 항목마다 세부 정보를 관리합니다.

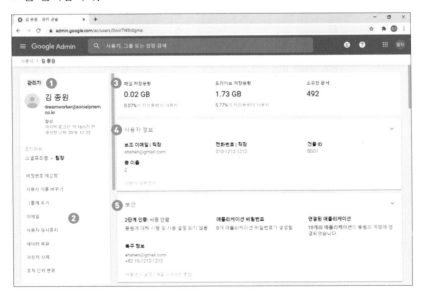

❶ **사용자 계정 정보** : 이름, 계정, 마지막 로그인, 생성된 날짜, 조직 단위와 같은 기본적인 계정 정보를 확인합니다.

❷ **간단 관리 메뉴** : 비밀번호 재설정, 사용자 이름 바꾸기, 데이터 복원 등 사용자를 신속하게 관리하기 위한 메뉴입니다.

❸ **저장 용량** : Gmail, Google 드라이브의 저장 용량과 소유한 문서의 개수를 확인합니다.

❹ **사용자 정보** : 연락처 정보, 보조 이메일 주소, 직원 정보 등을 확인하고, 수정할 수 있습니다. 보조 이메일 주소에 관한 자세한 내용은 107쪽을 참고하세요.

❺ **보안** : 비밀번호 재설정, 2단계 인증, 복구 번호 설정 등 보안에 관한 정보를 확인하고 설정합니다.

❻ **그룹** : 사용자가 소속되어 있는 그룹과 소유자 권한인 그룹, 관리자 권한인 그룹을 확인하고 관리할 수 있습니다. 자세한 내용은 94쪽을 참고하세요.

❼ **관리자 역할 및 권한** : 관리자 역할을 확인하고 권한을 부여합니다. 자세한 내용은 114쪽을 참고하세요.

❽ **앱** : 사용자가 사용할 수 있는 앱과 부가 기능을 확인합니다.

❾ **관리 기기** : 사용자가 Google Workspace 계정으로 사용한 기기를 확인하고 관리합니다. 자세한 내용은 373쪽을 참고하세요.

❿ **라이선스** : 사용자의 라이선스와 월간 청구액을 확인하고 관리합니다.

⓫ **공유 드라이브** : 사용자가 멤버로 있는 공유 드라이브를 확인하고 관리합니다. 자세한 내용은 134쪽을 참고하세요.

## 보조 이메일 주소(이메일 별칭)

Google Workspace 관리자는 사용자에게 기본 이메일 주소 외에 메일 수신을 위한 보조 이메일 주소를 제공할 수 있습니다. 예를 들어, ltt@company.co.kr 계정을 사용하고 있는 A 사용자가 고객과 소통을 원활하게 하기 위한 별도의 이메일 주소를 원할 때 worker@company.co.kr이라는 보조 이메일 주소를 제공합니다. 이렇게 하면 양쪽 주소로 전송되는 이메일을 A 사용자의 Gmail에서 모두 받을 수 있습니다. 또한, 'ltt'에서 'l'이 'i'의 대문자처럼 보여 사람들이 itt@company.co.kr로 메일을 보내는 일이 있을 때는 이메일이 누락되지 않도록 보조 이메일로 itt@company.co.kr 계정을 등록합니다. 사용자당 최대 30개의 이메일 별칭을 추가할 수 있습니다.

**1** | 관리 콘솔에서 [사용자]를 선택한 후 보조 이메일 주소를 등록하고 싶은 사용자 이름을 클릭합니다.

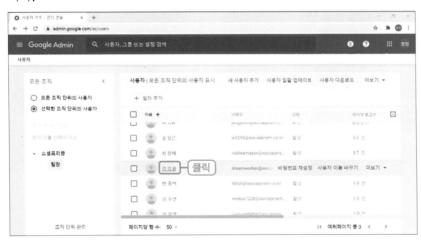

**2** | 선택한 사용자 화면에서 [사용자 정보]를 클릭합니다.

**3** | 보조 이메일 주소(이메일 별칭)에서 '보조 이메일 추가'를 클릭합니다.

**4** | 보조 이메일 항목에 원하는 ID를 입력하고, [저장]을 클릭합니다. 이와 같은 방법으로 보조 이메일을 30개까지 추가할 수 있습니다.

**잠깐만요** 보조 이메일 주소는 메일을 받을 때만 사용할 수 있습니다. 계정 로그인, 휴대 기기와 동기화하거나 Google 문서 및 사이트 도구를 공유하려면 기본 주소를 사용해야 합니다.

## 데이터 복원

사용자가 Gmail 또는 Google 드라이브에서 삭제한 메일 또는 파일을 복원할 수 있습니다. 휴지통에서 사용자가 25일 내에 삭제한 데이터가 복구되며, 해당 기간이 지나면 데이터는 영구 삭제되어 복원할 수 없습니다.

**1 |** 관리 콘솔에서 [사용자]–[(사용자 이름)]–[데이터 복원]을 선택합니다.

**2 |** 데이터 복원 팝업 창에서 시작일과 종료일을 설정한 후 애플리케이션 항목에서 드라이브 또는 Gmail을 선택하고, [복원]을 클릭합니다.

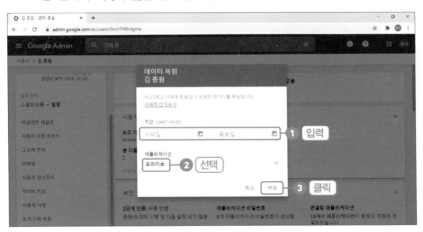

**잠깐만요** 복원하는 데이터 양에 따라 사용자 계정에 다시 표시되기까지 며칠이 소요될 수 있습니다. 복원 데이터를 확인하기 위해서는 사용자의 Gmail 받은 편지함 또는 Google 드라이브 폴더에서 확인합니다. Google 드라이브 데이터는 삭제되기 이전과 동일한 위치에 복원되며, 복원된 항목에 다른 사용자가 액세스 하려면 사용자가 다시 공유해야 합니다.

# 09 / 건물 및 리소스 등록

회의실, 빔프로젝터, 차량, 노트북 등 조직의 공유 자원을 Google 캘린더에서 예약할 수 있습니다. Google Workspace 관리자는 공유 자원을 관리 콘솔에 사전 등록해야 합니다.

**1** | Google Workspace 관리자는 관리 콘솔에서 [건물 및 리소스]를 선택하고, '리소스 관리' 항목에서 [열기]를 클릭합니다.

**잠깐만요** '회의실 통계 대시보드' 항목의 [열기]를 클릭하면 건물 및 리소스 사용률을 다양한 그래프와 통계로 확인할 수 있습니다.

**2** | 공유 자원을 등록하기 위해서는 먼저 건물을 추가해야 하므로 [리소스]–[건물]을 선택합니다.

**3** | 건물 화면에서 [＋]를 클릭합니다.

잠깐만요 '건물 일괄 업로드'를 클릭하면 건물 정보를 .csv 파일에 입력하여 한 번에 등록할 수 있습니다.

**4** | 새 건물 추가 팝업 창에서 이름, 설명, 층, 주소 등을 입력하고, [건물 추가]를 클릭합니다.

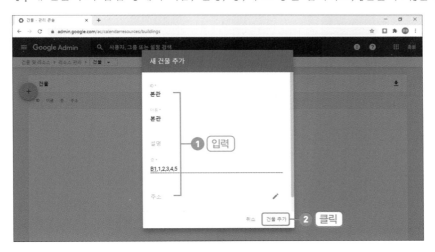

**5** | 건물이 추가되면 리소스를 등록하기 위해 상단에서 [건물]-[리소스]를 선택합니다.

**6** | 리소스 화면에서 [+]를 클릭합니다.

잠깐만요 '리소스 일괄 업로드'를 클릭하면 리소스 정보를 csv 파일에 입력하여 한 번에 등록할 수 있습니다.

**7 |** 리소스 추가 팝업 창에서 카테고리, 유형, 건물, 층, 리소스 이름, 수용 인원 등을 각각 입력하고, [리소스 추가]를 클릭합니다.

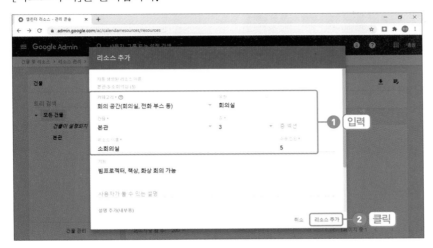

**8 |** 리소스가 등록된 것을 확인할 수 있으며, 추가한 캘린더 리소스가 모든 사용자의 캘린더에 표시되려면 최대 24시간이 소요될 수 있습니다. 사용자가 Google 캘린더에서 리소스를 등록하는 방법은 288쪽을 참고하세요.

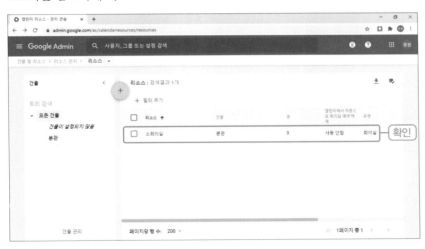

**잠깐만요** 등록해야 할 공유 물품이 추가로 있다면 [＋]를 클릭합니다.

# 관리자 역할 지정

관리자로 지정한 사용자는 관리 콘솔에 접근할 수 있습니다. 한 관리자가 다른 용무 중이거나 휴가 중인 경우, 다른 사용자가 관리자 역할에 맞게 다양한 작업을 도와줄 수 있습니다. 관리자 역할을 부여받은 사용자는 막강한 권한을 행사할 수 있기 때문에 신뢰할 수 있는 사용자만 지정해야 하며, 관리자 역할 중 목적과 권한에 맞는 관리자 역할을 부여할 수 있습니다. 여기에서는 최고 관리자 권한을 다른 사용자에게 부여해 보겠습니다.

**1** | 관리 콘솔에서 [관리자 역할]을 선택한 후 최고 관리자 항목에 있는 [관리자 지정]을 클릭합니다.

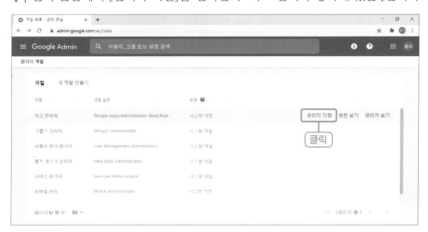

관리자 역할별 권한은 다음과 같습니다.

| 관리자 | 역할 |
|---|---|
| **최고 관리자** | 모든 기능에 액세스할 수 있고, 조직 계정을 다양한 측면에서 관리할 수 있습니다. 최고 관리자는 다음 작업을 수행할 수 있습니다.<br>• 관리자 역할 생성 또는 지정<br>• 관리자 비밀번호 재설정<br>• 사용자를 삭제할 때 파일 소유권 이전<br>• 삭제된 사용자 복원<br>• 관리자 설정 관리<br>• 결제 설정 및 라이선스 관리 제어<br>• 사용자가 2단계 인증을 사용하도록 허용<br>• Google Workspace Marketplace 앱 설치<br>• Google 캘린더 리소스 액세스 수준 제어 관리<br>• 전체 디렉터리 설정 관리<br>• 데이터 이전 서비스 사용<br>• 도메인 전체 위임과 API 클라이언트 액세스 관리 권한 부여<br>• Google을 SAML ID 공급업체로 설정 및 SAML 앱 추가/수정 |

| 그룹스 관리자 | Google 그룹스 작업에 대해 모든 권한을 갖습니다. 그룹스 관리자는 다음 작업을 수행할 수 있습니다.<br>• 사용자 프로필 및 조직 구조 보기<br>• 관리 콘솔에서 새 그룹 생성 및 그룹 삭제<br>• 관리 콘솔에서 만든 그룹의 회원 관리<br>• 그룹 액세스 설정 관리<br>• 조직 단위 보기 |
|---|---|
| 사용자 관리 관리자 | 관리자가 아닌 사용자에 대해 모든 작업을 수행할 수 있습니다. 사용자 관리 관리자는 다음 작업을 수행할 수 있습니다.<br>• 사용자 프로필 및 조직 구조 보기<br>• 조직 단위 보기<br>• 사용자 계정 생성 및 삭제(*)<br>• 사용자 이름 및 비밀번호 변경(*)<br>• 사용자 개인의 보안 설정 관리(*)<br>• 기타 사용자 관리 작업 수행(*)<br>• 관리자 권한을 특정 조직 단위로 제한<br>(*) : 관리자가 아닌 사용자에게만 해당됩니다. 해당 관리자는 관리자 권한을 할당하거나 관리자 비밀번호를 재설정할 수 없으며, 관리자 계정의 기타 설정도 변경할 수 없습니다. 최고 관리자만 이러한 작업을 수행할 수 있습니다. |
| 헬프 데스크 관리자 | 관리자가 아닌 사용자의 비밀번호를 재설정할 수 있으며, 사용자의 프로필과 함께 조직 구조 및 조직 단위를 볼 수 있습니다. 관리자 권한을 특정 조직 단위로 제한할 수 있습니다. |
| 서비스 관리자 | Google 캘린더, 드라이브, 문서, 기타 서비스를 비롯하여 관리 콘솔에 추가된 특정 서비스 설정 및 기기를 관리할 수 있습니다. 서비스 관리자는 다음 작업을 수행할 수 있습니다.<br>• 서비스 사용 또는 사용 중지(*)<br>• 서비스 설정 및 권한 변경(*)<br>• 캘린더 리소스 관리<br>• 관리 콘솔에 표시되는 Chrome 및 휴대 기기 관리<br>• 조직 단위 보기<br>• 서비스 관리 역할을 가진 사용자는 리소스를 생성, 수정, 삭제할 수 있고, 캘린더 리소스의 공유 설정은 수정할 수 없음<br>(*) : 계정에 추가한 특정 제품(Google Workspace 서비스, Google Voice 등), Marketplace 앱, 무료 Google 서비스(Blogger 등)에만 적용되며, 일부 제품 및 서비스에는 서비스 관리자 역할을 지원하지 않습니다. |
| 모바일 관리자 | 휴대 기기를 관리할 수 있습니다. 모바일 관리자는 다음 작업을 수행할 수 있습니다.<br>• 기기 프로비저닝 및 승인<br>• 앱 허용<br>• 기기 및 계정 차단 또는 초기화<br>• Android 기기 및 iOS 기기 정책 설정<br>• 도메인의 그룹 및 사용자 보기 |

**2 |** 최고 관리자 화면에서 [역할 할당]을 클릭합니다.

**3 |** 사용자 추가 항목에 추가할 계정을 입력하면 자동 완성 기능을 통해 계정이 검색되므로 추가하려는 계정을 선택합니다.

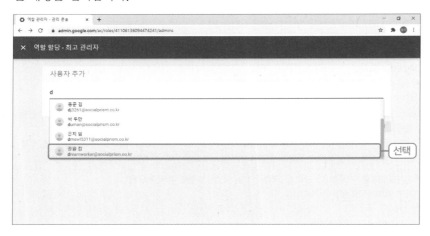

잠깐만요 ┃ 관리자 역할당 계정은 20개까지 등록할 수 있습니다.

**4 |** 선택한 사용자가 하단 목록에 등록되면 [역할 지정]을 클릭합니다.

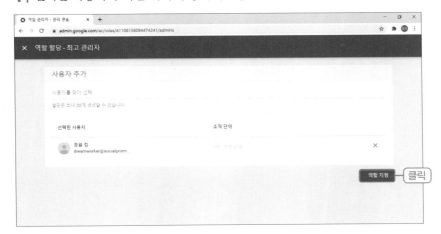

**5 |** 최고 관리자 역할에 사용자가 추가된 것을 확인할 수 있습니다.

잠깐만요 ▶ 관리자 중 한 명이 비밀번호를 잃어버리면 다른 관리자가 비밀번호를 재설정할 수 있으므로 최고 관리자는 2명 이상으로 지정하는 것이 좋습니다. 최고 관리자가 4명 이상인 경우에는 모든 관리자의 패스워드 복구 옵션이 제한됩니다.

**6** | 관리자 역할을 지정 받은 사용자가 로그인한 후 [ ⠿ ]를 클릭하면 [관리] 앱이 추가된 것을 확인할 수 있습니다.

**관리자 역할별 접근할 수 있는 관리 콘솔의 앱**

관리자 역할을 지정 받은 사용자가 관리 콘솔을 이용할 경우 권한에 따라 보이는 앱이 다릅니다. 다른 관리자 역할에서 같은 앱이 보이더라도 세부 권한은 다를 수 있습니다. 관리자 역할별로 관리 콘솔에서 접근할 수 있는 앱은 다음과 같습니다.

• **최고 관리자** : 관리 콘솔의 모든 앱을 사용하여 Google Workspace를 관리할 수 있습니다.

- **그룹스 관리자** : 그룹 관리에 관한 모든 권한으로 그룹을 관리하며, 사용자와 조직 단위 설정을 확인할 수 있습니다.

- **사용자 관리 관리자 및 헬프 테스트 관리자** : 관리자 이외의 사용자에 대한 전반을 관리합니다. 입사, 퇴사, 비밀번호 재설정 등 사용자에 대한 설정 변경을 주로 담당합니다.

- **서비스 관리자** : 앱에 관한 권한 설정, 기기 관리, 공유 자원 관리 등을 할 수 있습니다.

- **모바일 관리자** : Android 기기 및 iOS 기기 등의 휴대 기기를 관리합니다. 기기에서 사용할 앱 목록을 만들 수 있습니다.

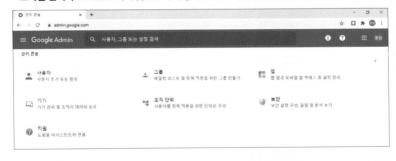

PART 02

# GOOGLE 드라이브

Google 드라이브는 Google Workspace의 허브로 파일을 클라우드에 저장하는 것을 넘어 다른 사용자와의 공유는 물론, 같은 계정을 사용하는 어떠한 기기에서든 쉽게 접근할 수 있습니다.

# CHAPTER 1

# Google 드라이브 활용

Google 드라이브에 파일을 업로드하면 같은 계정을 사용하는 어느 기기에서든 해당 파일을 사용할 수 있습니다. 공유 드라이브를 사용하면 필요한 파일을 팀원과 공동으로 활용할 수 있습니다. 또한, 데스크톱용 Google 드라이브를 사용하면 Google 드라이브에 있는 파일을 Windows의 파일 탐색기에서도 접근하여 사용할 수 있습니다.

# Google 드라이브 살펴보기

Google 드라이브는 Windows의 파일 탐색기와 비슷하기 때문에 폴더 만들기나 파일 업로드 같은 기본적인 기능을 쉽게 사용할 수 있습니다. Google 드라이브의 유용한 기능으로는 우선순위, 공유 드라이브, 데스크톱용 Google Drive 등이 있습니다.

Google 사이트(Google.com)에서 [ ⋮⋮⋮ ]–[드라이브]를 클릭합니다. Google 드라이브의 구성 요소에 대해 살펴보겠습니다.

❶ **검색** : Google 드라이브에 있는 폴더나 파일 등의 항목을 검색합니다. 항목 이름과 파일 내용, 이미지의 글자도 찾을 수 있습니다.

❷ **지원** : 도움말, 교육, 업데이트 등의 정보를 확인할 수 있습니다.

❸ **설정** : Google 드라이브의 환경을 설정하고, 데스크톱용 Google 드라이브를 다운로드할 수 있습니다. 자세한 내용은 144쪽을 참고하세요.

❹ **Google 앱** : 다양한 Google 앱을 선택할 수 있습니다.

❺ **회사 로고와 계정** : Google Workspace 관리자가 설정한 회사 로고가 표시됩니다. 개인 계정의 Google 드라이브와 Google Workspace 계정의 Google 드라이브를 전환하면서 자주 사용하는 경우 어떤 계정을 사용하고 있는지 쉽게 확인할 수 있습니다. 회사 로고를 설정하는 방법은 327쪽을 참고하세요.

❻ **새로 만들기** : Google 드라이브에 폴더 또는 문서를 만들거나 내 컴퓨터에 있는 파일과 폴더 업로드할 수 있습니다.

❼ **우선순위** : 중요하거나 자주 액세스하는 파일을 주제별로 묶어 파일을 빠르게 찾고 사용할 수 있습니다. 자세한 내용은 140쪽을 참고하세요.

❽ **내 드라이브** : Google 드라이브의 기본 저장 공간으로 파일 또는 폴더를 저장하면 소유자는 본인이 됩니다.

**❾ 공유 드라이브** : 팀 단위로 다른 사용자들과 함께 사용하는 드라이브를 만들어 파일을 저장하고, 공동으로 소유 및 관리합니다. 자세한 내용은 136쪽을 참고하세요.

**❿ 드라이브 목록** : 다양한 기능으로 분류한 문서함 목록을 볼 수 있습니다.

**⓫ 저장용량** : 현재의 사용 용량이 표시되며, 표시된 용량을 클릭하면 내 드라이브에 저장한 파일을 용량순으로 볼 수 있습니다.

**⓬ 폴더 위치** : 현재 사용자가 선택한 파일의 위치를 표시합니다.

**⓭ 목록 보기 방식** : 항목의 보기 방식을 [바둑판 보기]와 [목록 보기] 중 하나로 전환합니다.

**⓮ 세부정보 보기** : 선택한 파일 또는 폴더의 세부정보를 확인합니다.

**⓯ 빠른 액세스** : 사용자가 마지막으로 확인한 항목이나 자주 사용한 항목이 표시됩니다.

**⓰ 항목 목록** : 선택한 위치에 있는 항목의 목록이 표시됩니다.

# 폴더 업로드

기기에 있는 폴더와 폴더에 속한 여러 파일을 한 번에 업로드할 수 있습니다. Google 드라이브에 업로드한 항목은 어느 기기에서든 접속하여 사용할 수 있습니다.

**1 |** Google 드라이브에서 [새로 만들기]−[폴더 업로드]를 선택합니다.

**잠깐만요.** Google 드라이브에서 [새로 만들기]−[폴더]를 선택하면 새 폴더를 만듭니다.

**2 |** [업로드할 폴더 선택] 대화상자에서 업로드할 폴더를 선택하고, [업로드]를 클릭합니다.

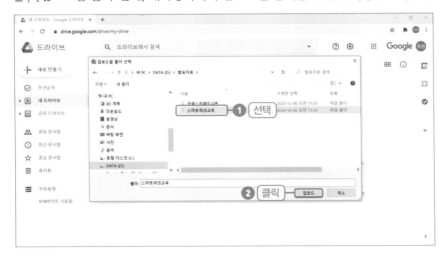

**3 |** 화면 오른쪽 하단에 '#개 항목 업로드 중'이라는 메시지가 나타나며, 업로드가 완료되면 선택한 위치에 해당 폴더가 표시됩니다.

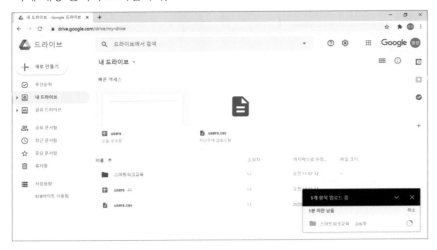

**전문가의 조언 ·** **드래그로 Google 드라이브에 업로드**

Google 드라이브에 파일과 폴더를 업로드할 때 Windows의 파일 탐색기에서 Google 드라이브로 업로드할 항목을 선택한 후 드래그 앤 드롭하면 Google 드라이브로 쉽게 업로드할 수 있습니다.

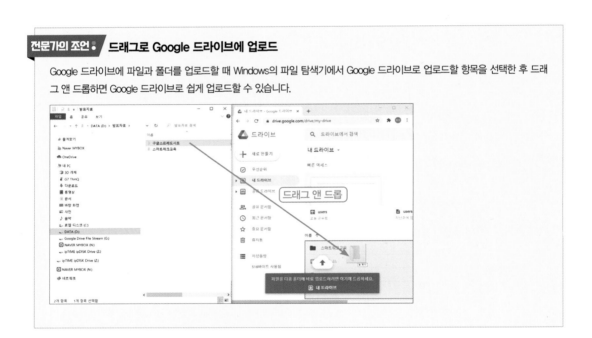

# 공유

Google 드라이브에 있는 파일과 폴더를 다른 사용자에게 공유할 수 있습니다. Google 드라이브의 파일과 폴더를 공유하는 방법은 두 가지입니다. 첫 번째는 사용자를 지정하여 항목을 공유하는 방법이고, 두 번째는 공유 링크를 만들어 공유하는 방법입니다. 공유 목적에 따라 적절한 공유 설정을 사용하는 것이 좋습니다.

## 사용자 및 그룹과 공유

Google 드라이브에서는 사용자와 그룹에게 파일과 폴더를 공유할 수 있습니다. 공유해야 할 대상이 명확하거나 확실한 보안이 필요할 때 사용자 및 그룹 공유를 사용합니다.

**1** | Google 드라이브에서 공유할 항목을 마우스 오른쪽 버튼으로 클릭하고, [공유]를 선택합니다.

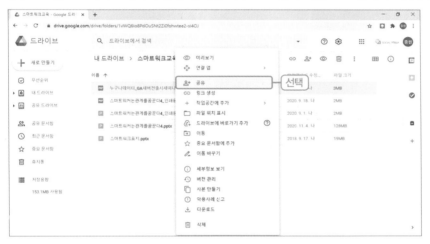

**2 |** 팝업 창에서 사용자 및 그룹 추가 항목에 공유할 사람의 Google Workspace 계정, Google 개인 계정 또는 그룹을 입력합니다.

> **잠깐만요** Google Workspace 관리자 설정에 따라 조직 외의 사용자에게는 파일을 공유할 수 없습니다. Google Workspace 관리자가 할 수 있는 공유 설정에 관해서는 164쪽을 참고하세요.

**3 |** [편집자] 권한을 선택하고, [보내기]를 클릭합니다. 이때, '이메일 알림 보내기'를 체크한 상태에서 메시지 입력란에 추가 정보를 입력하면 공유 대상자에게 공유 정보가 이메일로 발송됩니다.

> **잠깐만요** 사용자 및 그룹과 공유에 존재하지 않는 계정을 입력했을 때는 메일 주소 앞에 [ⓘ]이 표시되므로 메일 주소를 다시 확인하고 입력합니다.

- **뷰어** : 공유한 항목을 확인할 수 있지만 수정하거나 댓글을 작성할 수는 없습니다.
- **댓글 작성자** : 공유한 항목을 확인하거나 댓글을 작성할 수 있지만 수정할 수 없습니다. 공유할 항목이 폴더인 경우는 [댓글 작성자]가 표시되지 않습니다.
- **편집자** : 공유한 항목을 확인, 댓글 작성, 수정할 수 있습니다.

**4 |** 공유된 항목에는 [👥]가 표시됩니다.

**5 |** 공유를 받은 사용자가 Google 드라이브에서 [공유 문서함]을 선택하면 공유된 항목을 확인할 수 있습니다.

**6** | 공유된 항목을 실행하면 공유 항목의 소유자가 설정한 권한에 따라 공유 항목의 실행 결과를 확인할 수 있습니다. 파일 형식, 권한 설정에 따라 표시되는 아이콘이 다를 수 있습니다.

❶ [🔜(이동)] : 파일을 다른 위치로 이동합니다.

❷ [➕(댓글 추가)] : 파일에 대한 댓글을 작성하며, 폴더에는 댓글을 작성할 수 없습니다.

❸ [🖨(인쇄)] : 해당 항목을 인쇄합니다.

---

**전문가의 조언 ●** **사용자 및 그룹과 공유 세부 설정**

사용자 및 그룹과 공유를 진행할 때 편집자와 뷰어 및 댓글 작성자에 관한 설정을 세부적으로 변경할 수 있습니다. 사용자 및 그룹과 공유 팝업 창에서 [⚙]를 클릭합니다.

다른 사용자와 공유 설정 항목에서 다음의 두 가지를 설정할 수 있습니다.

- 편집자가 권한을 변경하고 공유할 수 있습니다. : 해당 항목의 체크 표시를 해제하면 '편집자' 권한이 있는 공유 대상자는 공유 항목의 권한을 변경하거나 다른 공유 대상자를 추가할 수 없고, 소유자만이 권한을 변경할 수 있습니다.
- 뷰어 및 댓글 작성자에게 다운로드, 인쇄, 복사 옵션 표시 : 해당 항목의 체크 표시를 해제하면 '뷰어'와 '댓글 작성자' 권한이 있는 공유 대상자는 공유 항목의 다운로드, 인쇄, 복사가 불가능합니다.

## 링크 공유

공유 링크를 만들어 항목을 공유하면 링크를 받은 조직 내 사용자 또는 외부 사용자가 항목을 확인하거나 수정할 수 있으므로 불특정 다수에게 자료를 배포할 때 유용합니다. 보안이 필요한 중요한 자료일 경우에는 '사용자 및 그룹과 공유'를 사용합니다.

1 | Google 드라이브에서 공유할 항목을 마우스 오른쪽 버튼을 클릭하여 선택한 후 [공유]를 선택합니다.

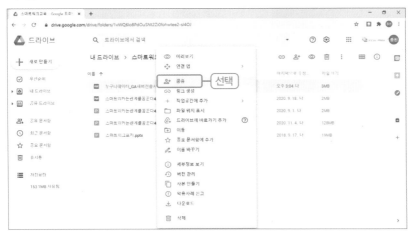

**잠깐만요** ✏ 링크 공유 설정으로 한번에 이동하려면 공유할 항목에서 마우스 오른쪽 버튼을 클릭하고, [링크 생성]을 선택합니다.

**2** | 팝업 창이 나타나면 [링크 보기]를 클릭합니다.

**3** | 링크 보기에서 [제한됨]–[조직명(예 : 소셜프리즘)]을 선택합니다.

> **잠깐만요** 파일을 공유할 때 사용자가 [링크가 있는 모든 사용자에게 공개]를 선택하지 못하도록 Google Workspace 관리자가 설정할 수 있습니다. 공유 설정에 관해서는 164쪽을 참고하세요.

- **제한됨** : 사용자 및 그룹과 공유에서 추가한 사용자만 파일에 액세스할 수 있습니다.
- **조직명** : 링크가 있는 조직 내 사용자만 항목에 접근할 수 있습니다.
- **링크가 있는 모든 사용자에게 공개** : 외부 사용자까지 포함해 링크가 있는 모든 사용자가 접근할 수 있습니다.

**4** | 조직명에서 공유 사용자의 권한(뷰어)을 선택한 후 [링크 복사]와 [완료]를 차례로 클릭합니다. 클립보드에 저장된 공유 링크를 공유 사용자에게 전달합니다.

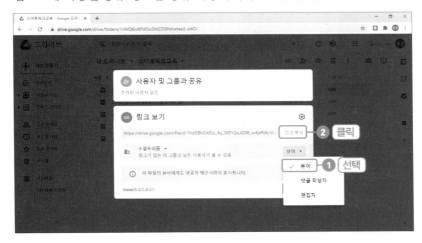

**잠깐만요** 팝업 창에서 [⚙]를 클릭한 후 '(조직명)에 속한 사용자가 이 파일을 검색할 수 있음'의 체크 표시를 해제하면 링크를 공유 받은 사용자는 해당 파일을 Google 드라이브에서 검색할 수 없습니다.

- **뷰어** : 공유 항목을 확인할 수 있지만 수정하거나 댓글을 작성할 수는 없습니다.
- **댓글 작성자** : 공유 항목을 확인하거나 댓글을 작성할 수 있지만 수정할 수는 없습니다. 공유 항목이 폴더인 경우는 [댓글 작성자]가 표시되지 않습니다.
- **편집자** : 공유 항목을 확인, 댓글 작성, 수정할 수 있습니다.

**5** | 이미 공유 중인 항목의 공유를 중단하려면 팝업 창에서 공유 대상을 [제한됨]으로 선택하고, [완료]를 클릭합니다.

**사본 만들기**

Google 드라이브의 공유는 다른 사용자와 같은 파일을 함께 사용하는 방식입니다. 사본 만들기는 복사본을 새로 만들어 내 소유로 만드는 기능으로 기존 컴퓨터에서 진행했던 '파일 복사하기'와 같은 개념입니다. 사본 만들기를 사용하면 파일을 그대로 복사해 Google 드라이브로 가지고 오기 때문에 소유자 파일에 영향을 끼치지 않습니다. 양식 파일을 사본 만들기로 가지고 와서 작성하기에 좋은 기능입니다. 해당 파일에서 마우스 오른쪽 버튼을 클릭하고, [사본 만들기]를 선택한 후 사용자의 폴더 접근 권한에 따라 저장해야 할 폴더 위치를 지정합니다.

## 공유 설정 변경하기

항목 공유를 진행한 후 다시 공유 설정으로 이동하면 공유한 항목의 권한을 변경하거나 임시 액세스 권한 부여, 소유권 지정, 사용자 삭제 등 다양한 권한을 세부적으로 변경할 수 있습니다.

사용자 및 그룹과 공유가 설정되어 있는 항목에서 마우스 오른쪽 버튼을 클릭한 후 [공유]를 선택하면 공유 대상자 목록이 표시됩니다. 여기에서 공유 대상자별 액세스 권한 설정을 선택하면 세부적인 변경이 가능합니다.

## 사용자 및 그룹의 공유 권한 설정

- 뷰어, 댓글 작성자, 편집자의 액세스 권한은 128쪽을 참고하세요.
- **임시 액세스 권한 부여** : 파일 액세스 권한의 만료 날짜를 설정하여 액세스 권한을 제한합니다. 1년 이내까지 설정할 수 있으며 '편집자' 액세스 권한이 있는 사용자가 만료일이 되면 해당 사용자의 액세스 권한이 '댓글 작성자'로 변경됩니다.
- **소유자로 지정** : 항목의 소유자를 다른 사용자로 변경하여 항목의 모든 권한을 이전합니다. 한 사용자에게 있는 모든 파일의 소유권을 다른 사용자로 한 번에 변경하려면 170쪽을 참고하세요.
- **삭제** : 공유 사용자를 제외하면 더 이상 해당 문서에 접근할 수 없습니다.

---

**전문가의 조언** ● **분리된 항목 검색하기**

공유 사용자가 자기 소유가 아닌 파일을 삭제할 경우 해당 파일은 Google 드라이브 목록에서 사라집니다. 이러한 파일 삭제는 소유자만 할 수 있기 때문에 다른 공유 사용자가 삭제한 파일은 분리된 상태가 됩니다. 이렇게 분리된 항목은 상위 폴더를 잃어 Google 드라이브에 존재하지만 찾을 수가 없습니다. 이럴 때는 소유자의 Google 드라이브 검색 창에서 'is:unorganized owner:me'로 검색하면 분리된 항목을 찾을 수 있습니다. 소유권은 나에게 있지만 상위 폴더를 잃은 항목을 검색하는 연산자입니다. 검색으로 찾은 분리된 항목을 마우스 오른쪽 버튼을 클릭하고, [이동]을 선택하여 원하는 폴더를 지정하면 다시 복원됩니다.

공유 드라이브는 멤버를 초대해 파일을 함께 사용하는 파일 저장 공간으로 파일을 멤버와 공동 소유하므로 관리하기가 편리합니다. 내 드라이브에서 사용할 수 있는 공유 폴더의 업그레이드판이라고 할 수 있습니다. 내 드라이브에 저장한 파일은 해당 사용자에게만 소유권이 있어 파일을 공유하더라도 최종적으로 소유자만 파일을 관리할 수 있습니다. 내 드라이브에서 공유 폴더를 만들어 사용하면 퇴사자가 있거나 조직 개편이 있을 때 사용자마다 대량의 파일을 소유권 이전해야 하는 등 관리에 어려움이 있습니다. 공유 드라이브는 파일을 멤버와 공동 소유하기 때문에 소유권에 대해 고민할 필요가 없습니다.

1 | Google 드라이브 목록에서 [공유 드라이브]를 선택하고, [새로 만들기]를 클릭합니다.

> **잠깐만요** ▶ Google 개인 계정과 Google Workspace Business Starter 버전에서는 공유 드라이브를 만들 수 없습니다. Google Workspace 관리자 설정에 따라 Google Workspace 계정으로 만든 공유 드라이브에 멤버로 참여할 수 있습니다.

2 | 새 공유 드라이브 팝업 창에서 공유 드라이브 이름을 입력하고, [만들기]를 클릭합니다.

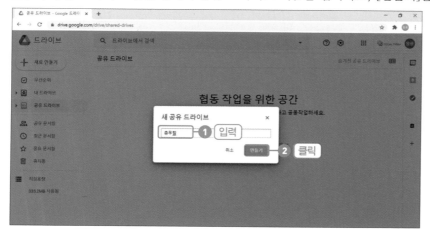

**3 |** 공유 드라이브 이름을 클릭하고, [멤버 관리]를 선택합니다.

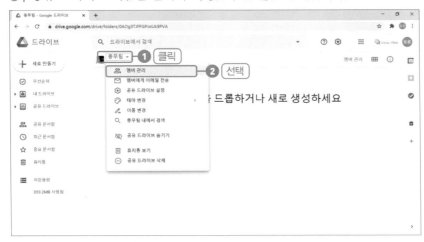

**잠깐만요** Google Workspace 관리자는 사용자가 공유 드라이브를 사용하지 못하도록 차단하거나 외부 사용자 제한, 댓글 작성자와 뷰어의 권한 제한 등을 설정할 수 있습니다. 자세한 내용은 166쪽을 참고하세요.

**4 |** 멤버 관리 팝업 창에서 멤버로 추가할 사용자나 그룹을 입력한 후 [콘텐츠 관리자] 권한을 선택하고, [보내기]를 클릭합니다.

**잠깐만요** '이메일 알림 보내기'를 체크한 상태에서 [보내기]를 클릭하면 추가된 멤버에게 메일로 공유 정보가 발송됩니다.

❶ **뷰어** : 공유 드라이브의 파일을 열어 볼 수 있으나 수정할 수는 없습니다.

❷ **댓글 작성자** : 공유 드라이브의 파일을 열어 보고 파일에 대한 댓글을 작성할 수 있으나 수정할 수는 없습니다.

❸ **참여자** : 공유 드라이브에서 파일 추가/수정, 폴더 생성을 할 수 있으나 파일을 삭제할 수는 없습니다. 또한, 다른 사용자를 멤버로 추가할 수 있습니다.

❹ **콘텐츠 관리자** : 참여자의 권한과 더불어 공유 드라이브의 파일을 삭제 및 복원할 수 있습니다.

❺ **관리자** : 콘텐츠 관리자 권한과 더불어 공유 드라이브를 설정하거나 삭제할 수 있습니다. Google Workspace 관리자는 공유 드라이브의 관리자 권한을 제한할 수 있습니다. 자세한 내용은 168쪽을 참고하세요.

**5 |** 멤버 추가와 권한 설정이 완료되면 공유 드라이브로 폴더나 파일을 업로드합니다.

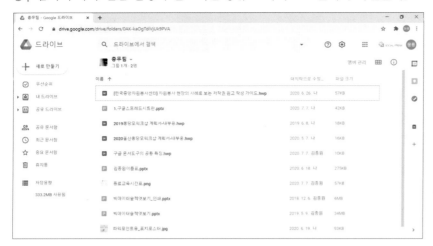

**6 |** 공유 드라이브 멤버로 추가된 사용자가 Google 드라이브의 [공유 드라이브]를 선택하면 새로 추가된 공유 드라이브 목록을 확인할 수 있습니다.

**7 |** 원하는 공유 드라이브로 이동하면 파일을 권한에 따라 사용할 수 있습니다.

**잠깐만요** 공유 드라이브 멤버 이외의 다른 사용자에게 일부 파일과 폴더를 공유하려면 공유 드라이브의 파일 또는 폴더에서 마우스 오른쪽 버튼을 클릭하고, [공유]를 선택합니다. Google Workspace 관리자는 해당 설정을 관리할 수 있습니다. 자세한 내용은 166쪽을 참고하세요.

---

**전문가의 조언 :** ### 공유 드라이브의 한도

공유 드라이브는 사용자별 클라우드의 저장 용량을 차지합니다. 그 이외에도 공유 드라이브별로 항목 수, 회원 수, 일일 업로드 용량에는 한도가 있습니다. 한도에 다다르면 새 공유 드라이브를 만들어 사용해야 합니다.

- 한 공유 드라이브에는 최대 400,000개의 파일과 폴더를 저장할 수 있습니다.
- 매일 750GB까지만 업로드 할 수 있는데, 개별 파일의 최대 크기는 5TB입니다.
- 최대 20개의 중첩 폴더를 만들 수 있습니다.
- 600개의 사용자와 그룹을 추가할 수 있습니다.
- 추가할 수 있는 사용자 계정의 한도는 50,000 멤버입니다.
- 최대 1,000개의 공유 드라이브가 Google 드라이브에 표시됩니다. 안 보이는 공유 드라이브는 직접 URL을 입력하여 접근할 수 있습니다.

# 우선순위

중요하거나 자주 사용하는 파일을 주제별로 묶어 [우선순위] 메뉴에서 사용할 수 있습니다. Google 드라이브에서는 파일을 공유 방식으로 작업하기 때문에 파일이 조직원에게 흩어져 있습니다. 사용자가 설정한 작업공간 단위로 파일을 모아두면 필요 시 쉽게 찾아 작업할 수 있습니다.

**1 |** Google 드라이브 목록에서 [우선순위]를 선택합니다.

**2 |** 작업공간에서 [작업공간 만들기]를 클릭합니다.

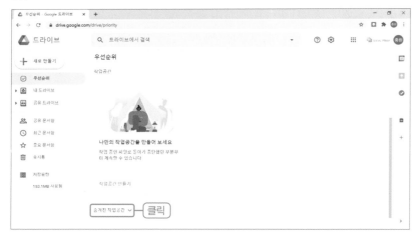

**3** | 새 작업공간 팝업 창에서 원하는 작업공간 이름을 입력하고, [만들기]를 클릭합니다.

**4** | 작업공간에 추가할 파일을 선택하게 위해 [파일 추가]를 클릭합니다.

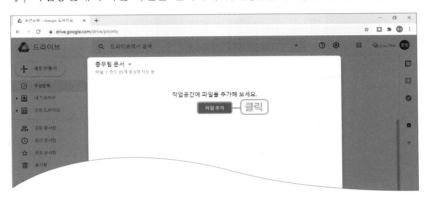

잠깐만요  각 작업공간에는 최대 25개의 파일을 표시할 수 있습니다.

**5** | 작업공간에 추가에서 파일을 선택하고, [삽입]을 클릭합니다.

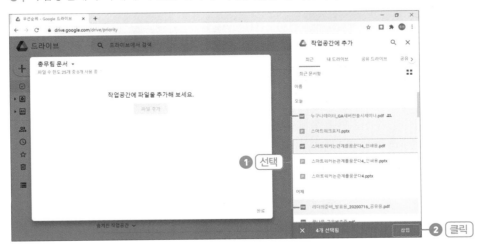

잠깐만요  Google 드라이브에 있는 파일, 공유 받은 파일 중에 선택할 수 있으며, 폴더는 추가할 수 없습니다.

**6** | 작업공간에 추가된 파일을 확인하고, [완료]를 클릭합니다.

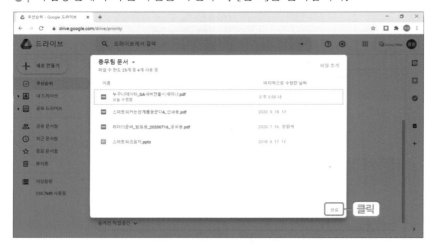

**7** | 생성한 작업공간과 추가된 파일이 표시됩니다. 작업공간 항목에서 | **⋮**]를 클릭하면 작업공간의 이름을 변경하거나 삭제할 수 있습니다.

**잠깐만요** 내 드라이브와 공유 드라이브에서 파일을 삭제하면 작업공간에 있던 파일도 사라집니다.

- **이름 변경** : 작업공간의 이름을 변경합니다.
- **작업공간 숨기기** : 작업공간을 우선순위 목록에서 숨깁니다. 숨겨진 작업공간은 우선순위 하단에서 [숨겨진 작업공간]을 클릭하면 확인할 수 있습니다.
- **작업공간 삭제** : 작업공간을 삭제하되 파일은 삭제되지 않습니다.

**Google 드라이브 시작 페이지를 '우선순위'로 바꾸기**

Google 드라이브의 기본 시작 페이지는 '내 드라이브'이지만 상황에 따라 시작 페이지를 '우선순위'로 바꿀 수 있습니다.

Google 드라이브에서 [⚙]-[설정]을 선택합니다.

추천 위젯 항목에서 '우선순위를 내 기본 홈페이지로 합니다.'를 체크 표시하고, [완료]를 클릭합니다.

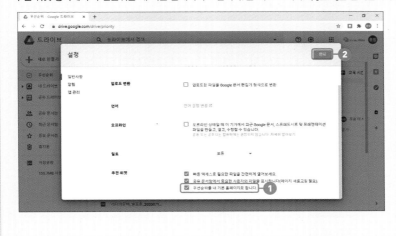

# 데스크톱용 Google 드라이브

데스크톱용 Google 드라이브를 사용하면 Windows의 파일 탐색기에서 Google 드라이브에 접근할 수 있는 가상 디스크가 장착됩니다. 특히, 각 폴더에 접근할 때는 폴더 내 파일을 다운받아 사용하고 다 사용하면 사라지는 스트리밍 방식으로 작동합니다. 컴퓨터의 디스크 용량을 조금 사용하고도 대량의 파일에 접근할 수 있습니다.

## 설치와 설정

**1|** 데스크톱용 Google 드라이브를 사용하기 위해서는 프로그램을 다운받아야 하므로 Google 드라이브에서 [⚙]-[데스크톱용 드라이브 다운로드]를 선택합니다.

**2|** '데스크톱용 Google 드라이브 다운로드 및 설치하기' 항목을 선택한 후 [Windows용 다운로드]를 클릭하고, 다운로드 받은 파일을 실행합니다.

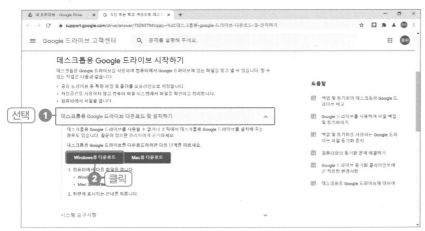

**3 |** 'Google 드라이브를 설치하시겠습니까?'라는 메시지가 나타나면 원하는 옵션을 선택하고, [설치]를 클릭합니다.

- **바탕화면에 애플리케이션 바로가기 추가** : 데스크톱용 Google 드라이브의 바로가기를 바탕화면에 추가합니다.
- **Google 문서, 스프레드시트, 프레젠테이션의 바탕화면 바로가기 추가** : Google 문서 도구의 바로가기를 바탕화면에 추가합니다.

**4 |** 설치가 완료되면 로그인 창이 나타나므로 Google Workspace 계정으로 로그인합니다.

**5 |** 로그인 후 간단한 사용 설명과 함께 다음 화면으로 이동한 후 [Google 드라이브 폴더 열기]를 클릭합니다.

**6 |** Windows 파일 탐색기가 열리면 데스크톱용 Google 드라이브가 G 드라이브로 설정된 것을 확인할 수 있습니다.

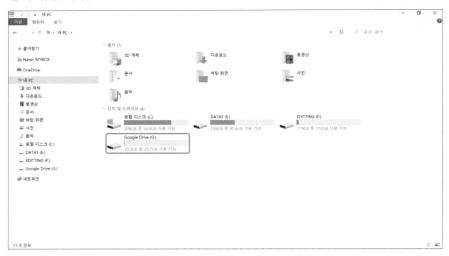

> **잠깐만요** 컴퓨터의 저장 장치 사용에 따라 이미 G 드라이브를 사용하고 있다면 다른 알파벳으로 등록됩니다.

**7** | G 드라이브를 클릭하면 공유 드라이브와 내 드라이브가 나타나며, 원하는 드라이브에서 파일을 사용할 수 있습니다.

**8** | Windows 작업 표시줄에 추가된 [🔺] 아이콘을 클릭하면 최근 동기화된 파일 목록을 볼 수 있습니다.

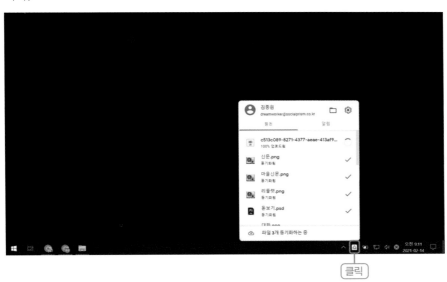

**9** | 파일 목록에서 데스크톱용 Google 드라이브의 환경설정을 위해 [△]−[⚙]−[환경설정]을 선택한 후 팝업 창이 나타나면 [⚙]를 클릭합니다.

**10** | Google Drive 환경설정에서 필요한 옵션을 선택하고, [확인]을 클릭합니다.

**❶ 계정 연결 해제** : 기존 Google Workspace의 계정을 로그아웃하여 데스크톱용 Google 드라이브를 비활성화합니다.

**❷ 다른 사용자가 공유된 Microsoft Office 파일을 수정할 수 있는지 확인** : 데스크톱용 Google 드라이브에 있는 MS Office 파일을 실행하면 어느 사용자가 파일을 동시에 사용하고 있는지 표시되므로 충돌을 막아줍니다. 자세한 내용은 155쪽을 참고하세요.

**❸ Google Drive용 드라이브 문자** : 기본 드라이브 문자는 'G'이며, 다른 드라이브 문자로 변경할 수 있습니다.

**❹ 저장용량 절약** : Google 포토에 사진과 동영상을 업로드할 때 화질을 압축하여 용량 대비 많은 사진과 동영상을 업로드할 수 있습니다.

**❺ 원본 화질** : 화질의 저하 없이 사진과 동영상을 업로드합니다.

## Windows 파일 탐색기에서 파일 접근

데스크톱용 Google 드라이브를 사용하면 웹용 Google 드라이브에 접속하지 않아도 Windows 파일 탐색기에서 Google 드라이브의 파일에 접근할 수 있습니다.

**1 |** Windows 파일 탐색기에 있는 데스크톱용 Google 드라이브와 웹용 Google 드라이브의 파일 목록을 비교해 보면 같은 파일과 폴더가 있다는 것을 확인할 수 있습니다. 둘 중에 한 곳의 파일이 갱신되면 반대편의 파일도 자동으로 갱신됩니다.

**2 |** 파일을 데스크톱용 Google 드라이브의 공유 드라이브에 복사한 후 작업 표시줄에서 [△] 아이콘을 클릭하면 파일이 업로드 되는 것을 확인할 수 있습니다. 업로드가 완료되면 파일이 추가되고, 파일에 [○] 아이콘이 표시됩니다.

**Google 드라이브에 대용량 파일 복사**

웹용 Google 드라이브에서 대용량의 파일을 업로드 할 수 있지만 작업 속도는 느립니다. 데스크톱용 Google 드라이브를 사용하면 대량의 파일을 Windows 파일 탐색기로 빠르게 복사할 수 있습니다. Google 드라이브에서 한 번에 복사할 수 있는 용량은 로컬 캐시 파일 디렉토리를 설정한 드라이브의 남은 디스크 용량입니다. Windows 파일 탐색기에서 드라이브별 용량을 확인해 보면 C 드라이브와 데스크톱용 Google 드라이브의 G 드라이브가 서로 같은 것을 확인할 수 있습니다. 이는 로컬 캐시 파일 디렉터리를 C 드라이브로 설정했기 때문입니다.

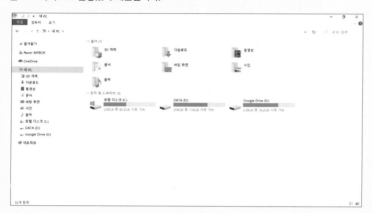

데스크톱용 Google 드라이브를 통해서 파일을 업로드하면 먼저, C 드라이브의 저장 공간을 차지하고, 웹용 Google 드라이브에 업로드가 끝나면 C 드라이브의 캐시가 삭제됩니다. 그렇기 때문에 대용량의 파일을 데스크톱용 Google 드라이브를 통해서 Google 드라이브에 업로드할 때는 남은 디스크의 저장 공간을 확인해야 합니다. 비영리단체용 Google Workspace 버전의 경우 데스크톱용 Google 드라이브를 통해 대용량 파일을 복사할 때는 Google 드라이브의 남은 내 드라이브 용량만큼 나눠서 복사해야 합니다.

## 오프라인 액세스

데스크톱용 Google 드라이브는 기본적으로 스트리밍 방식으로 동작합니다. 사용자가 데스크톱용 Google 드라이브에서 폴더를 열었을 경우 폴더 내 파일을 다운로드하고, 캐시에 저장합니다. 파일을 모두 사용하면 수정 사항을 웹용 Google 드라이브에 반영하고 캐시에서 삭제됩니다. 이러한 작동 방식 때문에 데스크톱용 Google 드라이브는 인터넷 속도에 큰 영향을 받습니다. 특히, Photoshop 또는 동영상 파일과 같은 대용량의 파일을 사용할 경우 속도에 큰 영향을 받는데 이는 오프라인 기능으로 보완할 수 있습니다. 일부 파일 또는 폴더를 항상 다운로드 받은 상태로 설정하여 빠르게 실행할 수 있습니다. 다른 기기에서 파일이 변경되면 내 컴퓨터의 파일도 변경되어 동기화 방식으로 사용할 수 있습니다. 저장 용량을 차지하지만, 인터넷에 연결되어 있지 않은 상태에서도 사용이 가능합니다.

**1** │ 데스크톱용 Google 드라이브에 있는 폴더 또는 파일에서 마우스 오른쪽 버튼을 누른 후 [오프라인 액세스]-[오프라인으로 사용]을 선택합니다.

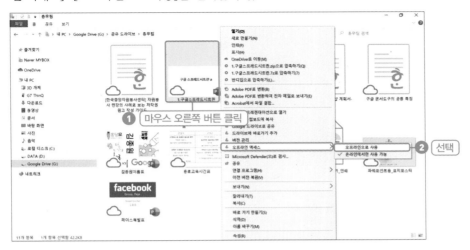

**2** │ 파일에 있는 [☁] 아이콘이 [✔] 아이콘으로 변경되는데 파일 용량, 인터넷 속도에 따라 시간이 결정됩니다. 해당 파일은 컴퓨터에 다운로드 되어 있어 바로 실행할 수 있습니다.

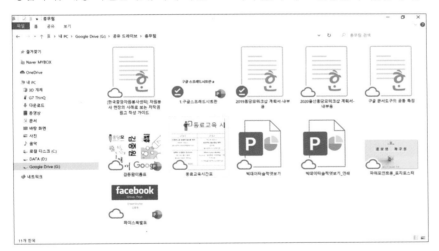

**잠깐만요** 온라인 상태로 바꾸고 싶으면 파일 또는 폴더에서 마우스 오른쪽 버튼을 누른 후 [오프라인 액세스]-[온라인에서만 사용 가능]을 선택합니다.

## 버전 관리

데스크톱용 Google 드라이브에 있는 파일을 열어 수정하면 웹용 Google 드라이브에 버전별로 저장
되어 이전에 저장한 파일을 확인할 수 있습니다.

**1 |** 한글 워드프로세서에서 다음과 같은 내용을 작성하고, Google 드라이브의 공유 드라이브에 저장
합니다.

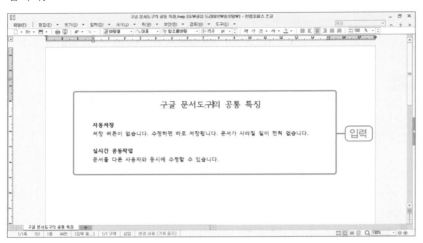

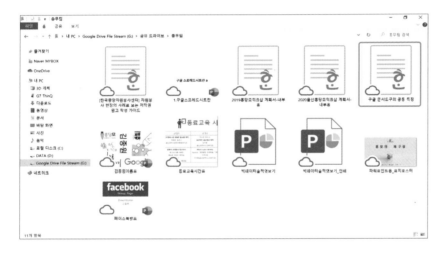

**2** | 다른 멤버가 해당 파일을 열어 다음과 같이 수정하고, 다시 저장합니다.

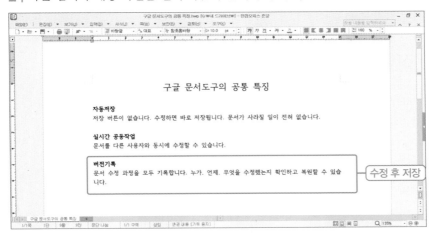

**3** | 수정된 버전을 확인하기 위해 웹용 Google 드라이브의 수정한 파일에서 마우스 오른쪽 버튼을 클릭하고, [버전 관리]를 선택합니다.

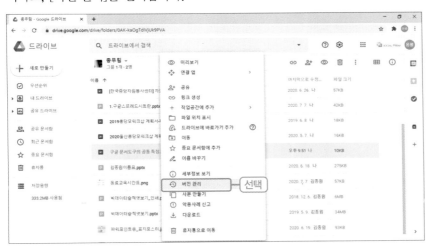

**4 |** 버전 관리 팝업 창에서 사용자가 수정하여 저장한 파일이 버전별 시간의 역순으로 표시되며, 어떤 멤버가 수정한 버전인지도 확인할 수 있습니다.

**5 |** 각 버전에서 [ ⋮ ]를 클릭하면 해당 버전의 파일을 저장하거나 삭제할 수 있습니다.

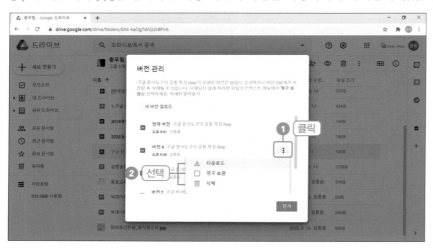

- **다운로드** : 선택한 버전의 파일을 다운로드 받습니다.
- **영구 보관** : 버전 기록은 30일이 경과하거나 버전 기록이 100개 이상 생성될 경우 이전 버전 기록이 삭제될 수 있습니다. 체크 박스를 선택하면 해당 버전을 삭제하지 않고 영구 보관합니다.
- **삭제** : 선택한 버전을 삭제합니다.

**수동으로 버전 추가하기**

데스크톱용 Google 드라이브에 있는 파일을 갱신하면 자동으로 버전 기록이 저장됩니다. 만약 수동으로 새로운 버전을 추가하려면 버전 관리 팝업 창에서 [새 버전 업로드]를 클릭한 후 파일을 업로드합니다. 이렇게 추가한 파일은 기존 파일과 관계없는 파일도 새 버전으로 추가할 수 있습니다.

## MS Office 파일 실시간 편집 상태 공유 사용

데스크톱용 Google 드라이브에 있는 MS Office 파일을 열면 현재 어떤 사용자가 파일을 사용 중인지 확인할 수 있고, 동시 작업으로 일어날 수 있는 버전 충돌을 피할 수 있습니다.

**1** | 데스크톱용 Google 드라이브에 있는 MS PowerPoint 파일을 실행한 후 알림 창에 설명이 나타나면 [(사용자 이름)님으로 계속하기]를 클릭합니다.

**잠깐만요** 알림 창의 설명 내용은 현재 해당 파일을 누가 수정하고 있는지 확인할 수 있다는 메시지입니다.

MS Office 파일을 사용하는 동안 해당 파일을 사용하는 사용자의 상황에 따라 알림 창 오른쪽 하단에 파일의 수정 상태를 실시간으로 알려줍니다.

| 알림 창 상태 | 내 상황 | 다른 사용자 상황 | 설명 |
| --- | --- | --- | --- |
| 수정 가능 | 수정 중 | 사용하지 않음 | 본인 이외에 아무도 MS Office 파일을 사용하고 있지 않아서 파일을 편집할 수 있습니다. |
| 수정 대기 | 파일을 열고 수정하지 않음 | 수정 중 | 동시에 수정하면 버전 충돌이 일어날 수 있습니다. MS Office 파일을 닫고 기다리면 아무도 수정하고 있지 않을 때를 알려줍니다. |
| 새 버전 생성됨 | 파일을 열고 수정하지 않음 | 수정 후 저장 | 다른 사용자가 저장한 새 버전으로 갱신할 수 있습니다. |
| 여러 사용자가 수정 중입니다. | 수정 중 | 여러 사용자가 수정 중 | 동시에 수정하면 버전 충돌이 일어날 수 있습니다. MS Office 파일을 닫고 기다리면 아무도 수정하고 있지 않을 때를 알려줍니다. |
| 새 버전 생성 (버전 비교) | 수정 중 | 수정 후 저장 | 내가 수정한 버전을 사본으로 만들어 다른 사용자와 상관없는 파일을 생성해 작업하거나 다른 사람의 작업 사항과 비교한 후 다른 사용자가 수정한 버전으로 갱신할 수 있습니다. |

**잠깐만요** 사용자가 MS Office 실시간 편집 상태 공유 기능을 사용하지 않게 하려면 148쪽을 참고하세요.

**2** | 현재 작업할 수 있는 상태인지를 오른쪽 하단에서 알림 창으로 표시합니다. 현재는 본인만 해당 파일을 열어 수정이 가능한 상태입니다.

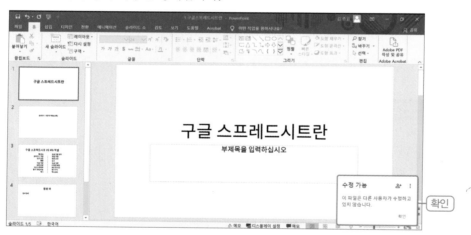

**3 |** 수정하지 않은 상태에서 다른 사용자가 같은 파일을 열어 수정하고 있으면 수정 대기 알림 창이 뜹니다. '수정할 수 있을 때 알림 받기'를 체크한 후 [확인]을 클릭합니다.

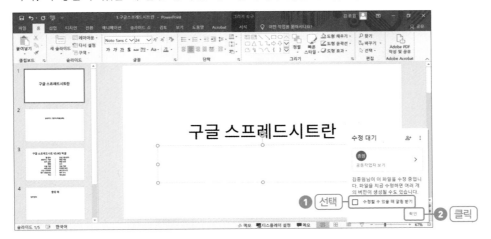

**4 |** MS Office를 닫고 다른 사용자가 해당 파일을 사용하지 않은 상태가 되었을 때 파일을 안전하게 수정할 수 있다는 알림 창이 나타납니다. [파일 열기]를 클릭하면 본인만 안전하게 파일을 수정할 수 있습니다.

**5 |** 파일을 열어 놓고 수정하지 않은 상태에서 다른 사용자가 수정 및 저장하면 새 버전 생성됨 알림 창이 뜹니다. 이때, [최신 버전 받기]를 클릭하면 다른 사용자가 수정한 파일로 업데이트됩니다.

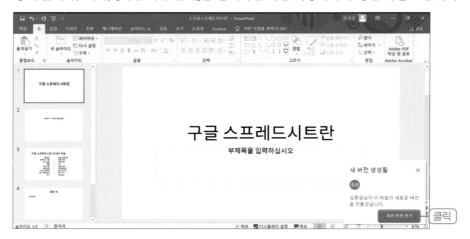

**6 |** 여러 사람이 같은 파일을 동시에 수정하고 있으면 여러 사용자가 수정 중이라는 알림 창이 뜹니다. 이때, '수정할 수 있을 때 알림 받기'를 체크한 후 [확인]을 클릭하면 모든 사용자가 사용하지 않는 상태가 되었을 때 파일을 안전하게 사용할 수 있다는 알림 창이 나타납니다. 자세한 내용은 157쪽을 참고하세요.

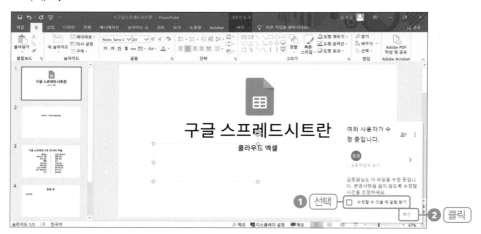

**7 |** 수정하고 있는 상황에서 누군가가 파일을 저장하면 새 버전 생성됨 알림 창이 뜹니다. 이때, 다른 사람의 수정 사항과 내 수정 사항을 비교하려면 [버전 비교]를 클릭합니다.

**잠깐만요** 파일을 따로 사용하려면 [내 버전을 사본으로 저장]을 클릭합니다. 이는 수정하던 파일을 새 파일로 복사하여 다른 사용자의 수정 사항과 관계없이 작업할 수 있습니다.

**8 |** 화면 양쪽에 내 버전과 다른 사용자가 저장한 버전이 나타나므로 비교 후 내가 수정한 버전을 계속 사용하려면 [내 버전을 사본으로 저장]을 클릭하고, 다른 사용자가 수정한 버전을 사용하려면 [저장]을 클릭합니다.

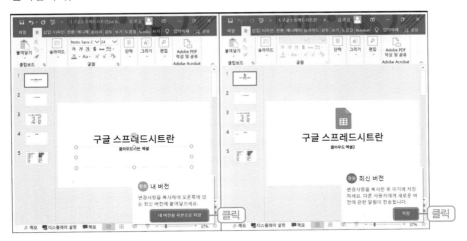

**잠깐만요** 파일을 동시에 사용할 때 일어날 수 있는 버전 충돌이 걱정이 된다면 Google 문서 도구를 통해서 MS Office 파일을 사용합니다. 이런 경우 실시간 공동 작업을 할 수 있습니다. 자세한 내용은 180쪽을 참고하세요.

# CHAPTER 2

# Google
# 드라이브 설정

Google 드라이브에서 할 수 있는 작업이 많은 만큼 관리 콘솔에서도 할 수 있는 설정이 다른 앱에 비해 월등히 많습니다. 특히, 세밀한 설정을 이해하면 다양한 상황과 역할에 맞는 환경을 사용자에게 제공할 수 있습니다.

# Google 드라이브 설정 살펴보기

Google Workspace 관리자는 관리 콘솔에서 Google 드라이브에 대해 다양한 설정을 할 수 있습니다. 공유 설정, 이전 설정, 공유 드라이브 관리, 소유권 이전, 기능 및 애플리케이션, 템플릿, 활동 대시보드 설정 등을 관리할 수 있습니다.

Google Workspace 관리자가 로그인한 후 [ ⠿ ]–[관리]를 클릭합니다.

잠깐만요. 관리 콘솔로 바로 이동하려면 주소 표시줄에 'admin.google.com'을 입력합니다. 관리자 역할에 대한 자세한 내용은 114쪽을 참고하세요.

관리 콘솔에서 [앱]–[Google Workspace]–[Drive 및 Docs]를 선택합니다.

드라이브와 문서 도구에 대해 상세한 설정을 확인할 수 있습니다.

❶ **서비스 상태** : Google 드라이브와 문서 도구를 그룹과 조직 단위별로 사용하거나 사용 중지를 설정합니다.

❷ **공유 설정** : Google 드라이브에 대한 공유 옵션, 공유 드라이브에 대한 정책, 새 파일에 대한 기본 링크 공유와 공개 상태 등을 설정합니다.

❸ **이전 설정** : 내 드라이브에 있는 파일을 공유 드라이브로 이전할 수 있도록 설정합니다. 자세한 내용은 172쪽을 참고하세요.

❹ **공유 드라이브 관리** : 사용자가 생성한 모든 공유 드라이브를 확인하고 멤버 관리, 설정, 복원합니다.

❺ **소유권 이전** : 사용자의 모든 파일 소유권을 일괄적으로 다른 사용자에게 이전합니다. 사용자 계정을 삭제해야 하는 경우 그 사용자 파일을 지속적으로 사용할 때 유용합니다.

❻ **기능 및 애플리케이션** : 데스크톱용 Google 드라이브, 부가 기능 등 설치 프로그램에 대한 사용 여부를 설정합니다.

❼ **템플릿** : 조직의 사용자가 Google 문서, 스프레드시트, 프레젠테이션, 설문지의 템플릿을 등록하고 사용할 수 있도록 설정합니다. 자세한 내용은 190쪽을 참고하세요.

❽ **활동 대시보드 설정** : Google 문서 도구의 활동 대시보드를 설정합니다. 활동 대시보드에서는 뷰어, 공유 기록, 개인정보 보호 상태를 확인할 수 있습니다. 자세한 내용은 186쪽을 참고하세요.

# 조직의 외부 공유 여부 설정

보안을 위해서 Google 드라이브에 있는 파일의 공유 범위와 수준을 어느 정도로 설정할지에 대해 관리할 수 있습니다. 조직 외부에서 공유를 못하게 하거나 허가받은 타사의 Google Workspace만 공유가 가능하도록 설정할 수 있습니다.

1 | 관리 콘솔에서 [앱]–[Google Workspace]–[Drive 및 Docs]–[공유 설정]–[공유 옵션]을 선택한 후 세 가지 옵션 중 '사용'을 설정하고, [저장]을 클릭합니다.

- **사용 중지** : 조직의 사용자가 소유한 파일을 조직 외부에 공유할 수 없습니다.
- **허용된 도메인** : 조직의 사용자가 소유한 파일을 허용된 타사 Google Workspace의 사용자와 공유할 수 있습니다. 이를 사용하기 위해서는 관리 콘솔의 도메인에서 설정을 마쳐야 합니다. 허용된 도메인의 자세한 내용은 347쪽을 참고하세요.
- **사용** : 조직의 사용자가 소유한 파일을 조직 외부 사용자에게 공유할 수 있습니다.

**2** | 공유 옵션에서 '사용 중지'를 선택하면 Google 드라이브에서 파일을 공유할 때 사용자 및 그룹과 공유에 외부 사용자 계정을 입력할 수 없습니다.

**3** | 추가로 링크 보기 항목에서 '링크가 있는 모든 사용자에게 공개' 옵션이 사라집니다.

# 공유 드라이브 설정

사용자가 공유 드라이브를 생성할 때 적용되는 옵션을 미리 설정할 수 있으며, 관리자가 내 드라이브에 있는 파일을 공유 드라이브로 이동할 수 있도록 설정할 수도 있습니다. 이때, 사용자는 이전 파일에 대한 수정 액세스 권한이 있어야 하며, 이전할 공유 드라이브의 참여자 권한이 있는 멤버여야 합니다.

관리 콘솔에서 [앱]-[Google Workspace]-[Drive 및 Docs]-[공유 설정]-[공유 드라이브 생성]을 선택합니다.

- **(조직명)의 사용자가 공유 드라이브를 새로 만들지 못하도록 차단합니다.** : 모든 사용자가 더 이상 공유 드라이브를 새로 만들 수 없습니다.
- **전체 액세스 권한이 있는 멤버가 공유 드라이브 설정을 수정하지 못하도록 차단합니다.** : 새로 생성한 공유 드라이브에서 관리자 멤버 권한을 부여 받더라도 외부 공유 설정, 멤버 이외의 사용자 공유 설정, 댓글 작성자와 뷰어의 다운로드, 복사 및 인쇄 설정을 변경할 수 없습니다.
- **(조직명) 외부 사용자가 공유 드라이브의 파일에 액세스하지 못하게 차단합니다.** : 공유 드라이브의 파일과 폴더를 외부에 공유할 수 없으며, 해당 조직의 사용자만 파일에 접근할 수 있습니다.
- **공유 드라이브의 멤버가 아닌 사용자가 공유 드라이브 파일에 액세스하지 못하도록 차단합니다.** : 외부 멤버에게 공유 드라이브 내 파일을 공유할 수 없게 되어 공유 드라이브 멤버 이외의 사용자는 접근할 수 없습니다.
- **댓글 작성자 및 뷰어가 공유 드라이브의 파일을 다운로드, 복사, 인쇄하지 못하도록 차단합니다.** : 댓글 작성자와 뷰어 권한의 멤버는 파일을 다운로드, 복사, 인쇄할 수 없습니다.

# 공유 드라이브 관리

사용자가 만든 모든 공유 드라이브 목록과 용량, 생성일, 사용 상태를 확인하면서 용량 관리를 할 수 있습니다. 그 이외에도 관리자 권한으로 멤버를 관리하거나 파일을 복원할 수 있습니다.

**1 |** 관리 콘솔에서 [앱]–[Google Workspace]–[Drive 및 Docs]–[공유 드라이브 관리]를 선택합니다. 임의의 공유 드라이브 항목에 마우스 포인터를 올리면 [멤버 관리], [설정], [복원] 메뉴를 선택할 수 있습니다.

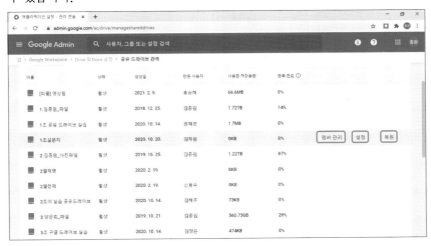

**잠깐만요** 항목 한도는 하나의 공유 드라이브에 최대한 저장할 수 있는 파일과 폴더의 수(400,000)를 사용하고 있는 파일과 폴더의 수로 나눈 백분율입니다. 공유 드라이브 한도에 대한 자세한 내용은 139쪽을 참고하세요.

**2** | [멤버 관리]를 클릭하면 공유 드라이브의 멤버를 확인할 수 있습니다. 이때, 더 이상 공유 드라이브를 관리하는 멤버가 없다면 다른 사용자를 관리자로 추가하여 공유 드라이브를 관리하거나 삭제할 수 있습니다.

> **잠깐만요** 공유 드라이브를 삭제하기 위해서는 공유 드라이브 내 모든 파일을 삭제한 후 해당 공유 드라이브의 관리자가 Google 드라이브에서 공유 드라이브를 삭제해야 합니다.

**3** | [설정]을 클릭하면 외부 공유, 멤버가 아닌 사용자와 공유, 다운로드 복사 및 인쇄 등을 설정할 수 있습니다.

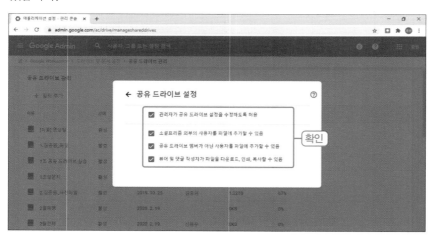

- **관리자가 공유 드라이브 설정을 수정하도록 허용** : 옵션을 해제하면 공유 드라이브의 관리자 권한이 있는 멤버가 더 이상 공유 드라이브 설정을 변경하지 못하게 차단합니다.
- **(조직명) 외부의 사용자를 파일에 추가할 수 있음** : 옵션을 해제하면 조직 외부 사람은 공유 드라이브 내 파일에 접근할 수 없습니다.
- **공유 드라이브 멤버가 아닌 사용자를 파일에 추가할 수 있음** : 옵션을 해제하면 멤버 이외의 사용자에게 파일과 폴더를 공유할 수 없습니다.
- **뷰어 및 댓글 작성자가 파일을 다운로드, 인쇄, 복사할 수 있음** : 옵션을 해제하면 댓글 작성자와 뷰어 권한으로 설정된 멤버는 파일을 다운로드, 복사, 인쇄를 할 수 없습니다.

**4 |** [복원]을 클릭하면 최근 25일 이내에 삭제된 항목 및 공유 드라이브를 복원할 수 있습니다. 시작일과 종료일을 입력하고, [데이터 복원]을 클릭하면 해당 기간에 삭제된 항목과 공유 드라이브를 복원합니다.

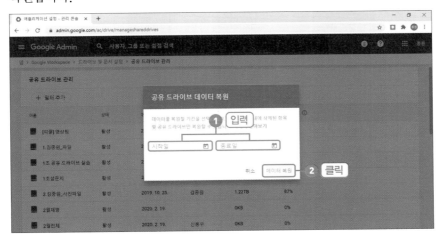

# 소유권 이전

한 사용자에게 있는 모든 파일의 소유권을 일괄적으로 다른 사용자에게 이전할 수 있습니다. 내 드라이브에 있는 파일만 이전되는데, 더 이상 사용할 수 없는 이유로 사용자 계정을 삭제해야 하지만 파일을 계속 이용할 때 유용합니다.

**1 |** 관리 콘솔에서 [앱]–[Google Workspace]–[Drive 및 Docs]–[소유권 이전]을 선택합니다. 소유권을 이전하는 사용자에는 소유권을 삭제할 계정을, 소유권을 받는 사용자에는 소유자가 될 계정을 입력하고, [파일 전송]을 클릭합니다.

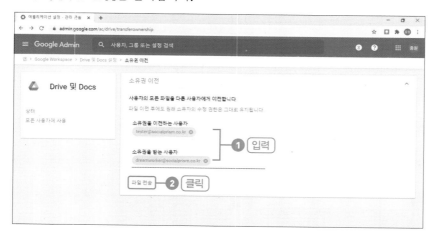

**잠깐만요** 소유권을 이전하는 사용자의 내 드라이브 사용 용량과 소유권을 받는 사용자의 내 드라이브 용량의 총합이 내 드라이브의 최대 용량을 넘으면 오류가 발생합니다. 용량이 큰 파일을 미리 공유 드라이브 등으로 이동하여 용량을 줄인 후 진행합니다.

**2 |** 데이터 전송 시작 팝업 창에서 [확인]을 클릭합니다.

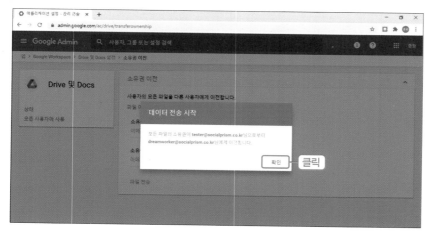

**3** │ 소유권을 이전하는 사용자의 Google 드라이브에서 내 드라이브를 보면 모든 파일이 사라지고, 공유 드라이브의 파일은 그대로 남아있습니다.

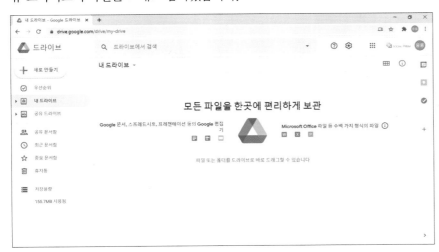

**4** │ 소유권을 받는 사용자의 Google 드라이브에는 소유권을 이전하는 사용자의 계정 이름으로 폴더가 생성되며, 해당 폴더에는 모든 파일이 이전된 것을 확인할 수 있습니다.

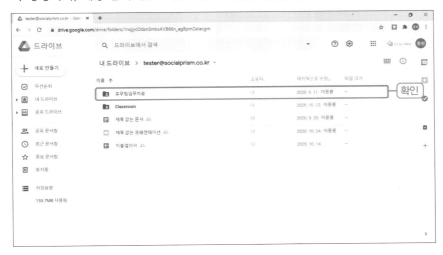

**내 드라이브 파일과 공유 드라이브 파일간 서로 이동하기**

관리 콘솔에서 [앱]–[Google Workspace]–[Drive 및 Docs]–[이전 설정]을 선택합니다. '사용자가 공유 드라이브로 파일을 이전하도록 허용'을 체크한 후 [저장]을 클릭합니다.

사용자는 내 드라이브에 있는 파일 및 폴더를 공유 드라이브로 드래그하여 이동할 수 있습니다.

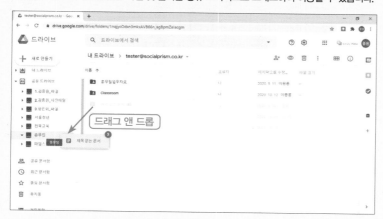

공유 드라이브에 있는 파일을 내 드라이브로 옮기기 위해서는 해당 공유 드라이브의 관리자 권한이 필요합니다. 권한이 없으면 그림과 같이 '(공유 드라이브 이름) 밖으로 파일을 이동할 권한이 없습니다.'라는 메시지가 나타납니다.

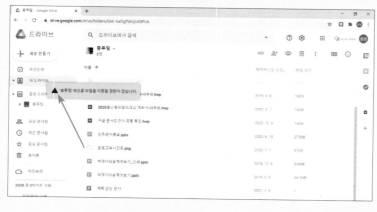

해당 공유 드라이브의 관리자로 지정하면 자유롭게 공유 드라이브의 파일을 내 드라이브로 옮길 수 있습니다. 관리자 지정에 관한
내용은 137쪽을 참고하세요.

PART 03

# GOOGLE 문서 도구

Google 문서 도구는 MS Office의 워드, 엑셀, 파워포인트를 대체할 수 있는 문서 도구로 자동 저장, 실시간 공동 작업, 버전 기록 등의 다양한 기능을 제공합니다. 업무 생산성을 비약적으로 향상시킬 수 있는 Google 문서 도구에 대해 알아보겠습니다.

# CHAPTER 1

# Google
# 문서 도구의 활용

Google 문서 도구는 다양한 문서를 만드는 앱의 묶음으로 MS Office에 대응되는 서비스입니다. 컴퓨터에 프로그램을 설치하지 않고 웹에 접속해서 사용하는 앱으로 강력한 공동 작업 환경을 제공합니다. Google 문서 도구에서는 MS Office 파일을 열어 사용할 수도 있습니다.

# Google 문서 도구의 종류

Google 문서 도구에는 Google 문서, Google 스프레드시트, Google 프레젠테이션, Google 설문지 등이 있습니다. Google 문서 도구로 만든 모든 문서는 Google 드라이브에 저장됩니다. Google에서는 문서 도구에 대한 앱의 묶음을 'Google Docs(문서)'라고 부릅니다. 하지만 'Google Docs'라고 묶어서 부르면 워드프로세서 역할을 하는 Google 문서와 혼돈이 생기므로 이 책에서는 구분을 위해 'Google 문서 도구'라고 부르겠습니다.

| Google 문서 도구 | Google 문서 | Google 스프레드시트 | Google 프레젠테이션 | Google 설문지 |
|---|---|---|---|---|
| 아이콘 | | | | |
| 바로 가기 URL | doc.new, docs.new, document.new documents.new | sheet.new, sheets.new, spreadsheet.new spreadsheets.new | slide.new, slides.new, deck.new, presentation.new | form.new, forms.new |
| 대응 MS Office 앱 | MS Word | MS Excel | MS PowerPoint | MS Forms |

Google 문서 도구를 실행하기 위해서는 Google 드라이브에서 [새로 만들기]를 클릭한 후 사용하려는 앱을 선택합니다.

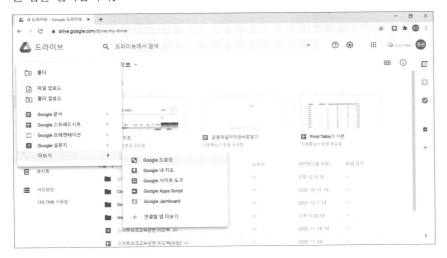

# Google 문서 도구의 특징
# ❶ 자동 저장

Google 문서 도구에서는 문서를 수정하면 곧 바로 Google 드라이브에 저장됩니다. 문서를 수정할 때마다 자동으로 저장되기 때문에 컴퓨터에 갑작스러운 문제가 발생하더라도 작업 중인 문서는 삭제되지 않습니다.

**1 |** Google 문서를 실행한 후 화면에서 임의의 내용을 입력하면 상단에 '저장 중…'이라는 메시지가 표시됩니다.

**2 |** 상단 메시지가 '드라이브에 저장됨'으로 변경되면서 문서 내용이 자동으로 저장됩니다.

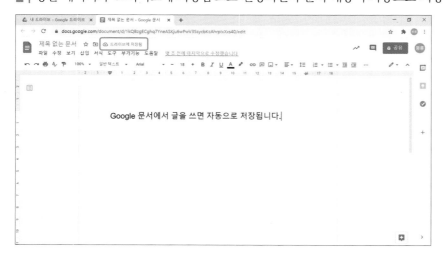

**잠깐만요** Google 문서 도구에는 [저장] 버튼이 따로 없으며, 문서 내용을 수정할 때마다 자동으로 저장됩니다.

**3 |** 자동으로 저장된 문서는 Google 드라이브에서 [내 드라이브]를 선택하면 파일을 확인할 수 있습니다.

**전문가의 조언 : 한 폴더에 같은 이름의 문서**

Windows의 파일 탐색기에서는 한 폴더에 같은 이름의 문서를 저장할 수 없지만 Google 드라이브에서는 한 폴더에 같은 이름의 문서를 여러 개 저장할 수 있습니다. 하지만 같은 이름의 문서가 많아지면 문서 찾기가 불편하므로 파일 이름을 변경하고, 저장하는 것이 좋습니다.

# Google 문서 도구의 특징
# ❷ 실시간 공동 작업

Google 문서 도구에서 작성한 문서는 다른 사용자에게 공유할 수 있습니다. 접근 권한에 따라 공유 사용자가 문서를 확인하면서 동시에 수정할 수 있습니다. 또한, 사람마다 다른 권한을 부여할 수 있습니다.

**1** | Google 스프레드시트를 실행한 후 화면에서 주어진 내용을 입력하고, [공유]를 클릭합니다.

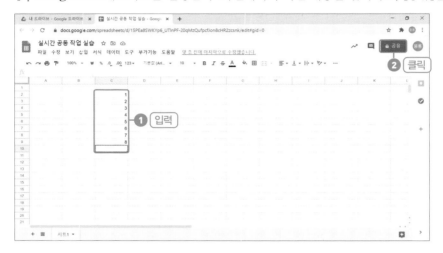

**2** | 사용자 및 그룹과 공유 팝업 창에서 공유 사용자의 계정을 입력한 후 [편집자] 권한을 선택하고, [보내기]를 클릭합니다.

**잠깐만요** 공유 설정에 대한 자세한 내용은 127쪽을 참고하세요.

**3 |** 공유 사용자가 Google 드라이브의 [공유 문서함]을 선택하면 공유된 문서를 확인할 수 있습니다. 공유 문서를 클릭하여 문서 내용을 확인합니다.

**4 |** 여러 공유 사용자가 동시에 같은 문서를 수정할 경우 서로 다른 색의 여러 커서가 나타나며, 상단에는 공유 사용자가 표시됩니다(다른 사용자가 셀 내용을 수정하고 있으면 해당 셀이 회색으로 표시).

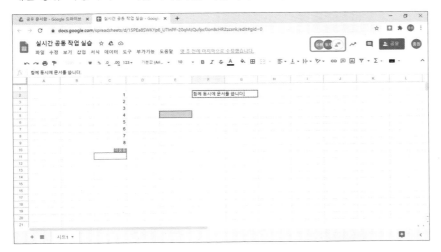

**잠깐만요** 문서를 '링크 보기'로 공유한 경우 공유 사용자는 익명으로 표시됩니다. 링크 공유의 자세한 내용은 131쪽을 참고하세요.

# SECTION 04

# Google 문서 도구의 특징
# ❸버전 기록

Google 문서 도구에서는 수정한 모든 내용을 버전별로 기록합니다. 언제, 누가, 무엇을 수정했는지 확인할 수 있고 원하는 시점으로 복원할 수 있습니다. 의도하지 않게 내용을 수정 및 삭제했더라도 모두 확인하고 복원할 수 있습니다.

**1 |** Google 스프레드시트에서 문서의 버전 기록을 확인하려면 문서를 수정한 후 [파일]–[버전 기록] – [버전 기록 보기]를 선택합니다.

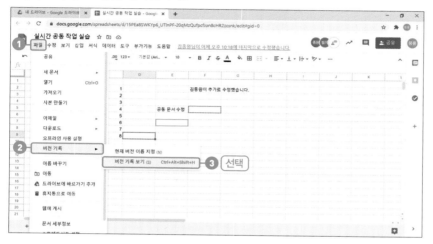

> **잠깐만요** 상단에서 [(사용자)님이 (시간)에 마지막으로 수정했습니다.]를 클릭해도 '버전 기록 보기'로 이동합니다.

**2 |** 버전 기록 목록에서 해당 일시를 클릭하면 사용자를 색상으로 구분하면서 누가, 언제, 무엇을 수정 했는지 확인할 수 있습니다.

**3 |** 일시 앞에 있는 [▶]를 클릭하면 시간대별로 세세한 버전 기록과 변경된 내용을 확인할 수 있습니다. 원하는 버전으로 문서를 복원하려면 버전 기록 목록에서 원하는 일시를 선택한 후 상단에서 [이 버전 복원하기]를 클릭합니다.

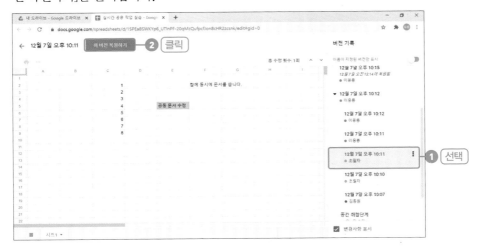

**잠깐만요** 버전 기록 목록에서 [⋮] – [버전 이름 지정]을 선택하면 이름이 부여된 중요 버전을 등록할 수 있습니다.

**4 |** 버전의 복원 여부를 묻는 팝업 창에서 [복원]을 클릭합니다.

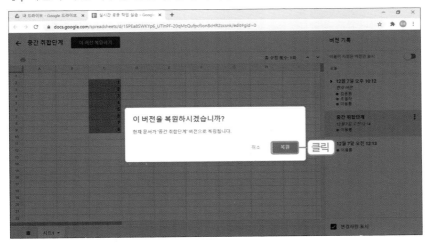

**5** | 그 결과 복원된 문서로 변경된 것을 확인할 수 있습니다.

**6** | 복원된 문서에서 다시 [파일]-[버전 기록]-[버전 기록 보기]를 선택하면 해당 문서를 복원한 기록이 추가된 것을 확인할 수 있습니다.

Google 스프레드시트에서는 각 셀별로 수정 기록을 확인할 수 있습니다. 수정 기록을 확인하기 위해 한 번 이상 수정이 이루어진 셀에서 마우스 오른쪽 버튼을 클릭하고, [수정 기록 표시]를 선택합니다.

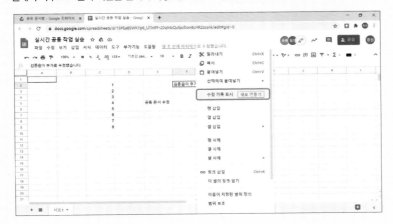

수정 기록 팝업 창이 나타나면 셀 단위로 누가, 언제, 무엇을 수정했는지 확인할 수 있습니다. [<]를 클릭하면 이전 수정 기록을 확인할 수 있습니다.

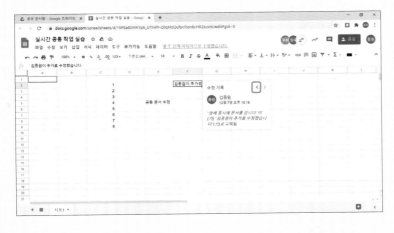

# SECTION 05

# Google 문서 도구의 특징
# ❹ 활동 대시보드

문서의 편집자 권한이 있는 사용자라면 활동 대시보드에서 공유 사용자의 뷰어 추세, 댓글 추세, 공유 기록 등의 사용 현황을 확인할 수 있습니다. 조직 내 사용자의 사용 현황만 확인할 수 있으며, 공유 사용자는 자신의 활동 기록이 활동 대시보드에 남지 않도록 설정할 수 있습니다.

**1** │ Google 스프레드시트의 화면 상단에서 [⤴]를 클릭합니다.

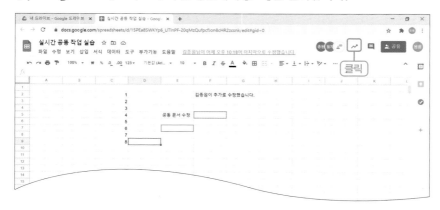

**2** │ 활동 대시보드 팝업 창에서 [뷰어]를 선택하면 문서 내용을 확인할 수 있는 사용자 목록과 최근 조회 일시를 볼 수 있습니다. 공유 사용자의 체크 박스를 활성화하고, [계속]을 클릭하면 해당 사용자에게 문서에 대한 의견을 메일로 보낼 수 있습니다.

**잠깐만요** │ 이메일 보내기에서 제목과 내용을 작성한 후 [보내기]를 클릭하면 공유 대상에게 문서에 대한 구체적인 의견을 바로 메일로 보낼 수 있습니다.

**3** | [뷰어 추세]를 선택하면 날짜마다 문서를 본 사용자 수를 확인할 수 있으며, [〇]을 드래그하면 원하는 날짜의 그래프를 볼 수 있습니다.

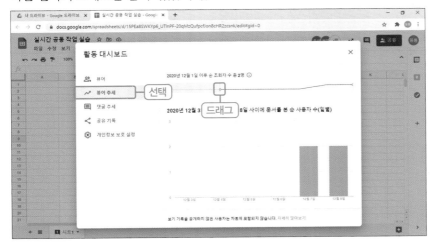

**4** | [댓글 추세]를 선택하면 새 댓글, 답글, 해결되지 않은 댓글의 추이를 확인할 수 있으며, [〇]을 드래그하면 원하는 날짜의 그래프를 볼 수 있습니다.

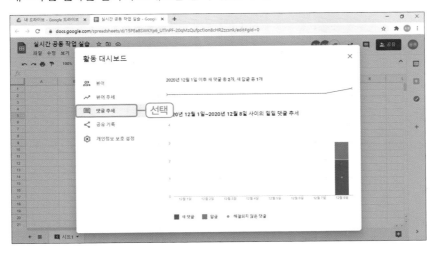

**5 |** [공유 기록]을 선택하면 공유 설정이 변경된 기록을 확인할 수 있습니다.

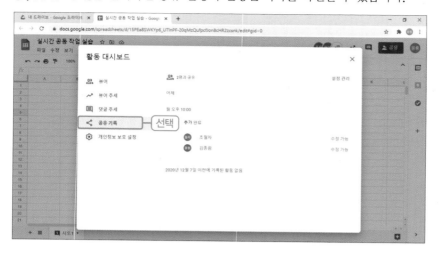

**6 |** [개인정보 보호 설정]을 선택하면 문서에 접근한 사용자 기록을 활동 대시보드에 남길지 여부를 설정할 수 있습니다. 사용자가 문서를 열어 보았다는 기록을 활동 대시보드에 남기지 않으려면 '문서 설정'을 비활성화하고, [저장]을 클릭합니다.

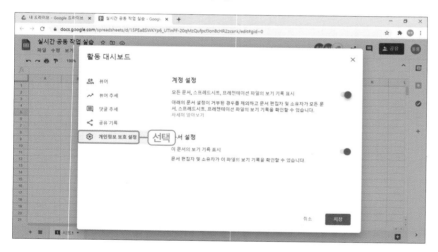

**잠깐만요** 개인 계정의 Google 문서 도구에서는 활동 대시보드를 사용할 수 없습니다.

- **계정 설정** : 비활성화 시 사용자가 열어 보는 모든 Google 문서, 스프레드시트, 프레젠테이션 파일이 무엇인지 문서 편집자와 소유자가 확인할 수 없습니다.
- **문서 설정** : 비활성화 시 사용자가 해당 문서를 본 기록을 문서 편집자와 소유자가 확인할 수 없습니다.

Google Workspace 관리자는 활동 대시보드의 비활성화 여부를 설정할 수 있습니다. 관리 콘솔에서 [앱]-[Google Workspace]-[Drive 및 Docs]-[활동 대시보드 설정]-[사용자의 조회 기록]을 선택합니다.

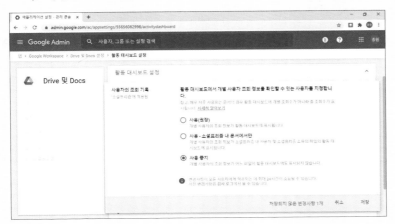

- **사용(권장)** : 사용자가 활동 대시보드에서 조회 정보를 숨기지 않는 한 파일 조회 정보가 표시됩니다. 파일의 수정 액세스 권한이 있는 사용자가 해당 정보를 볼 수 있으며, 사용자의 조회 정보는 다른 조직이 소유한 파일의 활동 대시보드에 표시될 수 있습니다.
- **사용 – (조직 이름) 내 문서에서만** : 도메인에서 소유한 문서에 대해 개별 사용자의 조회 정보가 해당 도메인에 속한 사용자에게만 활동 대시보드에 표시됩니다. 다른 도메인에 속한 사용자는 도메인이 소유한 파일의 사용자 활동을 볼 수 없습니다.
- **사용 중지** : 모든 파일에 대한 조직의 파일 조회 정보가 활동 대시보드에 표시되지 않습니다. 외부 사용자가 내부 사용자의 파일을 조회한 경우 해당 외부 사용자의 활동 대시보드 설정에 따라 내부 사용자가 조회 사실을 확인할 수 있습니다.

# SECTION 06

# Google 문서 도구의 특징
# ⑤템플릿

동일한 형식의 파일을 반복해서 새로 만들면 시간도 오래 걸리고 파일은 계속 변경됩니다. 다른 사용자가 쉽고 일관성 있게 필요한 양식을 사용할 수 있도록 템플릿을 만들어 등록하는 방법에 대해 알아보겠습니다.

**1 |** Google 스프레드시트에서 주어진 문서 양식을 작성합니다.

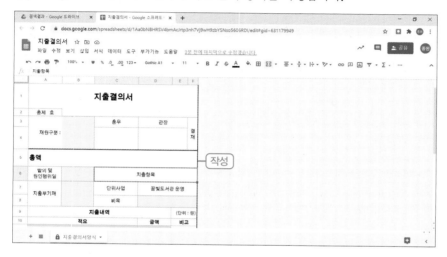

**2 |** Google 드라이브에서 [새로 만들기]–[Google 스프레드시트]–[템플릿]을 선택합니다.

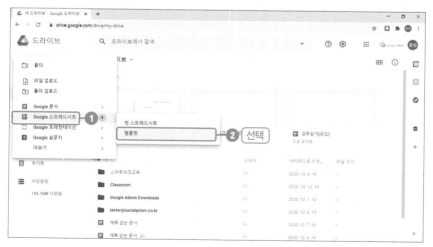

**3** | 템플릿 갤러리에서 [(조직명)] 탭에 있는 [템플릿 제출]을 클릭합니다.

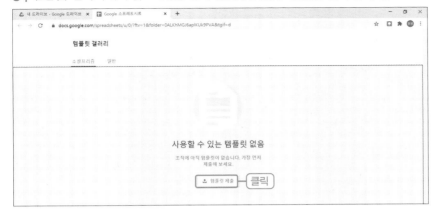

잠깐만요  [일반] 탭을 클릭하면 기본적으로 제공되는 다양한 템플릿을 선택할 수 있습니다.

**4** | 템플릿 제출 팝업 창에서 [스프레드시트 선택]을 클릭합니다.

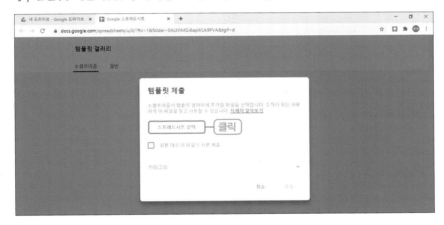

**5** | 파일 열기 팝업 창에서 앞서 작성한 문서를 선택하고, [열기]를 클릭합니다.

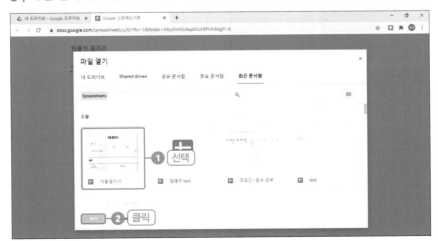

**6** | 다시 템플릿 제출 팝업 창에서 주어진 옵션을 각각 설정하고, [제출]을 클릭합니다.

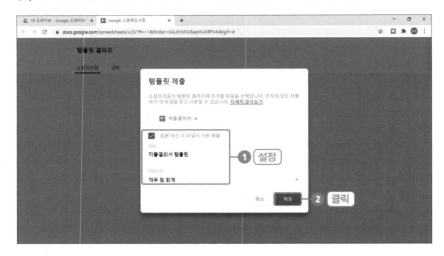

- **원본 대신 이 파일의 사본 제출** : 선택한 문서의 사본이 템플릿으로 등록됩니다. 체크 표시를 해제하면 원본 파일을 제출할 경우 원본 파일을 수정할 때마다 수정 사항이 템플릿에 적용됩니다.
- **제목** : 템플릿 제목을 수정합니다.
- **카테고리** : 원하는 템플릿 카테고리를 선택합니다.

**7** | 조직의 사용자가 템플릿 갤러리에서 원하는 템플릿을 선택하면 Google 문서 도구에서 바로 사용할 수 있습니다. 등록한 템플릿에서 [⋮]를 클릭하면 추가 옵션을 선택할 수 있습니다.

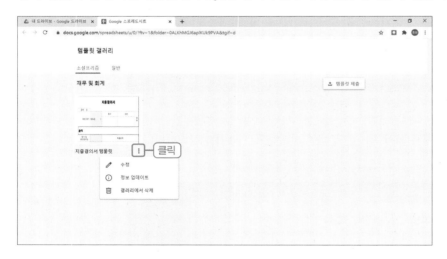

- **수정** : 템플릿을 수정합니다.
- **정보 업데이트** : 템플릿 카테고리를 수정합니다.
- **갤러리에서 삭제** : 템플릿 갤러리에서 템플릿을 삭제합니다.

카테고리 항목에서 기본 목록은 기본사항, 안내서 및 뉴스레터, 계약, 온보딩, 기타 양식, 캘린더 및 일정, 재무 및 회계, 편지 및 팩스, 추적기, 신고서 및 제안서이며 Google Workspace 관리자가 카테고리를 추가하거나 삭제할 수 있습니다. 관리 콘솔에서 [앱]-[Google Workspace]-[Drive 및 Docs]-[템플릿]-[템플릿 설정]을 선택한 후 '새 카테고리 추가'에서 원하는 항목을 입력하고, [추가]를 클릭하면 하단에 카테고리가 추가됩니다. 모든 설정이 종료되면 [저장]을 클릭합니다.

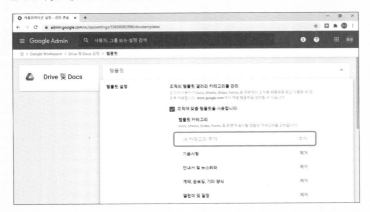

제출 설정은 조직의 모든 사용자가 템플릿 갤러리에 템플릿을 바로 등록할 수 있게 허용 여부를 설정합니다. 모든 사용자가 직접 등록하기 위해서는 '공개'를 선택하고, [저장]을 클릭합니다.

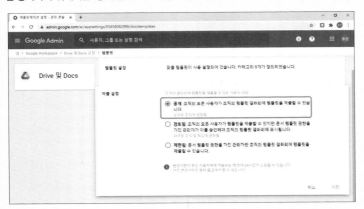

- **공개** : 조직의 모든 사용자가 템플릿 갤러리에 템플릿을 직접 등록할 수 있습니다.
- **검토됨** : 조직의 모든 사용자가 템플릿을 제출할 수 있지만 문서 템플릿 권한이 있는 관리자가 승인해야 템플릿 갤러리에 등록됩니다. 검토 사안은 Google Workspace 관리자의 이메일로 전달됩니다.
- **제한됨** : 문서 템플릿 권한이 있는 관리자만 템플릿을 등록할 수 있습니다.

# CHAPTER 2

# Google
# 문서

Google 문서는 MS Word에 대응되는 앱으로 실시간 공동 작업을 하거나
작성한 문서를 MS Word 파일로 내려 받을 수 있습니다. 기존 워드프로세서
의 목적이 종이 인쇄라면 시대가 변한 만큼 Google 문서의 목표는 스마트
폰, 태블릿, 컴퓨터 등의 모든 디바이스에서 문서를 사용하는 것입니다.

# Google 문서 살펴보기

Google 드라이브에서 [새로 만들기]-[Google 문서]를 선택합니다. Google 문서의 사용 방법은 MS Word와 크게 다르지 않기 때문에 화면의 메뉴 구성만으로도 직관적으로 이해하고 바로 사용할 수 있습니다.

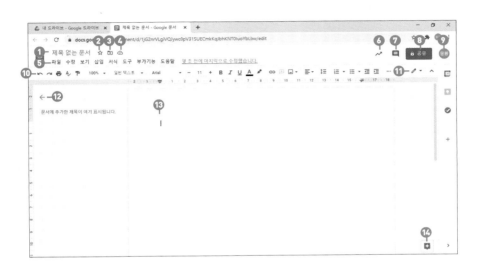

❶ **문서 이름** : 문서 이름을 지정하며, 지정한 문서 이름은 Google 드라이브 목록에 표시됩니다.

❷ **별표** : 현재 문서에 별표를 표시하면 중요 문서로 지정되며, Google 드라이브의 '중요 문서함'에 추가됩니다.

❸ **이동** : 현재 문서의 저장 위치를 변경합니다.

❹ **문서 상태 확인** : 문서가 저장되어 있는 상태인지, 오프라인에서 사용할 수 있는 상태인지를 확인합니다.

❺ **메뉴** : Google 문서의 다양한 기능을 선택할 수 있습니다. 각각의 메뉴를 클릭하면 하위 메뉴가 표시됩니다.

❻ **활동 대시보드** : 공유 사용자의 뷰어 추세, 댓글 추세, 공유 기록 등의 정보가 있는 사용 현황을 확인할 수 있습니다. 자세한 내용은 186쪽을 참고하세요.

❼ **댓글 기록 열기** : 공유 사용자가 남긴 댓글을 표시하고 댓글을 작성합니다.

❽ **공유** : 문서를 다른 사용자에게 공유합니다. 자세한 내용은 127쪽을 참고하세요.

❾ **계정** : 현재 사용자의 계정이 표시됩니다.

❿ **리본 메뉴** : 문서를 작성할 때 자주 사용하는 기능이 아이콘으로 표시됩니다.

⓫ **수정, 제안, 보기 모드** : 현재 문서를 수정, 제안, 보기 모드로 전환합니다.

⓬ **문서 개요** : 현재 문서의 목차를 표시합니다. 문서 개요에 대한 자세한 내용은 200쪽을 참고하세요.

⓭ **문서 본문** : 문서에 문자, 표, 이미지 등의 개체를 입력합니다.

⓮ **탐색** : 문서에서 사용한 특정 단어를 Google에서 검색하거나 이미지를 찾습니다. 또한 Google 드라이브에서 관련 문서를 찾을 수 있습니다.

# 글꼴 추가하기

Google 문서에서 기본적으로 사용할 수 있는 한글 글꼴은 제한적이므로 다양한 한글 글꼴을 사용하기 위해서는 추가 작업을 해야 합니다. Google 문서에 추가할 수 있는 글꼴은 무료로 공개된 글꼴로 저작권 문제 없이 자유롭게 사용할 수 있습니다. 추가한 글꼴로 작성한 문서를 다른 사람과 공유하면 공유 사용자에게도 추가한 글꼴이 자동으로 적용되기 때문에 문서가 깨져 보이지 않습니다. 다만, 컴퓨터에 설치한 글꼴은 Google 문서에 사용할 수는 없습니다.

**1** | 서식 도구 상자에서 글꼴의 목록[▼] 단추를 클릭하고, [글꼴 더보기]를 선택합니다.

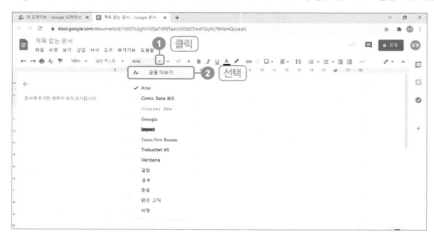

**2** | 글꼴 팝업 창에서 [문자:모든 문자]−[한국어]를 선택합니다.

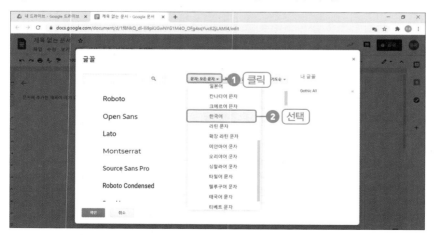

**3** | 한글 글꼴 목록이 표시되면 추가할 글꼴을 모두 선택하고, [확인]을 클릭합니다.

**4** | 다시 글꼴의 목록[▼] 단추를 클릭하면 추가된 한글 글꼴을 확인할 수 있으며, 문서에 적용할 수 있습니다.

# 음성 입력

Google 문서에서는 음성으로 글자를 입력할 수 있습니다. 특히, 음성을 대기하는 시간이 길어 대화 중에 말이 잠시 끊어져도 바로 이어서 음성 입력을 할 수 있습니다. Chrome 브라우저에서만 사용할 수 있으며, 반드시 마이크를 연결해야 합니다.

**1** | Google 문서에서 [도구]-[음성 입력]을 선택합니다.

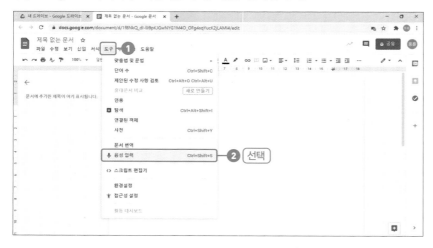

**2** | 화면 왼쪽에서 [🎤]를 클릭하면 마이크 사용 권한을 요청하는 팝업 창이 나타나는데 [허용]을 클릭합니다.

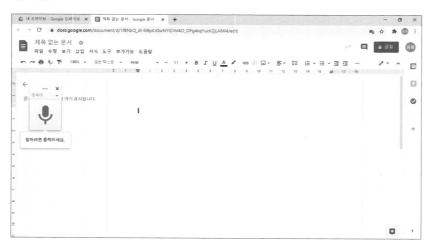

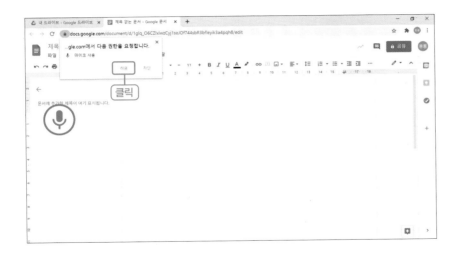

**3** | 음성 입력이 활성화되면 [🎤]가 주황색 바탕으로 표시되며, 입력할 내용을 마이크에 말하면 음성으로 문서를 작성할 수 있습니다. 음성 입력을 중단하려면 마이크 아이콘을 클릭합니다.

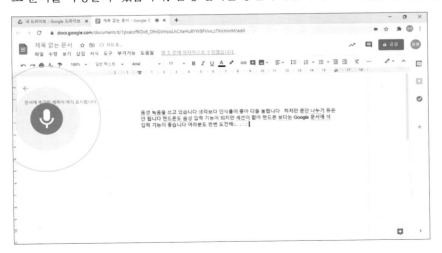

**잠깐만요** 음성 입력이 활성화된 상태에서도 키보드로 문서를 작성할 수 있습니다.

# 문서 개요

Google 문서에 스타일을 적용하면 간단하게 문서 개요를 만들 수 있습니다. 또한, 문서 개요 목록에서 원하는 항목으로 바로 이동할 수 있습니다.

**1** | Google 문서에 주어진 내용을 작성한 후 스타일을 적용할 문장에 커서를 위치시키고, 서식 도구 상자에서 스타일의 목록[▼] 단추를 클릭합니다.

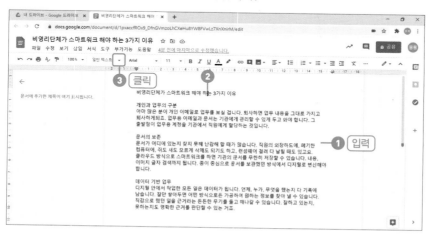

**2** | 문서의 구조를 고려하여 [제목 1]을 선택합니다.

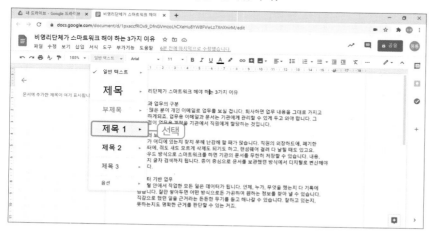

잠깐만요   화면 왼쪽에서 [←]를 클릭하면 문서 개요 패널이 접히고, [☰] 표시만 남습니다. 다시, [☰]를 클릭하면 문서 개요 목록을 볼 수 있습니다.

**3** | 같은 방법으로 문서 구조에 맞게 스타일을 각각 적용합니다. 화면 왼쪽에는 지정한 스타일 목록이 표시되는데, 각 목록을 클릭하면 해당 제목으로 커서가 이동합니다.

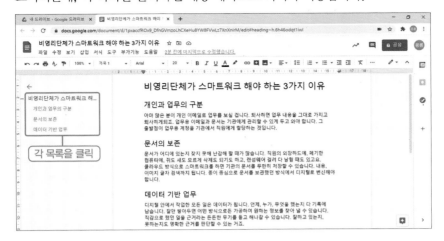

**잠깐만요** 문서 개요 목록에서 마우스 포인터를 올리면 [X]가 나타나는데, 이를 클릭하면 해당 제목이 문서 개요 목록에서 삭제됩니다.

# CHAPTER 3

# Google 스프레드시트

Google 스프레드시트는 셀에 숫자나 문자를 입력해 수치 계산, 통계, 도표 등의 작업을 효율적으로 할 수 있는 프로그램으로 MS Excel과 유사합니다. 특히, MS Excel에서 사용하는 대부분의 함수를 사용할 수 있지만 ARRAYFORMULA와 같은 Google 스프레드시트에서만 사용하는 함수도 있습니다.

# Google 스프레드시트 살펴보기

Google 스프레드시트의 기본 구성은 MS Excel과 유사하기 때문에 큰 어려움 없이 작업을 시작할 수 있습니다. 특히, 클라우드 상태에서 데이터에 접근하고, 이를 가공할 수 있다는 점이 Google 스프레드시트의 가장 큰 장점입니다.

Google 드라이브에서 [새로 만들기]-[Google 스프레드시트]를 선택합니다.

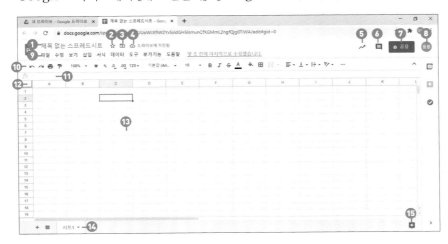

❶ **스프레드시트 이름** : 스프레드시트 문서의 이름을 지정하며, 지정한 스프레드시트 이름은 Google 드라이브 목록에 표시됩니다.

❷ **별표** : 현재 스프레드시트에 별표를 표시하면 중요 문서로 지정되며, Google 드라이브의 '중요 문서함'에 추가됩니다.

❸ **이동** : 스프레드시트 문서의 저장 위치를 변경합니다.

❹ **문서 상태 확인** : 문서가 저장되어 있는 상태인지, 오프라인에서 사용할 수 있는 상태인지를 확인합니다.

❺ **활동 대시보드** : 공유 사용자의 뷰어 추세, 댓글 추세, 공유 기록 등의 정보가 있는 사용 현황을 확인합니다. 자세한 내용은 186쪽을 참고하세요.

❻ **댓글 기록 열기** : 공유 사용자가 남긴 댓글을 표시하고 댓글을 작성합니다.

❼ **공유** : 문서를 다른 사용자에게 공유합니다. 자세한 내용은 127쪽을 참고하세요.

❽ **계정** : 현재 사용자의 계정이 표시됩니다.

❾ **메뉴** : Google 스프레드시트의 다양한 기능을 선택할 수 있습니다. 각각의 메뉴를 클릭하면 하위 메뉴가 표시됩니다.

❿ **리본 메뉴** : 자주 사용하는 기능이 아이콘으로 표시됩니다.

⑪ **수식 입력줄** : 선택한 셀에 함수를 입력하거나 확인할 수 있습니다.

⑫ **행/열** : Google 스프레드시트의 행과 열 번호가 표시됩니다.

⑬ **시트** : 셀의 모음으로 워크시트 데이터가 표시됩니다.

⑭ **시트 탭** : 현재 작업하고 있는 시트가 표시되며, 시트를 추가하거나 관리할 수 있습니다.

⑮ **탐색** : 인공지능이 자동으로 데이터를 분석하여 만든 서식, 차트 등을 삽입할 수 있습니다.

# 피봇 테이블

피봇 테이블은 원하는 항목을 추출해 통합적으로 계산, 요약, 분석하는 도구입니다. 예를 들어 특정 월(月)에 가장 많은 실적을 낸 직원이 누구인지, 월별 지출 추이가 어떻게 되는지 등을 쉽게 찾을 수 있습니다. 피봇 테이블을 잘 사용하면 어려운 함수를 사용하지 않고도 간단하게 데이터를 분석할 수 있습니다.

**1** | 소셜프리즘 인트라넷(https://sites.google.com/view/intranet-sample)에서 문서 항목에 있는 [지출결의서(피봇테이블용)]를 클릭합니다.

**잠깐만요** 해당 사이트는 Google 사이트 도구로 만들었습니다. Google 사이트 도구에 대한 자세한 내용은 307쪽을 참고하세요

**2** | 지출결의서 문서에서 [데이터]-[피봇 테이블]을 선택합니다.

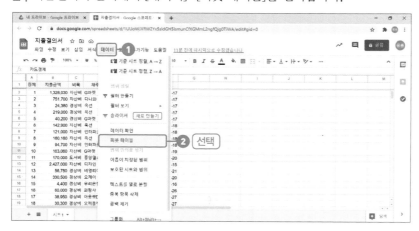

**잠깐만요** [파일]-[사본 만들기]를 선택하면 자신의 Google 드라이브로 문서를 복사할 수 있습니다.

**3** | 피봇 테이블 만들기 팝업 창에서 데이터 범위와 삽입 위치를 지정하고, [만들기]를 클릭합니다.

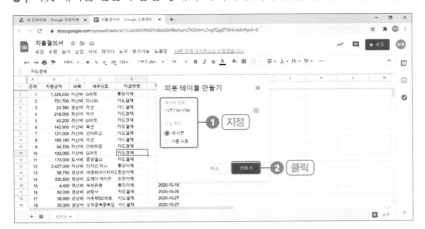

- **데이터 범위** : 셀 범위가 자동적으로 입력되므로 피봇 테이블의 데이터 범위가 모두 포함되었는지 확인합니다.
- **삽입 위치** : '새 시트'를 선택하면 현재 Google 스프레드시트 파일에 피봇 테이블을 위한 시트가 새로 생깁니다. '기존 시트'를 선택하면 다른 Google 스프레드시트 파일에 피봇 테이블을 추가합니다.

**4** | '피봇 테이블 1' 시트가 생성되면 '비목'과 '지급방법'을 교차하여 '지출금액'의 합을 계산하기 위해 피봇 테이블 편집기에서 행 항목의 [추가]를 클릭합니다.

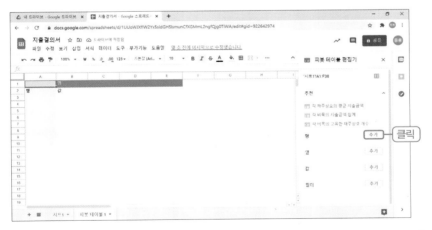

**잠깐만요** 피봇 테이블 편집기의 추천 항목에는 인공지능이 제안하는 피봇 테이블이 있으므로 원하는 항목을 클릭하면 결과를 바로 확인할 수 있습니다.

**5 |** 지출결의서 문서에서 '비목'을 행 머리글로 지정하기 위해 [비목]를 선택합니다.

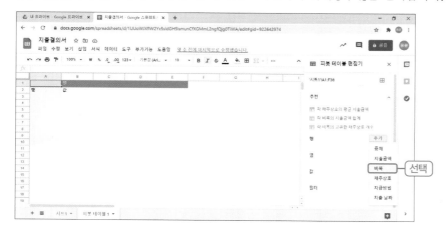

**6 |** '비목' 열에 있던 항목들이 해당 행에 삽입된 것을 확인할 수 있습니다.

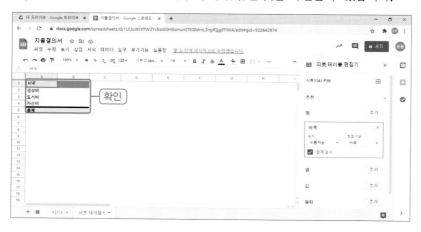

**7 |** 열 항목에서 [추가]–[지급방법]을, 값 항목에서 [추가]–[지출금액]을 각각 선택하여 피봇 테이블에 주어진 열과 값을 추가합니다(비목과 지급방법을 교차하여 사용한 금액 결과가 나타남).

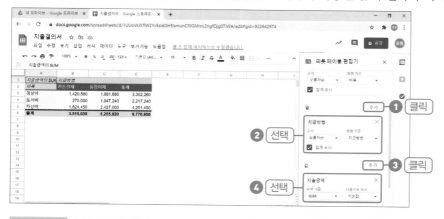

**잠깐만요** 피봇 테이블 편집기의 필터 항목에 열 머리글을 추가하면 원하는 데이터만 모아 볼 수 있습니다.

# Google 스프레드시트 함수 사용하기

IMPORTRANGE와 ARRAYFORMULA 함수는 MS Excel에 없는 함수로 Google 스프레드시트의 대표적인 함수입니다. 해당 함수를 이용하면 외부 데이터를 가지고 올 수 있고, 몇 개의 함수를 사용하여 다량의 데이터를 쉽게 가공할 수 있습니다.

## IMPORTRANGE 함수

IMPORTRANGE 함수는 다른 Google 스프레드시트에서 데이터를 복사해서 가져오는 함수입니다. 다른 Google 스프레드시트의 데이터를 불러와서 가공할 때 사용합니다.

**1** | Google 스프레드시트에 지출결의서 문서를 불러온 후 데이터를 다른 Google 스프레드시트에서 가져오기 위해 해당 파일의 URL을 복사합니다.

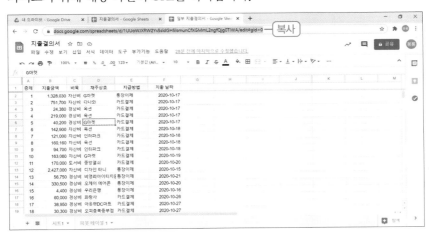

**2** | Google 드라이브에서 [새로 만들기]–[Google 스프레드시트]를 선택하여 새로운 Google 스프레드시트를 실행한 후 문서 제목을 '일부 지출결의서'라고 입력합니다.

**3** │ [A1] 셀에 =IMPORTRANGE("(복사한 URL 주소 붙여넣기)", "시트1!A1:F10")를 입력합니다.

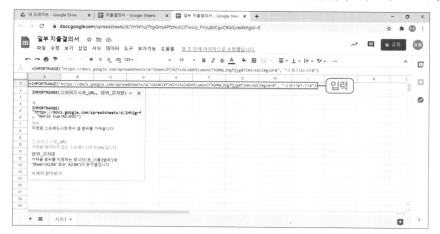

IMPORTRANGE 함수를 사용하는데 필요한 인수는 '스프레드시트 URL'과 '범위'이며, 각 인수는 큰따옴표로 묶어줍니다.

**4** │ '이 시트를 연결해야 합니다.'라는 메시지가 나타나면 [액세스 허용]을 클릭합니다.

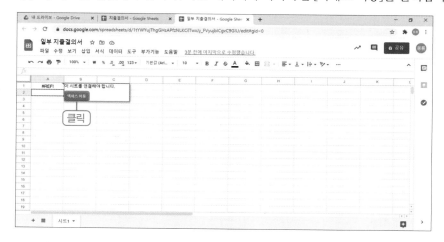

**5** | '지출결의서'의 해당 데이터(A1:F10)가 '일부 지출결의서'에 복사되어 나타납니다. 이때, '지출 결의서'의 내용이 수정되면 '일부 지출결의서'도 자동으로 수정됩니다.

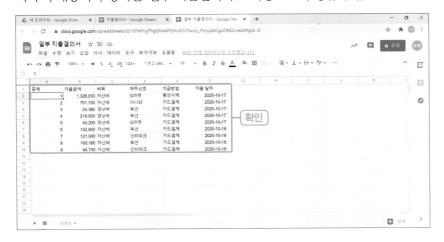

**잠깐만요** 일부 데이터가 아니라 모든 행 데이터를 IMPORTRANGE 함수로 가지고 오려면 데이터 범위를 '시트1!A1:F'로 입력하여 불러올 행을 제한하지 않습니다. 예를 들어 =IMPORTRANGE("복사한 URL 주소 붙여넣기", "시트1!A1:F")라고 입력합니다.

---

**전문가의 조언 : Google 스프레드시트의 유용한 함수**

Google 스프레드시트에서는 MS Excel에서 사용하는 대부분의 함수를 그대로 사용할 수 있습니다. MS Excel에 없는 Google 스프레드시트만의 함수도 있는데, 이는 Google 스프레드시트에서 [삽입]–[함수]를 선택하면 확인할 수 있습니다. Google 스프레드시트에 있는 몇 가지 유용한 함수에 대해서 알아보겠습니다.

| 함수(인수) | 설명 |
|---|---|
| UNIQUE(범위) | 중복된 값을 버리고 입력된 원본 범위에서 고유 행을 반환합니다. 원본 범위에 처음 표시되는 순서대로 행이 반환됩니다. |
| FILTER(범위, 조건1, [조건2, …]) | 지정된 조건을 충족하는 결과 행을 반환하여 원본 범위의 필터링 버전을 만듭니다. |
| QUERY(범위, 검색어, [헤더]) | 범위에서 SQL 구문을 사용해 필터링 버전으로 반환합니다. |
| IMPORTXML(URL, xpath 검색어) | XML, HTML, CSV, TSV, RSS 및 Atom XML 피드를 포함한 다양한 구조화된 데이터로부터 원하는 데이터를 가져옵니다. |

## ARRAYFORMULA 함수

ARRAYFORMULA 함수는 배열이 아닌 함수에 배열을 사용할 수 있으므로 셀별로 함수를 입력하지 않고, 한 셀에만 입력해도 여러 셀에서 결과 값을 확인할 수 있습니다.

**1** | 두 열의 숫자를 곱하는 함수를 만들기 위해 A열과 B열에 주어진 데이터를 입력합니다.

**2** | [C1] 셀에 '=ARRAYFORMULA(A1:A4*B1:B4)'를 입력하고, Enter를 누릅니다.

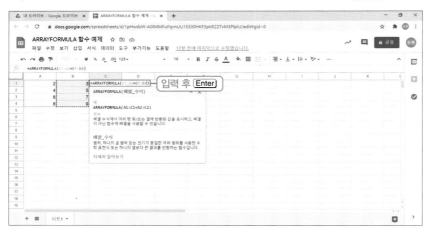

> **잠깐만요** '=A1:A4*B1:B4'는 A열과 B열의 범위를 모두 곱하는 의미로 수식 입력 후 Ctrl + Shift + Enter를 누르면 ARRAYFORMULA 함수가 자동으로 적용됩니다.

**3 |** [C1:C4] 영역에 행별로 주어진 함수의 결과를 확인할 수 있습니다.

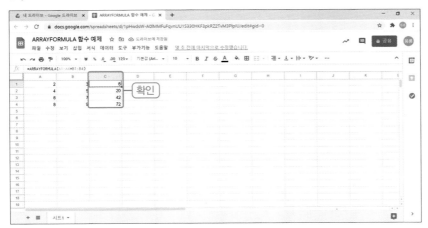

**4 |** [보기]-[수식 표시]를 선택하면 셀에 적용된 함수를 확인할 수 있습니다.

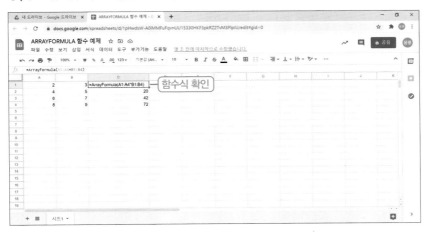

=ARRAYFORMULA(A1:A4*B1:B4)에서 행 범위를 각각 'A1:A'와 'B1:B'로 바꾸면 행의 마지막까지 함수가 적용됩니다. [C5] 셀부터 0이 나오는 이유는 빈 행의 데이터가 곱해지기 때문입니다.

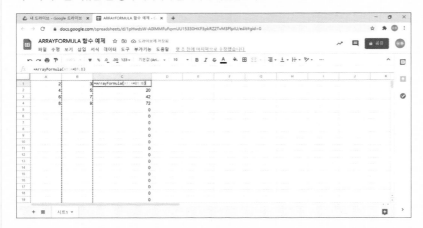

A열과 B열의 비어 있는 셀에서 임의의 숫자를 입력하면 C열에 곱한 결과가 자동으로 표시됩니다.

Google 스프레드시트에서 함수를 사용할 경우 사용자는 데이터 입력만으로 자동화된 문서를 만들 수 있습니다. 이렇게 자동화된 문서에서 데이터를 가공하여 사용하면 통계나 분석 작업에 유리합니다. 다양한 양식화 예제 중 지출결의서를 중심으로 구조와 작동 방법을 설명하겠습니다.

**1 |** 소셜프리즘 인트라넷(https://sites.google.com/view/intranet-sample)에서 문서 항목에 있는 [지출결의서]를 클릭합니다. [지출결의서정보] 시트에는 지출의 기본 정보가 입력되어 있으며, 증제 항목에서 21행 정보를 확인합니다.

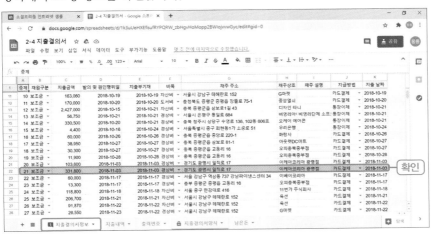

**2 |** [지출내역] 시트의 증제 항목에는 '21'을 여러 번 입력하여 구입 품목에 대한 지출 항목을 같은 번호로 묶었습니다.

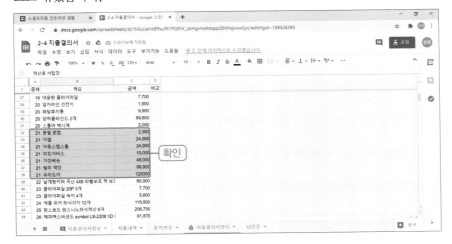

**3** | [출력번호] 시트를 클릭한 후 출력번호 항목에 '21'을 입력합니다.

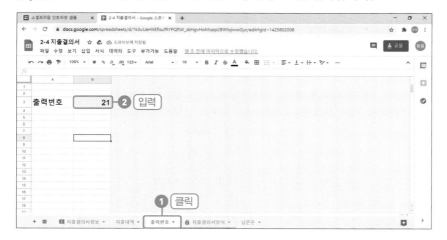

**4** | [지출결의서양식] 시트를 클릭하면 지출결의서의 각 항목에 '21'번에 해당하는 모든 정보가 표시되는 것을 확인할 수 있습니다.

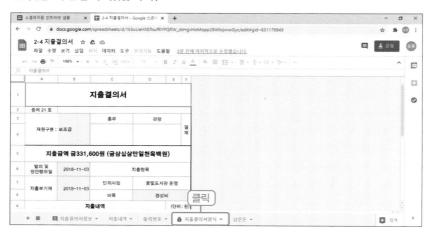

**잠깐만요** [보기]–[수식 표시]를 선택하면 사용한 함수를 확인할 수 있는데 지출결의서 양식은 VLOOKUP 함수와 FILTER 함수를 사용했습니다. VLOOKUP 함수는 범위의 첫 번째 키를 검색한 다음 행을 지정하여 셀 값을 반환합니다. FILTER 함수는 검색 조건에 맞는 열 또는 행의 값을 반환합니다.

**5 |** 파일을 출력하려면 [파일]–[인쇄]를 선택한 후 인쇄 설정 화면에서 [다음]을 클릭합니다.

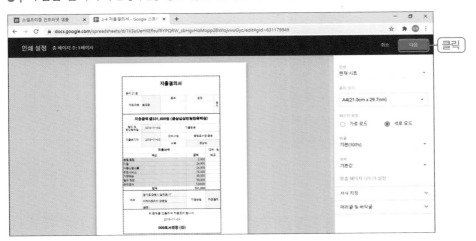

전문가의 조언 : **다양한 양식화 샘플**

소셜프리즘 인트라넷(https://sites.google.com/view/intranet-sample)의 문서 항목에 다양한 샘플 양식을 만들어 놓았습니다. 분석 시 원하는 양식을 클릭하여 사용할 수 있습니다.

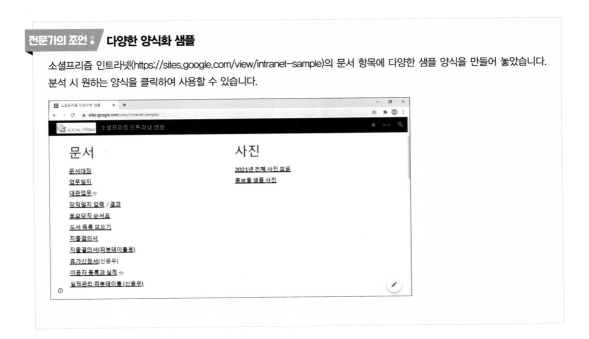

# CHAPTER 4

# Google 설문지

Google 설문지를 사용하면 쉽게 온라인 설문을 만들어 배포할 수 있습니다. 설문에 대한 응답을 Google 스프레드시트로 저장하면 결과를 다양하게 분석할 수 있습니다. 설문뿐만 아니라 교육 모집, 퀴즈, 업무 양식 등 다양하게 활용할 수 있는 Google 설문지에 대해 알아보겠습니다.

# Google 설문지 살펴보기

Google 설문지는 링크를 공유하는 것만으로도 많은 사람들에게 설문을 받을 수 있기 때문에 효과가 매우 좋습니다. Google 설문지는 크게 질문을 만드는 영역, 배포하는 영역, 응답을 확인하는 영역으로 나누어집니다.

Google 드라이브에서 [새로 만들기]–[Google 설문지]를 선택합니다.

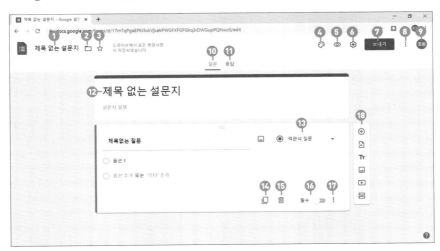

❶ **설문지 이름** : 설문지 이름을 입력하며, 이름은 Google 드라이브 목록에 표시됩니다.

❷ **이동** : 설문지의 저장 위치를 지정합니다.

❸ **별표** : 현재 설문지에 별표를 표시해 '중요 문서함'에 저장합니다.

❹ **테마 맞춤설정** : 설문지의 머리글 이미지, 테마 색상, 글꼴 등을 설정합니다.

❺ **미리보기** : 작성한 설문지의 응답자 화면을 미리 볼 수 있습니다.

❻ **설정** : 설문지의 형식과 세부 설정을 지정합니다.

❼ **보내기** : 응답자에게 설문지를 보내는 방법으로 메일, 링크, 웹페이지에 삽입 중에서 선택하여 배포합니다.

❽ **더보기** : [⋮]를 클릭하면 설문지의 추가 메뉴가 표시됩니다.

❾ **계정** : 현재 사용자의 계정이 표시됩니다.

❿ **질문** : 설문지의 질문을 구성합니다.

⓫ **응답** : 설문지의 응답 결과를 통계, 차트 등의 형식으로 확인합니다. 자세한 내용은 226쪽을 참고하세요.

⓬ **설문지 제목** : 설문지의 제목과 설명을 입력합니다.

⑬ **질문 유형** : 11가지의 질문 유형 중에 하나를 선택합니다.

⑭ **복사** : 질문 유형과 내용을 복사합니다.

⑮ **삭제** : 해당 질문을 삭제합니다.

⑯ **필수** : 해당 질문을 응답자가 반드시 답변해야 하는 필수 질문으로 지정합니다.

⑰ **질문 옵션 더보기** : 질문에 설명을 추가하거나 정확한 답변을 받기 위해서 규칙에 맞는 답변만 받도록 설정합니다.

⑱ **질문 옵션** : 질문을 추가/복제하거나 이미지를 삽입하는 등 옵션을 지정합니다.

## 질문 옵션

❶ **[⊕(질문 추가)]** : 설문지에 새 질문을 추가하며, 한 설문지에 최대 2,000개의 질문을 추가할 수 있습니다.

❷ **[⊡(질문 가져오기)]** : 다른 설문지에서 미리 만들어 놓은 질문을 가져옵니다.

❸ **[Tт(제목 및 설명 추가)]** : 설문지에 중간 제목과 설명을 추가합니다.

❹ **[⊡(이미지 추가)]** : 설문지에 이미지를 추가합니다. 컴퓨터에서 이미지를 업로드하거나 Google 포토의 이미지, Google에서 검색한 이미지를 추가할 수 있습니다.

❺ **[▶(동영상 추가)]** : 설문지에 동영상을 추가합니다. YouTube 영상을 추가할 수 있습니다.

❻ **[⊟(섹션 추가)]** : 설문지에 질문 영역을 분리합니다. 선택한 답에 따라 다른 질문이 나오는 섹션을 만들 수 있습니다.

## 질문 유형

Google 설문지에서 질문 유형을 자유롭게 구성할 수 있습니다. 질문 제목 오른쪽에 있는 질문 유형 드롭다운을 클릭하여 11가지 질문 유형 중에 하나를 선택합니다.

- **단답형** : 간단한 내용을 작성할 수 있는 질문을 만듭니다. 이름, 직업 등 간단한 답변을 받을 때 유용합니다.

- **장문형** : 장문의 답변을 받을 수 있는 질문을 만듭니다. 문장 또는 문단과 같이 많은 분량의 답변을 받을 때 유용합니다.

- **객관식 질문** : 여러 옵션 중에서 하나의 옵션만 선택하는 질문을 만듭니다. 선택한 옵션에 따라 다른 질문 섹션으로 이동하도록 설정할 수 있습니다.

**잠깐만요** [옵션 추가]를 클릭하면 선택할 수 있는 옵션을 추가 입력할 수 있고, ['기타' 추가]를 클릭하면 단답형 텍스트로 자유롭게 추가 답변을 받을 수 있습니다.

- **체크박스** : 여러 옵션 중에서 하나 이상의 옵션을 선택하는 질문을 만듭니다.

- **드롭다운** : 여러 옵션 중에서 하나의 옵션만 선택하는 질문을 만듭니다. 옵션이 너무 많아 객관식 질문을 한 눈으로 보기 힘들 때 유용하며, 응답자가 선택한 옵션에 따라 다른 질문 섹션으로 이동하도록 설정할 수 있습니다.

- **파일 업로드** : 파일을 업로드할 수 있는 질문을 만듭니다. 업로드한 파일은 설문지 소유자의 Google 드라이브에 저장되어 용량을 차지합니다. 응답자가 Google 개인 계정 또는 Google Workspace 계정으로 로그인해야만 응답할 수 있습니다.

> **잠깐만요** 질문 유형 중 [파일 업로드]를 선택하면 응답자가 드라이브에 파일을 업로드 하도록 허용한다는 팝업 창이 표시됩니다. 팝업 창에서 [계속]을 클릭하면 파일 업로드 유형의 질문을 등록할 수 있습니다.

- **선형 배율** : 척도로 답변할 수 있는 질문을 만듭니다. 만족도처럼 범위가 있는 숫자 답변을 응답자에게 요구할 때 유용하며, 척도는 0~10까지 설정할 수 있습니다.

- **객관식 그리드** : 행과 열을 추가해 같은 유형의 여러 질문을 만들고, 각 질문의 답을 하나의 옵션만 선택할 수 있도록 질문을 만듭니다.

- **체크박스 그리드** : 행과 열을 추가해 같은 유형의 여러 질문을 만들고, 질문에 대한 답에서 하나 이상의 옵션을 선택할 수 있도록 질문을 만듭니다.

• **날짜** : 날짜를 선택하는 질문을 만듭니다.

잠깐만요 [⁝]를 클릭하면 시간을 선택하는 질문을 추가할 수 있습니다.

• **시간** : 시간을 선택하는 질문을 만듭니다.

# 설문지 만들기

Google 설문지를 활용해서 교육 모집 설문지를 만든 후에 링크로 배포하는 방법에 대해 알아보겠습니다.

**1** | Google 드라이브에서 [새로 만들기]-[Google 설문지]를 선택하고, 설문지 제목과 설명을 입력합니다.

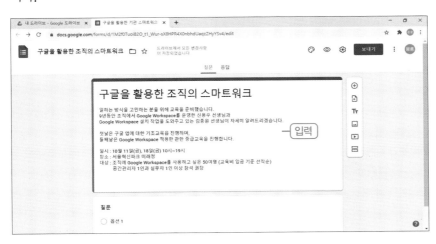

**2** | [⊕]를 클릭하여 질문을 추가한 후 질문 내용에 따라 질문 유형을 단답형 또는 객관식 질문으로 변경하고, 질문 제목과 옵션을 입력합니다. 교육 신청에 필요한 이름, 연락처, 추가 정보를 받기 위한 질문을 만듭니다.

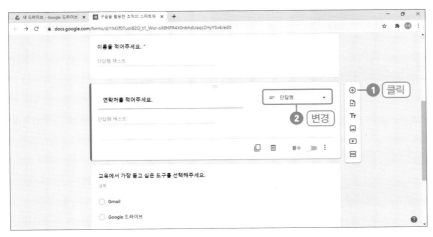

Google 문서 도구

**3** | 설문지 작성을 완료하면 [보내기]를 클릭합니다.

**4** | 설문지 보내기 팝업 창에서 [🔗]를 클릭한 후 링크 항목에 설문지 답변 URL이 표시되면 [복사]를 클릭합니다. 클립보드에 복사된 URL을 문자, 이메일, 카카오톡 등으로 전달합니다.

• **응답자의 소셜프리즘 이메일 주소를 자동으로 수집** : 응답자의 이메일 주소를 설문지 제작자가 수집합니다.

• **[✉(이메일)]** : Google 설문지를 이메일로 발송합니다. 특정 사용자의 설문을 받을 때 유용합니다.

- **[🔗(링크)]** : Google 설문지 링크를 생성합니다. 문자, SNS 등으로 배포한 후 많은 설문을 받을 때 유용합니다.
- **[< >(삽입된 URL)]** : Google 설문지를 웹사이트나 블로그에 삽입할 수 있도록 HTML 소스를 생성합니다.
- **URL 단축** : 체크 표시를 하면 설문지 URL를 짧게 단축합니다.

**5** | 설문지 URL을 전달받은 응답자는 설문에 참여할 수 있습니다. 응답자는 설문지의 각 질문에 답변한 후 [제출]을 클릭하면 교육 신청이 마무리됩니다.

---

**전문가의 조언 • 조직 외 사용자에게 설문지 응답받기**

조직 외 사용자에게 설문지 응답을 받기 위해서는 [⚙]을 클릭한 후 [일반] 탭에서 '(조직) 및 신뢰할 수 있는 하위 조직의 사용자로 제한'을 해제하고, [저장]을 클릭합니다.

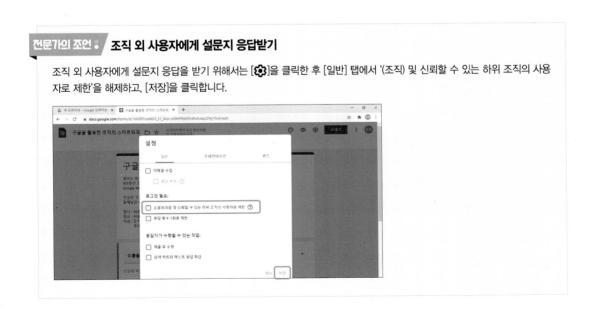

# Google 스프레드시트에서 응답 확인하기

설문지 제작자는 [응답] 탭에서 제출한 설문지의 응답 내용을 통계, 차트 형식으로 확인할 수 있습니다. 또한, Google 스프레드시트와 연동하여 응답 데이터를 자세히 분석할 수 있습니다.

**1 |** 응답을 받으면 설문지의 [응답] 탭에 응답 수가 표시되면서 답변 내용을 확인할 수 있습니다. 응답 데이터를 Google 스프레드시트에서 확인하려면 [➕]를 클릭합니다.

**2 |** 응답 수집 장소 선택 팝업 창에서 '새 스프레드시트'를 선택하고, [만들기]를 클릭합니다.

• **새 스프레드시트 만들기** : 새 Google 스프레드시트 파일을 만들어 응답을 저장합니다.
• **기존 스프레드시트 선택** : Google 드라이브에 보관되어 있는 기존 Google 스프레드시트를 선택해 응답을 저장합니다.

**3 |** Google 스프레드시트가 실행되면서 설문지의 응답 데이터가 표시됩니다. 해당 설문지의 응답 데이터는 Google 스프레드시트에 실시간으로 누적됩니다.

**잠깐만요** Google 스프레드시트로 응답을 받았을 때의 장점은 Google 스프레드시트에서 제공하는 피봇 테이블 또는 Google 스프레드시트 함수로 원하는 결과를 추출하거나 분석할 수 있습니다. 피봇 테이블에 대한 자세한 내용은 204쪽을 참고하세요.

# CHAPTER 5

# 다른 Office와 호환

전 세계의 문서 표준은 MS Office 문서입니다. MS는 타사의 Office에서도 해당 문서를 사용할 수 있도록 포맷을 오픈하였기 때문에 Google 문서 도구에서도 MS Office 문서를 자유롭게 사용할 수 있습니다.

# 다른 Office와의 호환 살펴보기

현장에서 주로 사용하는 오피스 프로그램은 MS Office와 한컴오피스입니다. 이러한 프로그램을 대체하여 Google 문서 도구를 사용해도 되는지 궁금할 수도 있지만 Google 문서 도구는 MS Office와 높은 호환성을 가지고 있어 MS Office 파일을 수정하고 저장할 수 있습니다. 또한, 한컴오피스 한글에서는 미리보기를 할 수 있습니다.

## MS Office 문서를 Google 문서 도구에서 사용하기

MS Office 문서를 다른 파일로 전환 없이 Google 문서 도구에서 사용할 수 있습니다. 특히, 호환성에 대한 문제 없이 MS Office에서 사용했던 작업을 그대로 저장할 수 있습니다.

1 │ 임의의 MS Excel 파일을 Google 드라이브에 업로드한 후 파일을 더블 클릭하여 실행합니다.

잠깐만요   다음의 조건인 경우에는 Google 스프레드시트가 아닌 MS Excel에서 그대로 사용하기를 추천합니다.

• 데이터 세트에 셀이 5백만 개 이상 있을 경우
• MS Excel에서 Hyperion 부가 기능을 사용 중인 경우
• 3D 피라미드 차트 또는 원형 대 원형 차트 유형을 사용하는 경우

**2** | MS Excel 파일이 Google 스프레드시트에서 열리면 제목 오른쪽에 .XLSX 표시가 나타납니다.

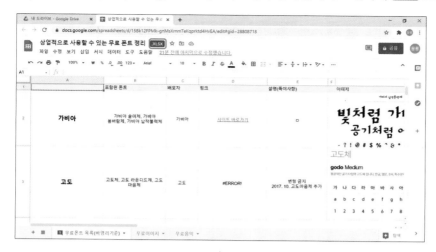

잠깐만요 Excel에서 사용했던 셀 서식이나 함수를 사용할 수 있으며 자동 저장, 실시간 공동 작업, 버전 기록도 모두 동작합니다. 자세한 내용은 178쪽을 참고하세요.

## MS Office 문서를 Google 문서 도구로 변환하기

MS Office 문서를 Google 문서 도구의 문서로 변환하면 Google 문서 도구가 제공하는 고급 기능을 사용할 수 있습니다. 고급 기능에는 부가 기능, 활동 대시보드, 매크로, Google Apps Script 등이 있습니다.

**1** | 임의의 MS Excel 파일을 Google 스프레드시트에서 열기한 후 파일을 변환하기 위해 [파일]–[Google Sheets로 저장]을 선택합니다.

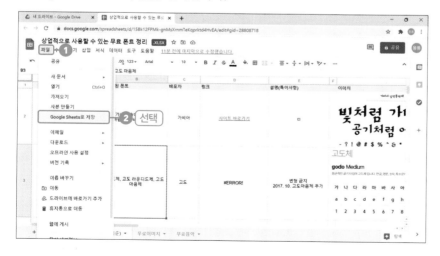

**2** | Google 스프레드시트로 변환된 동일한 내용의 문서가 새 탭에 나타납니다.

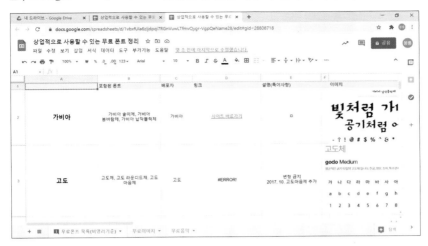

**3** | Google 드라이브로 이동하면 같은 파일 이름으로 Google 스프레드시트 파일이 생성된 것을 확인할 수 있습니다.

## Google 문서 도구를 MS Office 문서로 저장하기

Google 문서, Google 스프레드시트, Google 프레젠테이션에서 작성한 문서는 MS Office와 대응하는 파일로 각각 저장할 수 있습니다. 높은 호환성을 유지하므로 조직 내에서는 Google 문서 도구로 공유 및 협업하고, 외부 사용자에게 전달할 때는 MS Office 문서로 저장해서 보내는 방식을 추천합니다.

**1 |** Google 문서에서 작성한 문서를 다운로드하려면 [파일]-[다운로드]를 선택한 후 원하는 형식을 선택합니다.

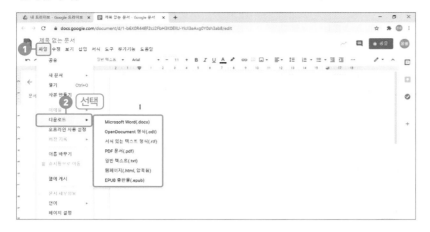

- **Microsoft Word(.docx)** : Microsoft Word 파일로 저장합니다.
- **OpenDocument 형식(.odt)** : Apache에서 오픈 소스를 기반으로 만든 워드 프로세서 파일로 저장합니다.
- **서식 있는 텍스트 형식(.rtf)** : Windows에 내장된 워드패드에서 확인할 수 있는 파일로 저장합니다.
- **PDF 문서(.pdf)** : Adobe에서 만든 전자 문서 형식으로 저장합니다.
- **일반 텍스트(.txt)** : 서식, 이미지가 제거된 텍스트만 저장합니다.
- **웹페이지(.html, 압축됨)** : html과 다양한 개체를 압축된 형태로 저장합니다.
- **EPUB 출판물(.epub)** : eBook의 표준 규격 형식으로 저장합니다.


**2 |** Google 스프레드시트에서는 다음과 같은 저장 형식을 제공합니다.

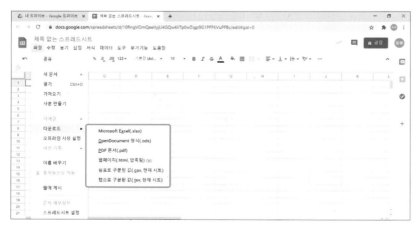

- **Microsoft Excel(.xlsx)** : Microsoft Excel 파일로 저장합니다.
- **OpenDocument 형식(.ods)** : Apache에서 오픈 소스를 기반으로 만든 스프레드시트 파일로 저장합니다.
- **PDF 문서(.pdf)** : Adobe에서 만든 전자 문서 형식으로 저장합니다.
- **웹페이지(.html, 압축됨)** : html과 다양한 개체를 압축된 형태로 저장합니다.

- **쉼표로 구분된 값(.csv, 현재 시트)** : 쉼표로 구분된 데이터로 저장합니다.
- **탭으로 구분된 값(.tsv, 현재 시트)** : 탭으로 구분된 데이터로 저장합니다.

**3** | Google 프레젠테이션에서는 다음과 같은 저장 형식을 제공합니다.

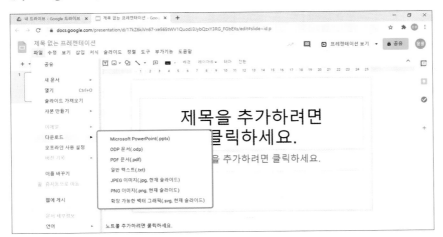

- **Microsoft PowerPoint(.pptx)** : Microsoft PowerPoint 파일로 저장합니다.
- **ODP 문서(.odp)** : Apache에서 오픈 소스를 기반으로 만든 프레젠테이션 파일로 저장합니다.
- **PDF 문서(.pdf)** : Adobe에서 만든 전자 문서 형식으로 저장합니다.
- **일반 텍스트(.txt)** : 서식, 이미지가 제거된 텍스트만 저장합니다.
- **JPEG 이미지(.jpg, 현재 슬라이드)** : 현재 슬라이드를 jpeg 이미지 파일로 저장합니다.
- **PNG 이미지(.png, 현재 슬라이드)** : 현재 슬라이드를 png 이미지 파일로 저장합니다.
- **확장 가능한 벡터 그래픽(.svg, 현재 슬라이드)** : 현재 슬라이드를 svg 이미지 파일로 저장합니다.

**SECTION 02**

# 한컴오피스 한글 문서(HWP) 미리보기

한컴오피스 한글 문서를 Google 드라이브에서 미리 볼 수 있는데 수정은 불가능합니다. Google 드라이브에 내장된 기본 뷰어로도 한컴오피스 한글 파일을 볼 수 있지만 호환성이 많이 떨어집니다. Google 드라이브에 Synap Document Viewer 프로그램을 설치하면 완벽하게 미리 볼 수 있습니다.

**1 |** Google 드라이브에 임의의 한컴오피스 한글 문서를 업로드한 후 문서를 실행하면 다음과 같이 미리 볼 수 있습니다.

> **잠깐만요** Google 드라이브에서 파일을 선택한 후 P를 눌러도 미리 볼 수 있습니다.

**2 |** Google 드라이브에 내장된 기본 뷰어 기능은 한컴오피스의 한글 내에 있는 이미지를 제대로 불러오지 못하는 등 호환성이 떨어집니다. 또한, 한컴오피스 한글 문서 버전에 따라 미리보기가 작동하지 않는 문서도 있습니다.

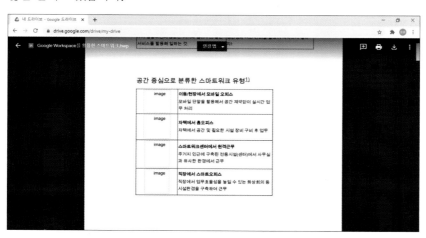

**3** | 한컴오피스 한글 파일을 제대로 보기 위해서는 Google 드라이브의 부가 기능인 Synap Document Viewer를 설치해야 하므로 웹 브라우저에서 'Google Workspace Marketplace'를 검색합니다.

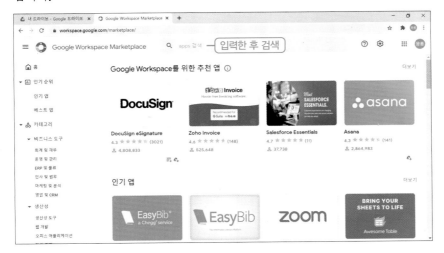

**4** | apps 검색란에 'Synap Document Viewer'를 입력한 후 검색된 앱을 선택합니다.

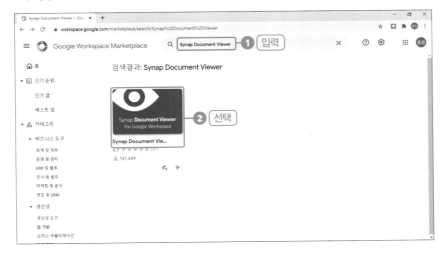

**5 |** Google Workspace 관리자의 경우 [도메인 설치] 버튼이 나타나므로 조직의 모든 사용자에게 배포하기 위해 [도메인 설치]를 클릭합니다.

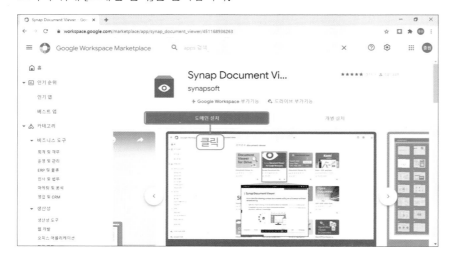

잠깐만요 | 관리자가 아닌 개인적으로 설치할 때는 [개별 설치]를 클릭합니다.

**6 |** 도메인 전체에 설치 팝업 창이 나타나면 [계속]을 클릭합니다.

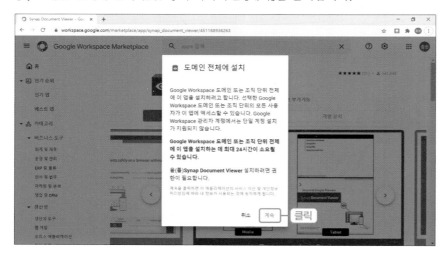

**7** | Synap Document Viewer의 권한을 부여하는 창이 나타나면 서비스 약관에 동의하기 위해 체크 표시한 후 [ALLOW]를 클릭합니다.

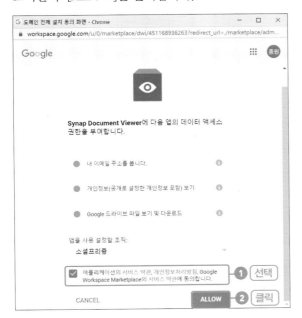

**8** | 앱이 설치되었다는 창이 나타나면 [완료]를 클릭합니다.

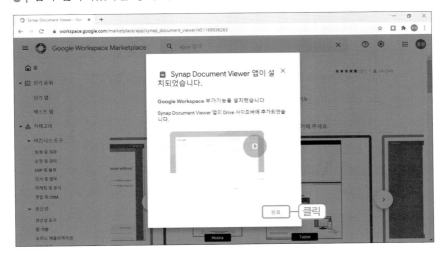

**9 |** Google 드라이브로 이동한 후 임의의 한컴오피스 한글 파일에서 마우스 오른쪽 버튼을 클릭하고, [연결 앱]-[Synap Document Viewer]를 선택합니다.

**10 |** Synap Document Viewer를 실행할 계정을 선택합니다.

**11** │ 이미지가 포함된 한컴오피스 한글 파일의 미리보기를 확인할 수 있습니다.

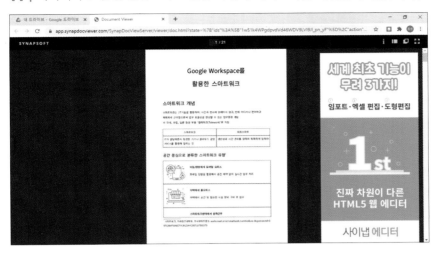

**잠깐만요** 한컴오피스의 한글 파일을 Google 문서에서 수정하기 위해서는 한컴오피스의 한글에서 문서를 MS Word 파일로 저장하고, Google 드라이브에 업로드한 후 실행합니다. 호환성이 떨어지는 단점이 있어 최근 한컴오피스에서는 XML 기반의 개방형 파일 형식인 hwpx를 발표했습니다.

PART 04

# GOOGLE WORKSPACE의 다양한 앱

Google Workspace는 스마트워크를 위한 다양한 앱을 제공합니다. 메일을 대화 형식으로 그룹화하고 라벨, 필터로 관리할 수 있는 Gmail, 실시간 대화나 화상 회의를 할 수 있는 Google Meet, 간단한 내용을 메모할 수 있는 Google Keep 등 Google Workspace의 다양한 앱과 사용법에 대해 알아보겠습니다.

# CHAPTER 1

# Gmail

Gmail은 웹 기반의 비즈니스 메일 서비스입니다. 주제 단위로 메일을 그룹 화하고, 라벨과 필터 기능으로 여러 메일을 편리하게 분류할 수 있어 비즈니 스용 메일로 적합합니다. 또한, 이메일 뿐만 아니라 채팅, 화상 회의 같은 온 라인 커뮤니케이션 채널을 사용할 수 있으며, 팀 공동 작업까지 모두 한 곳 에서 처리할 수 있습니다.

# Gmail 살펴보기

Google Workspace에서는 사람들과 소통하는 기능을 Gmail에 모두 담아 커뮤니케이션의 허브 역할을 담당하고 있습니다. 이러한 Gmail은 크게 메일 영역, 채팅과 채팅방 영역, 영상 통화 영역으로 나누어집니다.

Google.com에서 'Gmail'을 클릭하거나 [ :::: ]−[Gmail]을 선택합니다.

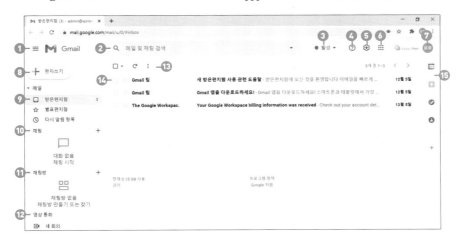

❶ **기본 메뉴** : Gmail 왼쪽의 메뉴를 표시하거나 숨깁니다.

❷ **메일 및 채팅 검색** : 메일과 채팅에 있는 글과 파일 등을 검색하며, 다양한 검색 조건으로 필터를 만들 수 있습니다. 필터에 대한 자세한 내용은 253쪽을 참고하세요.

❸ **채팅 알림 설정** : 채팅 알림을 설정합니다.

❹ **지원** : Gmail 도움말을 확인하거나 지원팀에 의견을 보냅니다.

❺ **설정** : Gmail 전체 설정을 확인하고 변경합니다.

❻ **Google 앱** : Google의 다른 서비스를 선택합니다.

❼ **Google 계정** : 현재 로그인된 Google 계정이 표시됩니다.

❽ **편지쓰기** : 새 메일을 작성합니다.

❾ **편지함** : 받은편지함, 스팸함, 라벨 등 다양한 기준으로 분류한 메일을 표시합니다.

❿ **채팅** : Google 채팅으로 팀원과 소통합니다.

⓫ **채팅방** : 팀원과 채팅, 파일 공유, 할 일 등을 공유하여 공동 작업합니다.

⓬ **영상 통화** : Google Meet로 화상 통화를 합니다.

⑬ **툴바** : 보관 처리, 스팸 신고, 삭제, 라벨 처리 등의 기능으로 메일을 관리합니다.

⑭ **메일 목록** : 받은 메일을 목록으로 표시합니다.

⑮ **부가 기능** : Gmail을 사용하는 중에 Google 캘린더, Google Keep, Tasks(할 일), 연락처 등의 부가 기능을 사용합니다.

## 채팅, 채팅방, 영상 통화 패널의 이동

Gmail의 기본 설정은 왼쪽에 편지함, 채팅, 채팅방, 영상 통화가 있어 라벨이 늘어나면 편지함 목록의 공간이 점점 부족해 집니다. 라벨에 대해 자세히 알고 싶으면 250쪽을 참고하세요. 이에 채팅, 채팅방, 영상 통화 패널을 화면 오른쪽으로 이동시켜 보겠습니다.

**1** | Gmail 화면에서 [⚙]-[모든 설정 보기]를 클릭합니다.

**2** | [채팅 및 영상 통화] 탭을 클릭한 후 채팅 창 위치 항목에서 '받은편지함의 오른쪽'을 선택하고, [변경사항 저장]을 클릭합니다.

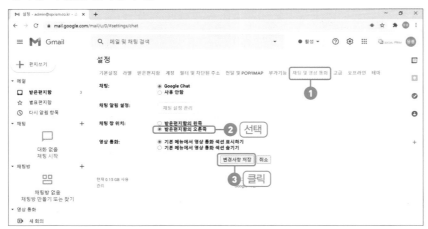

**3** | 채팅, 채팅방, 영상 통화 패널이 오른쪽으로 이동된 것을 확인할 수 있습니다.

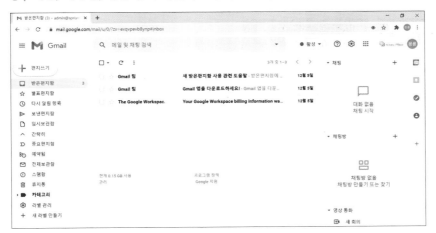

# 메일 그룹화하기

Gmail은 답장으로 주고받은 메일을 하나의 묶음으로 관리할 수 있습니다. 특히, 메일을 그룹화하면 주제별로 맥락을 파악하면서 소통할 수 있습니다. 새 주제로 대화해야 할 경우는 [답장]이 아닌 [편지쓰기]를 클릭하여 새로운 메일을 작성합니다.

**1** | 임의의 메일을 받은 경우 해당 주제에 대한 대화를 시작하려면 [답장]을 클릭합니다.

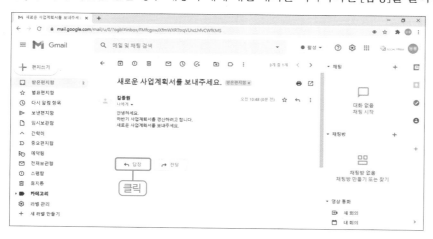

**2** | 답장에서는 제목을 입력할 수 없으므로 필요한 내용을 작성하고, [보내기]를 클릭합니다.

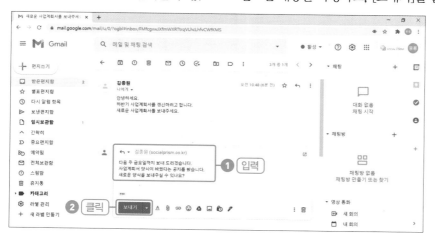

**3 |** 답장을 보내면 화면의 위/아래로 주고받은 메일을 볼 수 있습니다.

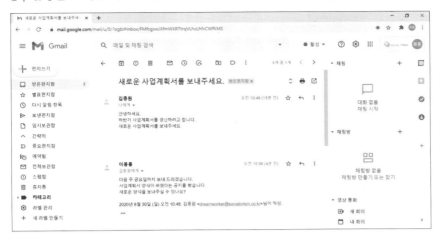

**4 |** [받은편지함]을 선택하면 그룹화된 메일 목록을 확인할 수 있습니다.

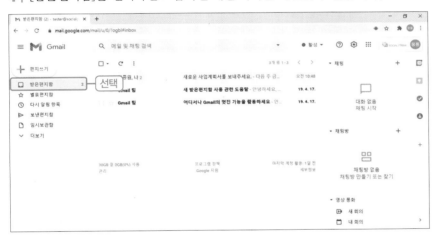

**잠깐만요** [받은편지함]의 보낸 사람 항목에서 '김종원, 나 2'라고 되어 있다면 상대방과 내가 메일을 두 번 주고받았다는 의미입니다.

**5 |** 다시 [받은편지함]의 보낸 사람 항목에서 '김종원, 나, 김종원 3'이라고 되어 있는 것은 '김종원'이 또 다시 답변을 했다는 의미입니다.

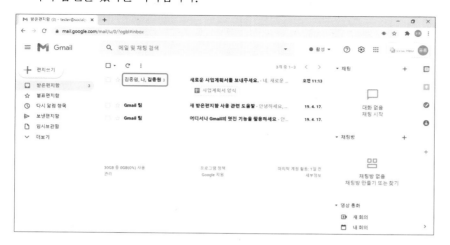

**6 |** 메일을 열어보면 최근에 받은 메일이 활성화되며, 지금까지 대화한 이메일 목록에서 필요한 메일을 선택해서 볼 수 있습니다. 대화 제목이 변경되거나 답장으로 주고받은 이메일 개수가 100개를 초과하면 새 대화로 분리됩니다.

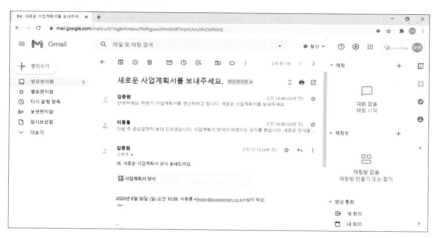

**잠깐만요** 같은 사람에게 메일을 보내지만 주제가 다르다면 [편지쓰기]를 클릭해야 합니다. 그런 경우 새 주제로 대화 그룹이 만들어져서 주제별로 메일을 관리할 수 있습니다.

메일 그룹화 기능이 불편할 경우는 Gmail 오른쪽 상단에서 [⚙]을 클릭하고, '대화형식으로 보기'의 체크 표시를 해제합니다.

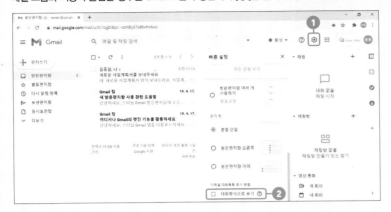

새로고침해야 한다는 팝업 창이 나타나면 [새로고침]을 클릭합니다.

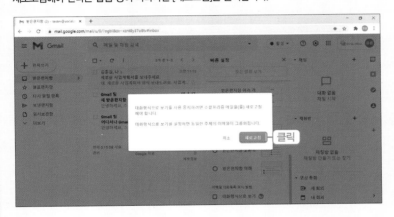

그룹화된 메일이 해제되면서 내가 보낸 메일은 보이지 않습니다.

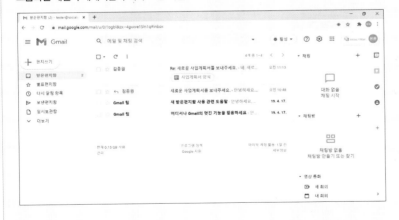

# 라벨 만들기

l라벨은 메일을 분류 및 정리하기 위해 사용자가 붙이는 일종의 꼬리표입니다. 한 개의 메일에 여러 개의 라벨을 자유롭게 지정할 수 있으므로 메일을
효율적으로 관리할 수 있습니다.

**1 |** Gmail의 편지함에서 [더보기]-[새 라벨 만들기]를 선택합니다.

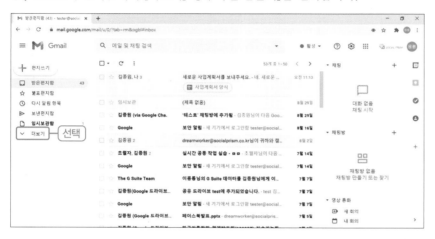

**2** │ 새 라벨 팝업 창이 나타나면 새 라벨 이름(예 : 소셜프리즘 업무)을 입력하고, [만들기]를 클릭합니다. '상위 라벨 선택'을 활성화하면 다른 라벨의 하위 라벨로 새 라벨을 추가할 수 있습니다.

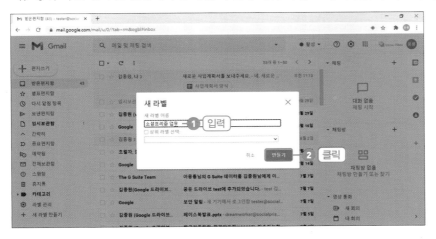

**잠깐만요** │ 라벨의 순서는 가나다순이며, 라벨 이름을 만들 때 숫자를 앞에 붙이면 중요 라벨은 상단에, 그렇지 않은 라벨은 하단에 배치하여 정리할 수 있습니다.

**3** │ 라벨을 적용할 메일을 선택한 후 툴바에서 [▭]을 클릭하고, 라벨 목록이 나타나면 원하는 라벨을 선택한 다음 [적용]을 클릭합니다.

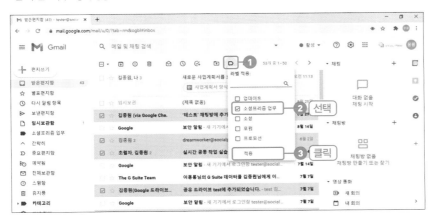

**잠깐만요** │ 한 개 이상의 라벨을 선택해서 적용할 수 있습니다.

**4** | 해당 메일에 선택한(소셜프리즘 업무) 라벨이 적용된 것을 확인할 수 있습니다.

**5** | [소셜프리즘 업무] 라벨을 선택하면 해당 라벨을 지정한 메일만 모아서 볼 수 있습니다.

**잠깐만요** 왼쪽 편지함의 '소셜프리즘 업무' 라벨에는 숫자(4)가 표시되는데, 이는 '소셜프리즘 업무' 라벨이 붙은 메일 중 4개를 아직 열어보지 않았다는 의미입니다.

**6** | 라벨을 적용한 메일을 열어보면 제목 오른쪽에 적용된 라벨이 표시되며, 라벨 이름의 [✖]을 클릭하면 해당 메일의 라벨이 삭제됩니다.

# 필터 만들기

필터를 만들면 메일을 보낸 사람은 물론 메일 제목, 메일에 포함된 단어, 첨부 파일의 크기 등 다양한 조건으로 메일을 자동 분류하여 관리할 수 있습니다. 메일함에 필터를 만들어 메일을 일괄 관리하는 방법에 대해 알아보겠습니다.

**1** | Gmail의 메일 검색란에서 [▼]를 클릭합니다.

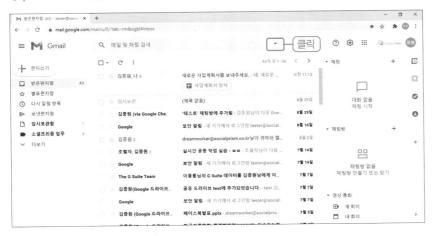

**2** | 상세 검색 항목 중 보낸사람 입력란에 'socialprism.co.kr'을 입력하고, [검색]을 클릭합니다.

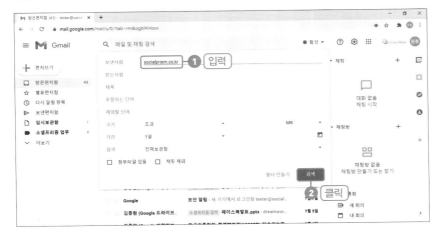

**3** | 메일 중 'socialprism.co.kr'에서 보낸 메일만 표시되는 것을 확인할 수 있습니다.

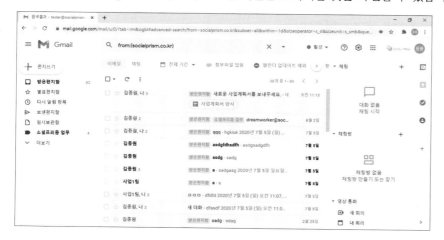

**4** | 원하는 메일로 검색되면 다시 메일 검색란에서 [▼]를 선택하고, [필터 만들기]를 클릭합니다.

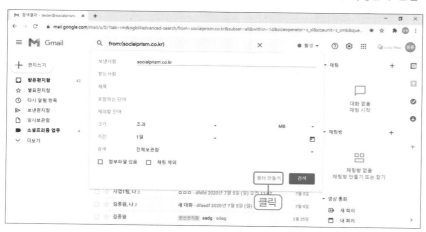

**5 |** '소셜프리즘 업무' 라벨이 자동으로 적용되도록 설정하기 위해 '다음 라벨 적용' 항목에서 [▼]를 클릭하고, [소셜프리즘 업무(라벨 이름)]를 선택합니다. 이때, 이전에 받은 메일까지 '소셜프리즘 업무' 라벨을 적용하려면 '일치하는 대화 ##개에도 필터 적용'을 선택하고, [필터 만들기]를 클릭합니다.

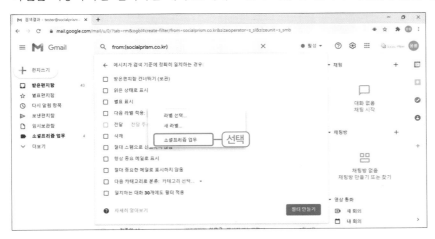

**잠깐만요** '받은편지함 건너뛰기(보관)'를 선택하면 '받은편지함'을 건너뛰고 메일이 바로 보관처리됩니다. 일일이 확인할 필요는 없지만 추후 확인을 위해 저장해야 하는 메일인 경우 체크합니다. 보관처리의 자세한 내용은 256쪽을 참고하세요.

**6 |** 'socialprism.co.kr'에서 보낸 메일에는 '소셜프리즘 업무' 라벨이 모두 적용된 것을 확인할 수 있습니다.

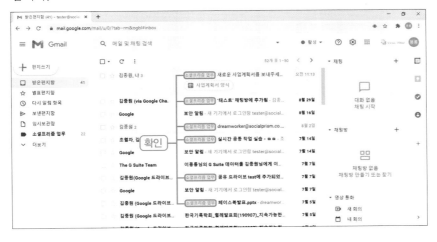

# 보관처리

누군가가 나에게 메일을 보내면 스팸 처리, 라벨 분류 등에 필터링된 후 나머지는 '받은편지함'에서 확인할 수 있습니다. 보관처리는 메일을 확인하고 해당 업무를 처리했을 때 '받은편지함'에서 보이지 않게 처리하는 기능입니다. 메일을 보관처리 하면 검색 또는 전체보관함, 적용된 라벨에서 필요할 때 찾을 수 있습니다.

**1 |** 받은편지함에서 작업이 마무리된 메일을 선택하고, 툴바에 있는 [⬇]를 클릭합니다.

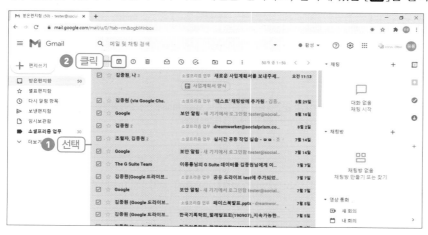

**2 |** 받은편지함에서 선택한 모든 메일이 사라집니다.

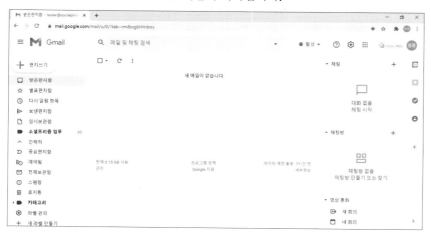

**3 |** [전체보관함]을 선택하면 보관처리한 메일을 포함해 모든 메일을 확인할 수 있습니다. 또한, 각 라벨에서 라벨 분류에 맞는 메일도 확인할 수 있습니다.

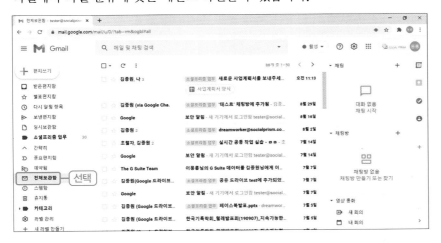

# 채팅방에서 공동 작업하기

채팅방에서는 채팅, 파일 공유, 할 일 등록 등으로 프로젝트를 원활하게 진행할 수 있으며, 팀원과 채팅하면서 파일을 공유하고 공동 작업을 수행합니다.

**1 |** Gmail의 채팅방에서 ＋를 클릭하고, [채팅방 만들기]를 선택합니다.

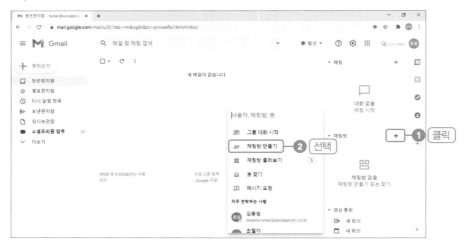

**2 |** 채팅방 만들기 팝업 창에서 채팅방 이름(예 : 총무팀)과 사용자 또는 그룹 계정을 각각 입력하고, [만들기]를 클릭합니다.

- **대화목록 답장 사용** : 대화 목록을 주제별로 묶어 소통할 수 있습니다. 해당 설정은 나중에 변경할 수 없습니다.
- **조직 외부 사용자가 참여하도록 허용** : 조직 외 사용자가 채팅방에 참여할 수 있도록 허용합니다. 해당 설정은 나중에 변경할 수 없습니다.

**3** | 채팅방이 생성되면서 채팅방 이름과 사용자 수를 확인할 수 있습니다.

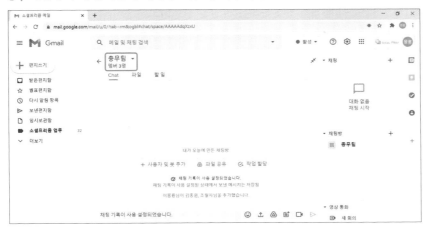

- **Chat** : 팀원과 채팅을 할 수 있으며, 채팅방에 참여한 모든 사용자는 이전 대화 내용을 확인할 수 있습니다.
- **파일** : 팀원과 채팅 과정에서 첨부한 파일을 확인하거나 추가할 수 있습니다.
- **할 일** : 팀원과 업무를 할당하며, 일의 진행 과정과 우선순위를 결정합니다.

**4** | 공동 작업을 하기 위해 채팅창에 대화 내용을 입력하고, [△]을 클릭합니다.

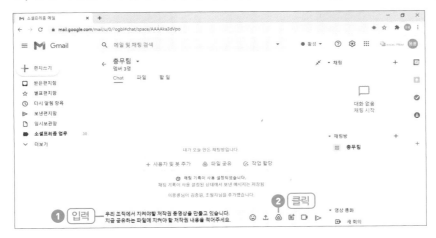

- [😊(그림 이모티콘 추가)] : 그림 이모티콘을 선택합니다.
- [↑(파일 업로드)] : 컴퓨터에 있는 파일을 공유합니다.
- [△(Google Drive 파일 추가)] : Google 드라이브에 있는 파일을 공유합니다.
- [📑(새 문서 만들기)] : Google 문서, 스프레드시트, 프레젠테이션 문서를 새로 만듭니다.
- [◻(화상 회의 추가)] : 영상 통화를 시작하기 위한 링크를 만듭니다.

5 | 항목 선택 팝업 창의 [내 드라이브] 탭에서 공유하려는 파일을 선택하고, [선택]을 클릭합니다.

6 | Google 문서 파일이 채팅창에 첨부되면 [▷]를 클릭합니다.

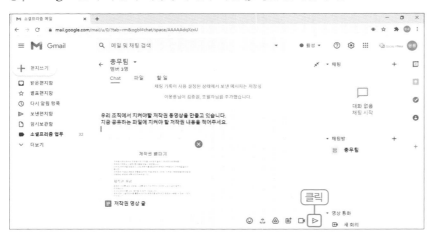

**7 |** 채팅방에 이 파일 공유 팝업 창이 나타나면 채팅방 멤버와 파일을 수정하기 위해 '채팅 참여자와 공유'에서 [수정]을 선택하고, [보내기]를 클릭합니다.

**8 |** 채팅방에서 파일이 공유된 것을 확인할 수 있습니다.

**9 |** 멤버가 채팅방에 입장하면 채팅한 내용과 공유한 파일을 확인할 수 있습니다. 이때, 공유한 파일을 클릭합니다.

**10 |** Google 문서 앱이 나타나며 채팅을 하면서 Google 문서 내용을 동시에 수정할 수 있습니다.

**잠깐만요** 현재는 Google 문서와 Google 스프레드시트만 채팅방에서 동시에 수정할 수 있습니다. 채팅방에 공유된 파일은 [파일] 탭에서 모두 확인할 수 있습니다. 또한, 모니터 해상도가 낮으면 Google 문서가 한 화면으로 나오지 않고 새 탭에 표시됩니다.

# 할 일 목록 만들기

채팅방에서 팀원 간에 주어진 일을 할당합니다. 할 일 관리 기능을 통해 팀원이 일을 계획대로 진행하도록 역할을 제시할 수 있습니다.

1 | 채팅방에서 [할 일] 탭을 선택한 후 '채팅방 할 일 추가'를 클릭하고, 옵션에 따라 할 일 제목, 세부 정보, 날짜, 할당을 지정합니다.

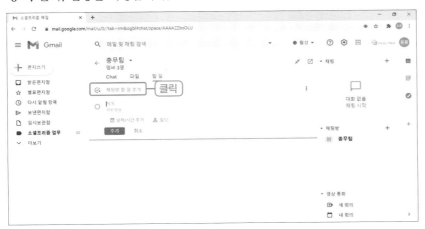

- **제목** : 할 일 제목을 입력합니다.
- **날짜/시간 추가** : 할 일이 진행되어야 하는 날짜와 시간을 선택합니다.
- **할당** : 어느 멤버가 해당 일을 해야 하는지 지정하되 한 사용자만 지정할 수 있습니다.

2 | 옵션에 따른 지정이 끝나면 [추가]를 클릭합니다.

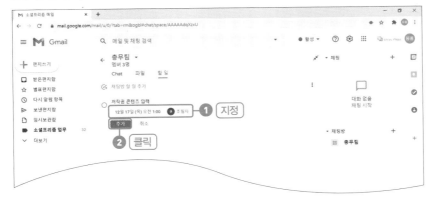

> **잠깐만요** '할당'에 아무도 입력하지 않으면 채팅방에 있는 모든 사용자에게 할 일이 생깁니다. 채팅방에서 한 사람이라도 할 일을 완료했다고 처리하면 해당 할 일이 목록에서 사라집니다.

**3 |** 할 일 목록이 나타나는 것을 확인할 수 있습니다.

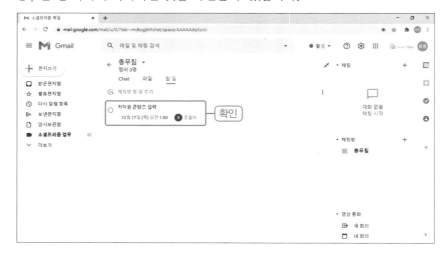

**4 |** 다른 사용자가 로그인한 화면을 보면 채팅방에 있는 모든 팀원에게 '할 일'에 대한 목록이 나타납니다. 할당을 받은 사용자가 [할 일] 탭을 클릭하면 '나에게 할당됨'이라고 표시됩니다.

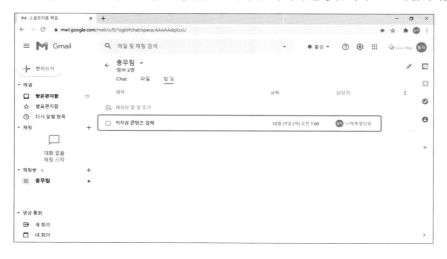

**잠깐만요** 나에게 할당된 할 일은 오른쪽 사이드 바에 있는 [✔]를 클릭하면 확인할 수 있습니다.

**5 |** 할 일을 완료하면 해당 목록 앞을 클릭하여 ✓ 표시를 합니다.

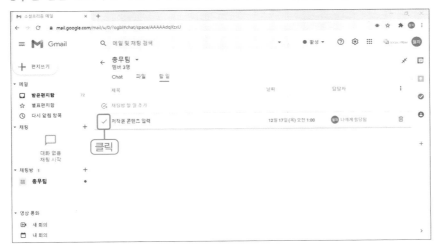

잠깐만요 ▸ 목록 오른쪽에서 [🗑]를 클릭하면 해당 목록이 삭제됩니다.

**6 |** 할 일의 생성과 처리는 [Chat] 탭의 채팅방에 있는 모든 사용자가 확인할 수 있습니다.

# CHAPTER 2

# Google Meet

Google Meet는 화상 회의, 웹 세미나를 진행할 수 있는 서비스입니다. 화상으로 회의하면서 발표 화면을 공유할 수 있는데 Google Meet를 제대로 사용하기 위해서는 마이크와 스피커, 웹캠이 있어야 합니다. Google 캘린더와 Gmail을 통해서도 Google Meet를 시작할 수 있습니다.

# Google Meet 살펴보기

Google Meet의 주된 목적은 화상 회의였지만 현재는 ZOOM의 영향을 크게 받아 화상 교육으로까지 확대 되었습니다. 여기에 배경 효과, 49명 모아 보기, 소그룹 채팅방 등의 고급 기능을 Google Meet에서 사용할 수 있습니다.

Google 사이트(google.com)에서 [:::]-[Meet]를 선택합니다.

❶ **[ 〰 (품질 대시보드)]** : 조직에 관련된 문제 사항, 통계, 알림, 권장 사항을 확인합니다. 관리자만 해당 버튼이 활성화됩니다.

❷ **[ ❓(지원)]** : 도움말, 약관, 개인정보설정방침을 확인할 수 있습니다.

❸ **[ ⚠ (사용자 의견)]** : 스크린샷을 포함한 의견을 지원팀에게 보냅니다.

❹ **[ ⚙(설정)]** : 마이크와 스피커, 웹캠 도구를 확인하고 설정합니다.

❺ **[:::(Google 앱)]** : Google의 다른 서비스를 선택합니다.

❻ **Google 계정** : 현재 로그인된 Google 계정이 표시됩니다.

❼ **새 회의** : 화상 회의를 진행하기 위한 링크를 생성합니다. '나중에 진행할 회의 만들기', '즉석 회의 시작', 'Google Calendar 일정 예약' 중에서 선택할 수 있습니다.

❽ **코드 또는 닉네임 입력** : 다른 사용자가 만든 화상 회의에 참여하기 위해 공유 받은 코드 또는 닉네임을 입력합니다.

# 화상 회의 시작하기

Google Meet에서는 조직 내 사용자뿐만 아니라 외부 사용자도 초대할 수 있습니다. Google Workspace Business Standard 버전의 Google Meet에서는 최대 150명과 화상 회의를 할 수 있습니다. Google Workspace 버전별로 화상 회의에 참여할 수 있는 인원수를 확인하려면 28쪽을 참고하세요.

**1 |** 회상 회의를 새로 개설하기 위해 [새 회의]를 클릭합니다.

**잠깐만요** 다른 사용자가 개설한 회상 회의에 참여하려면 코드 또는 닉네임 입력란에서 공유 받은 코드 또는 닉네임을 입력하고, [참여]를 클릭합니다. 닉네임은 화상 회의에 들어가는 공유 키값으로 개설자와 참여자가 같은 닉네임을 입력하면 화상 회의에서 회의할 수 있습니다. 닉네임은 영어와 숫자로만 입력해야 합니다.

**2 |** 바로 화상 회의를 진행하기 위해 [즉석 회의 시작]을 선택합니다.

- **나중에 진행할 회의 만들기** : 회의에 초대할 사용자에게 공유를 위한 회의 링크를 만들고, 따로 회의 일정을 지정합니다.
- **즉석 회의 시작** : 바로 화상 회의를 시작합니다.
- **Google Calendar에서 일정 예약** : 화상 회의의 일정과 정보를 Google 캘린더에서 예약합니다.

**3 |** Meet에서 카메라와 마이크를 사용하도록 허용 팝업 창이 나타나면 [닫기]를 클릭합니다. 카메라와 마이크의 권한을 부여하기 위해 [허용]을 클릭합니다.

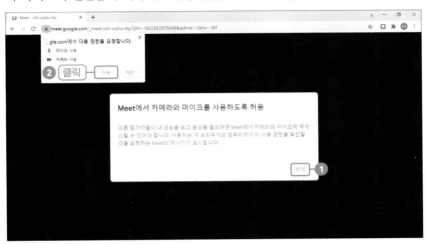

**4 |** 웹캠이 작동되면서 화상 회의가 시작되면 화상 회의에 참여할 사용자를 추가하기 위해 [다른 사용자 추가]를 클릭합니다.

**잠깐만요** [🗖]를 클릭하면 화상 회의의 링크를 복사하여 공유할 수 있습니다. '전화로 참여하기' 항목의 전화번호는 미국과 캐나다의 전화번호만으로 회의에 참여할 수 있으며, 우리나라는 사용할 수 없는 번호입니다. '전화로 참여하기' 기능을 활성화하지 않으려면 관리 콘솔에서 [앱]-[Google Workspace]-[Google Meet]-[Meet 동영상 설정]-[전화]로 이동한 후 '화상 회의에 전화로 참여하기를 허용합니다.'와 '회의에 유료 전화로 참여하기 및 전화로 참여시키기 옵션을 허용합니다.'를 비활성화하고, [저장]을 클릭합니다.

**5** │ 사용자 추가 팝업 창이 나타나면 '이름 또는 이메일 입력' 항목에 사용자를 추가합니다.

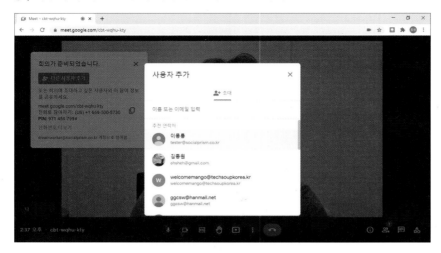

**6** │ 화상 회의할 모든 사용자 추가가 마무리되면 [이메일 보내기]를 클릭합니다.

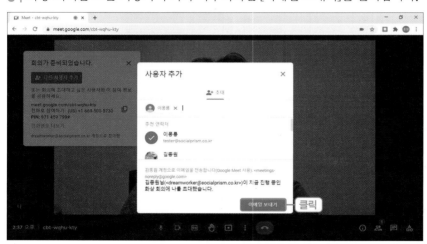

**잠깐만요** 구글 미트 링크로 공유하면 참여자가 Google 개인 계정 또는 Google Workspace 계정이 없더라도 화상 회의에 참여할 수 있습니다.

**7 |** 초대받는 사용자가 스마트폰에서 화상 회의에 참석하려면 Google Meet 앱을 미리 설치한 상태에서 Gmail의 화상 회의 초대 이메일을 열고, [회의 참여]를 터치합니다.

**8 |** meet.google.com 링크를 열 때 사용할 앱으로 'Meet'을 선택하고, [항상]을 터치합니다. Google Meet이 실행되면 화상 회의에 참여하기 위해 [참여]를 터치합니다.

**잠깐만요** [◎]와 [◉]를 터치하면 카메라와 마이크를 활성화할 수 있습니다.

**9** │ 서로 화상 회의가 시작되면 필요에 따라 Google Meet에서 제공하는 옵션을 설정합니다.

**①** **참여자 화면** : 참여자의 모습을 보거나 발표 화면을 볼 수 있습니다.

**②** **내 화면** : 참여자들이 보는 내 모습을 확인할 수 있습니다.

**③** **[🎤(마이크 끄기 · 켜기)]** : 내 마이크를 끄거나 켭니다.

**④** **[📷(카메라 끄기 · 켜기)]** : 내 카메라를 끄거나 켭니다.

**⑤** **[CC(자막 사용)]** : 회의 참여자가 말을 하면 자동으로 자막이 나타납니다. 현재 한국어는 지원하지 않습니다.

**⑥** **[✋(손들기)]** : 손들기 표시로 주최자에게 발언할 기회를 요청합니다.

**⑦** **[⬆(발표 시작)]** : 기기의 전체 화면 또는 특정 창을 표시하여 화면을 공유합니다. 자세한 내용은 274쪽을 참고하세요.

**⑧** **[⋮(옵션 더보기)]** : 화이트보드, 레이아웃 변경, 배경 변경, 설정 등 세부적인 기능을 사용할 수 있습니다. 레이아웃 변경에 대한 자세한 내용은 277쪽을 참고하세요.

**⑨** **[📞(통화에서 나가기)]** : Google Meet를 종료합니다. 다른 사용자는 계속 회의를 할 수 있습니다.

**⑩** **[ⓘ(회의 세부정보)]** : 화의 참여 링크, 첨부 파일을 확인합니다.

**⑪** **[👥(모두에게 표시)]** : 참여자 목록을 확인하고 참여자의 마이크를 음소거하거나 탈퇴시킬 수 있습니다.

**⑫** **[💬(모든 사용자에게 채팅)]** : 모든 참여자와 채팅으로 소통합니다.

**⑬** **[🎛(활동)]** : 설문 조사, 소그룹 채팅방, 화이트보드, Q&A 기능을 사용할 수 있습니다. 설문 조사 기능으로 의견을 빠르게 모으거나 소그룹 채팅방 기능으로 운영자가 작은 그룹을 나눠 소그룹 회의를 할 수 있습니다. 화이트보드 기능으로 그림을 함께 그리면서 아이디어 회의를 할 수 있으며, Q&A 기능으로 질문을 받을 수 있습니다.

화상 회의 시 배경을 흐리게 설정하거나 가상 배경을 설정하여 사생활을 보호할 수 있습니다. 하지만 구형 컴퓨터에서는 CPU 성능에 따라 설정이 어려울 수 있습니다.

[ : ]-[배경 변경]을 선택합니다.

오른쪽 '배경'에서 원하는 배경을 선택합니다.

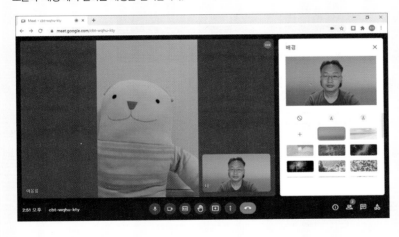

# 화면 공유

Google Meet로 화상 회의를 진행할 때 기기의 전체 화면 또는 특정 창을 공유하여 시각적인 자료를 함께 보며 회의를 할 수 있습니다.

**1** | 화상 회의 중에 [⬆]-[창]을 선택합니다.

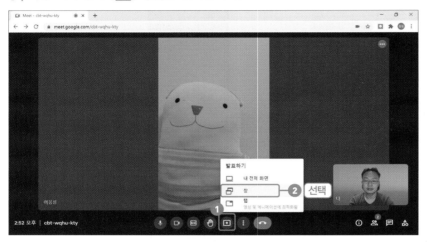

- **내 전체 화면** : 내 운영 체계의 화면을 전송합니다. 모니터 화면 단위를 선택하여 전송합니다.
- **창** : 특정 앱의 화면을 전송합니다.
- **탭** : Chrome 탭 중에서 하나를 선택하여 화면을 전송합니다. Chrome에서 새 탭을 만들어 mp4 동영상 파일을 재생하면 소리와 함께 끊김 없이 공유됩니다.

**2** | 공유할 화면을 선택하고, [공유]를 클릭합니다. 여러 앱을 실행하고 있으면 여러 앱이 나타납니다.

**3** | 발표 화면이 Google Meet에 나타납니다. 발표를 종료하려면 [⬆]-[발표 중지하기]를 선택합니다.

**4** | 발표를 보는 사람은 발표자의 모습과 발표 화면을 동시에 확인할 수 있습니다. 스마트폰일 경우는 가로 보기로 회전하면 전체 화면으로 볼 수 있습니다.

**5** 발표 화면에 마우스 포인터를 올리고 [🚫]를 클릭하면 발표 화면 고정이 해제되어 레이아웃 설정에 영향을 줍니다. 레이아웃 변경에 관한 내용은 277쪽을 참고하세요.

- [🚫] : 발표 시 화면 고정을 해제시킵니다.
- [🔇] : 발표 시 소리가 나오는 경우 음소거를 시킵니다.
- [⊖] : 발표를 취소합니다.

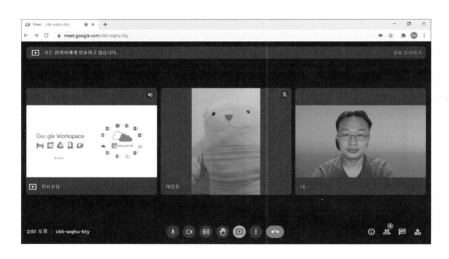

**잠깐만요** Google Meet는 동시에 발표를 진행할 수 있으며, 여러 발표 화면이 있을 때 고정하고 싶은 화면에서 [🚫]를 클릭하면 해당 화면을 강조해서 볼 수 있습니다.

회의 형식과 상황에 맞는 레이아웃을 선택할 수 있습니다. [⋮]-[레이아웃 변경]을 선택합니다.

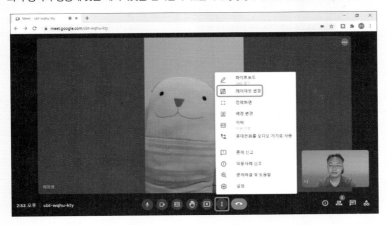

레이아웃 변경 팝업 창에서 원하는 레이아웃을 선택하고, 창을 닫습니다.

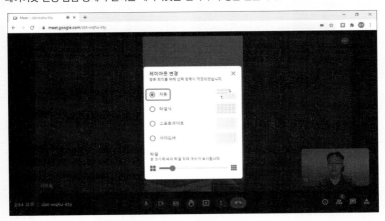

- **자동** : 레이아웃이 상황에 맞게 자동으로 변경됩니다.
- **타일식** : 회의 참여자의 모습을 동일한 크기의 타일 방식으로 표시합니다.
- **스포트라이트** : 한 참여자의 웹캠 화면이나 공유 화면을 큰 화면으로 고정하여 표시합니다.
- **사이드바** : 하나의 참여자 웹캠 화면 또는 공유 화면 이미지가 크게 표시되며, 다른 참여자의 웹캠 화면은 측면에 표시됩니다.
- **타일** : 타일식으로 화면이 보일 때 타일의 최대 개수를 설정합니다. 최소 6개의 화면에서 최대 49개의 화면을 설정할 수 있습니다(기본 설정은 9개).

# CHAPTER 3

# Google 캘린더

Google 캘린더에서는 개인 일정과 조직이나 팀의 업무 일정을 분리하여 사용할 수 있습니다. 또한, 회의실과 같은 공유 공간, 차량, 빔프로젝터 등 조직의 공유 자원을 일정에 맞게 예약할 수 있습니다.

**SECTION**

# 01

# Google 캘린더 살펴보기

Google 캘린더는 일정을 만들고 조직원과 실시간으로 공유하는 기능이 우수합니다. 개인 일정, 팀 일정, 전체 조직 일정을 담는 캘린더를 각각 만들어 공유 대상과 권한에 맞게 공유 범위를 세세히 설정할 수 있습니다.

Google 사이트(google.com)에서 [⚎]-[캘린더]를 선택합니다.

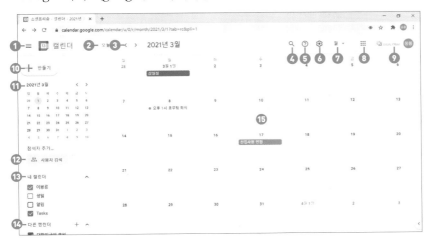

❶ **기본 메뉴** : 미니 캘린더, 내 캘린더, 다른 캘린더가 있는 왼쪽 패널을 표시하거나 숨깁니다.

❷ **오늘** : 오늘을 클릭하면 현재 날짜가 선택한 일정으로 지정됩니다.

❸ **날짜** : 캘린더에서 선택한 날짜가 표시됩니다. ❬  ❭을 클릭하면 선택된 날짜의 이전이나 이후 날짜로 이동합니다.

❹ **검색** : 캘린더의 등록된 일정을 검색합니다.

❺ **지원** : 도움말, 학습 센터, 업데이트 등의 정보를 확인합니다.

❻ **설정** : Google 캘린더의 설정을 변경합니다. 휴지통을 확인하거나 부가 기능을 설치할 수 있습니다.

❼ **캘린더 보기** : 캘린더 보는 방법을 일, 주, 월, 연도, 일정, 4일 단위로 변경할 수 있습니다.

❽ **Google 앱** : Google의 다른 서비스를 선택합니다.

❾ **계정** : 현재 로그인된 계정이 표시됩니다.

❿ **만들기** : 새 일정을 추가합니다. 일정을 추가하는 방법은 280쪽을 참고하세요.

⓫ **미니 캘린더** : 월 단위로 다른 달을 빠르게 탐색하고 이동할 수 있습니다.

⓬ **사용자 검색** : 계정을 입력하여 조직 내 사용자의 캘린더 일정을 임시로 확인합니다.

⓭ **내 캘린더** : 내가 만든 캘린더 목록이 표시됩니다.

⓮ **다른 캘린더** : 다른 사용자가 만들어 공유한 캘린더 목록이 표시됩니다.

⓯ **캘린더** : 캘린더의 일정을 추가하고 확인할 수 있습니다.

# 일정 등록

Google 캘린더에서 일정을 등록할 수 있는데 제목과 시간을 입력하는 것뿐만 아니라 위치, 알림, 설명 등의 옵션을 추가해서 일정을 등록할 수 있습니다.

**1** | Google 캘린더에 일정을 등록하기 위해 [만들기]를 클릭한 후 일정 입력 팝업 창이 나타나면 일정 제목을 입력하고, [옵션 더보기]를 클릭합니다.

> **잠깐만요** 세부 설정 없이 일정을 빠르게 입력하려면 일정 팝업 창의 제목에 '총무팀 회의 14시'라고 입력하고, [저장]을 클릭합니다. 자동으로 오후 2시 일정으로 등록합니다.

**2** | 시간 설정과 함께 그 외에 위치, 알림, 설명 등을 추가로 입력할 수 있습니다. 필요한 정보를 모두 입력하고, [저장]을 클릭합니다.

**3 |** 해당 날짜에 일정이 등록된 것을 확인할 수 있습니다.

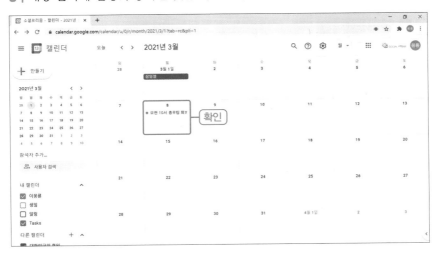

**전문가의 조언 ●** **드래그로 일정 변경**

날짜만 변경되고 시간은 그대로라면 해당 날짜에서 원하는 날짜로 드래그하여 일정을 쉽게 이동할 수 있습니다.

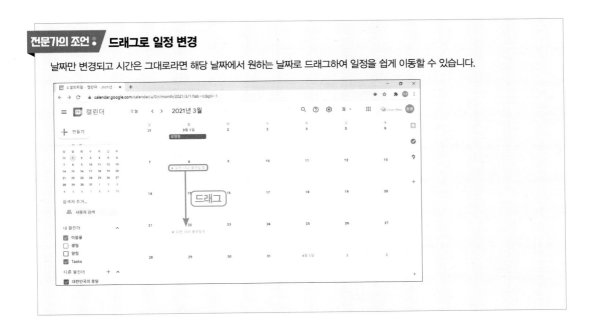

# 새 캘린더로 일정 공유하기

새 캘린더를 추가하면 다양한 용도의 일정을 분리하여 기록할 수 있습니다. 예를 들어 개인 일정, 개인 업무 일정, 팀 일정 등으로 캘린더를 분리하여 사용할 수 있습니다. 이번에는 새 캘린더를 만들어 다른 사용자에게 공유하는 방법에 대해 알아보겠습니다.

**1** │ 캘린더 왼쪽에서 '다른 캘린더'의 [＋]를 클릭하고, [새 캘린더 만들기]를 선택합니다.

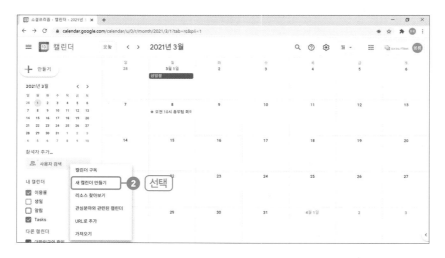

**2** | 새 캘린더의 이름과 설명을 입력하고, [캘린더 만들기]를 클릭합니다.

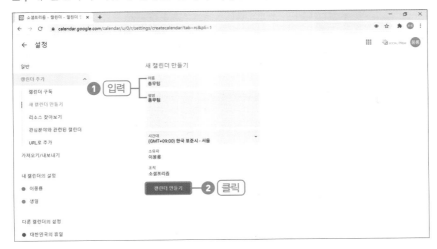

**3** | 캘린더가 만들어지면 세부 설정을 위해 하단에서 [설정]을 클릭합니다.

**4** | '특정 사용자와 공유' 항목에서 [사용자 추가]를 클릭합니다.

**5** | 특정 사용자와 공유 팝업 창에서 '이메일 또는 이름 추가'에 공유할 사용자 계정 또는 그룹을 입력한 후 [권한]−[일정 변경]을 선택하고, [보내기]를 클릭합니다.

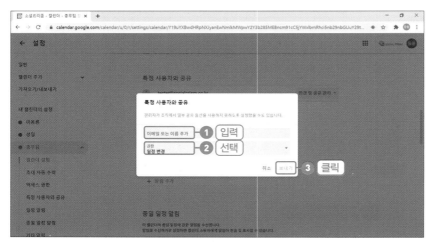

- **한가함/바쁨 정보만 보기(세부정보는 숨김)** : 공유 사용자는 일정을 입력 또는 변경할 수 없으며, 다른 사용자의 일정 시간이 표시되면서 일정 내용이 '바쁨'으로 표시됩니다. 일정 내용을 보여주지 않고 특정한 일시에 일정이 있는 사실만 알려주고 싶을 때 선택합니다.
- **모든 일정 세부정보 보기** : 공유 사용자는 일정을 입력 또는 변경할 수 없지만 다른 사용자의 일정과 내용을 확인할 수 있습니다.
- **일정 변경** : 공유 사용자는 일정과 내용을 확인하며, 변경하거나 삭제 또는 삭제한 일정을 복원할 수 있습니다.
- **변경 및 공유 관리** : 공유 사용자는 일정과 내용을 확인하며, 변경하거나 삭제 또는 삭제한 일정을 복원할 수 있습니다. 또한, 공유 캘린더의 공유 설정까지 변경할 수 있습니다.

**6** | 공유 설정이 완료되면 '특정 사용자와 공유' 항목에 공유 사용자 계정과 권한이 표시됩니다. 설정 내용을 확인한 후 [←]를 클릭하면 Google 캘린더의 기본 화면으로 이동됩니다.

> **잠깐만요** 공유 사용자와 공유 항목의 계정 목록에서 [X]를 클릭하면 해당 사용자를 공유에서 제외할 수 있습니다.

**7** | 공유 사용자가 캘린더 공유 메일을 받게 되면 해당 메일을 열고, [이 캘린더를 추가]를 클릭합니다.

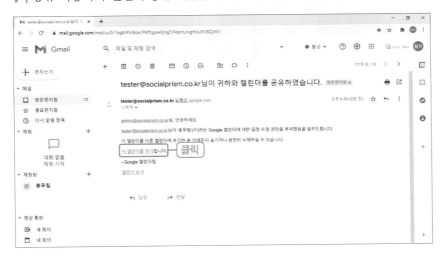

**8** | Google 캘린더의 새 탭과 함께 캘린더 추가 팝업 창이 나타나면 [추가]를 클릭합니다.

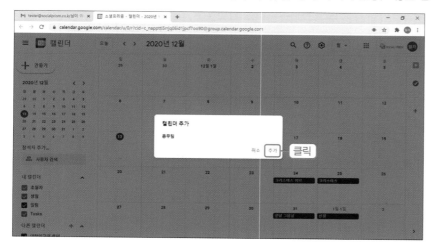

**9** | 공유 사용자는 '다른 캘린더' 항목에 캘린더 목록이 추가된 것을 확인할 수 있습니다.

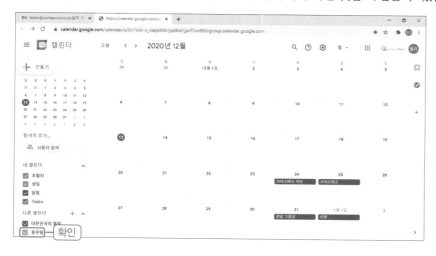

> **잠깐만요** 공유 사용자가 Google Workspace 관리자라면 추가되는 캘린더는 '내 캘린더' 항목에 추가됩니다.

**10** | 캘린더에 공유 일정을 입력하기 위해 [만들기]를 클릭한 후 제목을 입력하고 일시를 설정합니다. 그리고 입력 팝업 창의 📅 항목에서 일정을 공유할 캘린더(여기에서는 '총무팀')를 선택합니다. 필요에 따라 위치, 설명 등의 옵션을 입력한 후 [저장]을 클릭합니다.

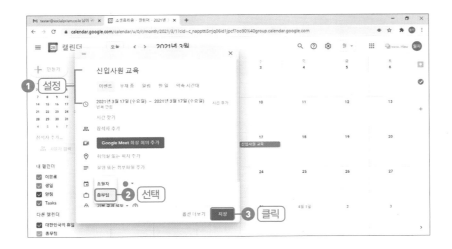

**11** | 공유 캘린더에 추가한 일정은 캘린더 소유자와 공유 사용자가 함께 확인할 수 있습니다. 공유 캘린더의 소유자와 Google Workspace 관리자는 '내 캘린더' 항목에 캘린더가 표시되고, 공유 사용자는 '다른 캘린더' 항목에 캘린더가 표시됩니다.

▲ 공유 캘린더 소유자와 Google Workspace 관리자의 캘린더

▲ 공유 사용자의 캘린더

# 사용자의 리소스 예약

Google Workspace 관리자가 조직의 공유 자원을 등록하면 사용자는 Google 캘린더에서 일정을 입력할 때 공유 자원을 예약할 수 있습니다. 여러 사용자가 같은 일시에 같은 공유 자원을 예약할 수는 없습니다. 조직의 공유 자원을 등록하는 방법은 110쪽을 참고하세요.

**1** | Google 캘린더에서 [만들기]를 클릭한 후 일정 입력 팝업 창 하단에서 [옵션 더보기]를 클릭합니다.

**2** | 일정 세부정보 화면에서 [회의실]을 클릭한 후 Google Workspace 관리자가 등록한 공유 자원 목록에서 원하는 공유 자원을 선택합니다.

**3** | 일정 제목을 입력한 후 시간 등을 설정하고, [저장]을 클릭합니다.

**4** | 해당 일정을 클릭하면 선택한 리소스가 등록된 것을 확인할 수 있습니다.

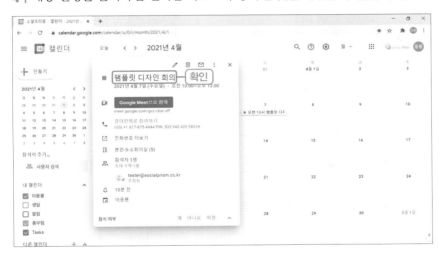

**잠깐만요** 선택하려는 공유 자원을 다른 사용자가 이미 예약했다면 해당 시간에서는 해당 공유 자원을 예약할 수 없습니다.

# 리소스별로 일정 보기

리소스 캘린더를 등록하면 리소스별 전체 예약 시간을 확인할 수 있습니다. 또한, 예약이 비어 있는 시간을 확인하고, 별도 예약할 수 있습니다.

**1 |** 캘린더의 왼쪽에서 '다른 캘린더'의 [+]를 클릭하고, [리소스 찾아보기]를 선택합니다.

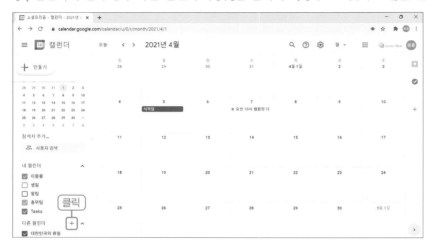

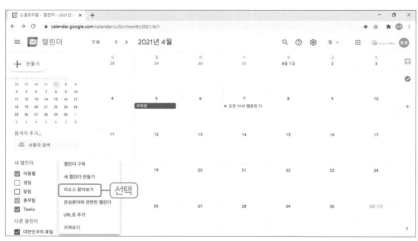

**2** | 캘린더로 등록하고 싶은 리소스(여기에서는 '본관-3-소회의실(5)')를 선택하고, [←]을 클릭합니다.

**3** | '다른 캘린더' 항목에 '본관-3-소회의실(5)' 캘린더가 추가된 것을 확인할 수 있습니다.

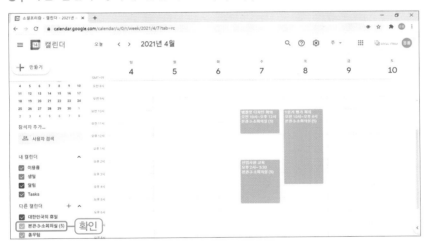

**잠깐만요** '본관-3-소회의실(5)' 캘린더를 보면 어느 직원이 언제 해당 공간을 예약했는지 확인할 수 있습니다. '본관-3-소회의실(5)' 리소스를 사용하는 일정을 등록하려면 일정이 없는 시간대로 리소스를 추가하여 일정을 등록합니다.

# CHAPTER 4

# Google 포토

Google 포토는 사진과 동영상에 특화된 클라우드로 간편하게 원하는 사진과 동영상을 보관할 수 있습니다. 또한, 검색 기능이 강력하여 사용자가 필요한 사진을 쉽게 찾을 수 있습니다.

# Google 포토로 업로드하기

컴퓨터와 스마트폰에서 Google 포토로 원하는 사진과 동영상을 업로드할 수 있습니다. 특히, 직장 프로필을 설정한 Android 기기에서는 개인 계정과 업무 계정을 분리해서 사진을 업로드할 수 있습니다.

## 컴퓨터에서 업로드하기

디지털 카메라로 찍은 사진과 동영상을 내 컴퓨터에서 Google 포토로 간단하게 업로드할 수 있습니다.

**1 |** Google 사이트(google.com)에서 [ :::: ]–[사진]를 선택한 후 개인 사진을 Google 포토에 올리기 위해 [업로드]를 클릭합니다.

**2 |** 업로드 위치에서 [컴퓨터]를 선택합니다.

**잠깐만요** [백업 및 동기화 다운로드]를 선택하면 설치형 프로그램이 다운로드 되며, 폴더를 지정하여 사진을 Google 포토에 업로드할 수 있습니다.

**3** │ [열기] 대화상자에서 업로드하고 싶은 사진을 선택하고, [열기]를 클릭합니다.

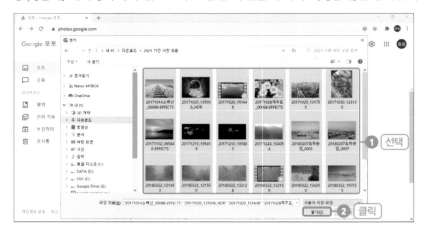

**4** │ Google 포토에서 업로드된 사진을 확인할 수 있습니다.

**전문가의 조언** ● **드래그를 이용한 업로드**

Windows 파일 탐색기에서 여러 사진을 선택한 후 Google 포토로 마우스를 드래그 앤 드롭하면 간단하게 업로드 됩니다.

## 스마트폰에서 업로드하기 ❶계정 전환해 업로드하기

Google Workspace 관리자가 직장 프로필을 설정하지 않으면 하나의 Google 포토 앱에 Google 개인 계정과 업무 계정을 등록수 있습니다. 스마트폰으로 찍은 사진은 두 계정에서 접근할 수 있지만 두 계정 중 한 계정의 Google 포토에만 자동 업로드됩니다. 개인 스마트폰이라면 Google 개인 계정에 자동 업로드 되도록 설정하고, 추가한 업무 계정에는 선택적으로 업로드하는 방법을 추천합니다.

**잠깐만요** 직장 프로필의 자세한 내용은 378쪽을 참고하세요.

**1 |** 스마트폰에서 Google 포토 앱을 실행한 후 오른쪽 상단의 계정을 터치합니다.

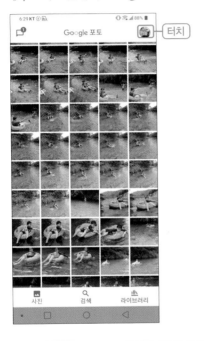

**잠깐만요** Android 기기에는 Google 포토가 기본적으로 설치되어 있습니다. Apple 기기에는 앱스토어에서 추가로 설치합니다.

**2** 설정 창에서 사용하고 있는 계정을 터치한 후 [다른 계정 추가]를 선택하고, 업무 계정으로 로그인합니다.

**3** 업무 계정이 추가되면 해당 계정을 터치하여 계정을 전환합니다. Google 포토에 업로드하고 싶은 사진을 선택하고, [☁]를 터치하면 업무 계정의 Google 포토로 업로드 됩니다. 이렇게 하면 개인 계정의 Google 포토에는 모든 사진이 자동으로 업로드 되는 반면, 추가한 업무 계정에는 사진이 선택적으로 올라갑니다.

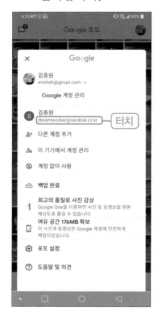  

잠깐만요 ▸ 개인 계정에서 사진을 선택적으로 업로드하고 싶으면 [계정]−[포토 설정]−[백업 및 동기화]를 터치하고, '백업 및 동기화' 항목을 비활성화합니다.

## 스마트폰에서 업로드하기 ❷ 직장 프로필 환경에서 업로드하기

직장 프로필을 사용하면 특정 스마트폰에서 개인 계정 앱과 업무 계정 앱을 따로 사용할 수 있습니다. 직장 프로필이 적용된 Google Play 스토어에서 카메라 앱과 Google 포토 앱을 따로 설치해야 업무 계정의 카메라 앱으로 찍은 사진만 Google 포토로 자동 업로드 됩니다. 직장 프로필의 자세한 내용은 378쪽을 참고하세요.

**1** | 직장 프로필에 적용된 Play 스토어를 통해서 카메라 앱과 Google 포토 앱을 설치합니다. 설치한 카메라 앱으로 사진을 찍습니다.

**2 |** 업무 계정의 Google 포토로 자동 업로드 됩니다. 기본 카메라 앱으로 찍은 사진은 개인 계정의 Google 포토로 자동 업로드 되고, 직장 프로필의 카메라 앱으로 찍은 사진은 업무 계정의 Google 포토로 자동 업로드 됩니다.

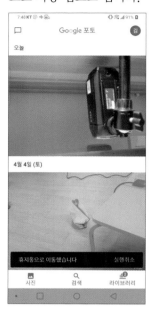

**잠깐만요** 설정에 따라 스마트폰이 와이파이에 연결되어 있을 때만 업로드될 수 있습니다.

---

**전문가의 조언 •** **스마트폰과 컴퓨터의 사진 방식**

업무 계정의 Google 포토에서는 스마트폰과 컴퓨터에서 다른 사진을 보여줍니다. 스마트폰에서는 모든 사진이 나오는 반면, 컴퓨터에서는 선택적으로 업로드한 사진만 보입니다.

# 사진과 동영상 공유

여러 사진과 동영상을 앨범으로 묶어 다른 사용자가 볼 수 있도록 공유할 수 있습니다. 특히, 앨범 링크를 만들어 공유하기 때문에 기존에 사진을 복사본으로 만들어 공유했던 방식에 비해 간편합니다.

**1** | Google 포토에서 공유하고 싶은 사진과 동영상을 선택합니다. 이때, 날짜를 클릭하면 해당 날짜에 찍은 사진 전체를 선택할 수 있습니다.

**2** | 오른쪽 상단에서 [ + ]를 클릭하고, [앨범]을 선택합니다.

**3** | 추가 팝업 창에서 [새 앨범]을 클릭합니다.

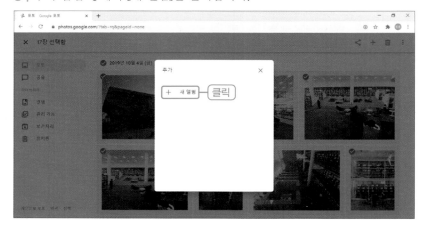

**4** | 앨범 제목을 입력하고, 상단에서 [✓]를 클릭하여 앨범 만들기를 완료합니다.

**잠깐만요** 한 앨범에 사진과 동영상을 20,000개까지 추가할 수 있습니다.

**5** | 앨범 제목이 입력된 화면에서 [⦉]를 클릭합니다.

**6** | 앨범에 초대 팝업 창이 나타나면 '받는 사람' 항목에 다른 사용자 계정을 입력합니다.

잠깐만요 ▶ 많은 사람들에게 공개적으로 공유하려면 [링크 만들기]를 클릭합니다.

**7** | 사용자 계정을 입력한 후 [▷]를 클릭하면 이메일로 앨범이 공유됩니다.

**8** | 공유 사용자가 받은 이메일을 열은 후 [앨범 보기]를 클릭하여 공유된 사진을 확인합니다.

## SECTION 03 여러 사용자의 사진 모으기

여러 사용자가 찍은 사진을 하나의 앨범으로 정리할 수 있습니다. 여행이나 행사에서 함께 찍은 사진을 한 공간에 모으거나 연도별 업무 앨범을 만들어 사진을 관리할 수 있습니다.

**1** 다른 사용자가 공유한 Google 포토 앨범으로 이동한 후 상단에 있는 [🖾]를 클릭합니다.

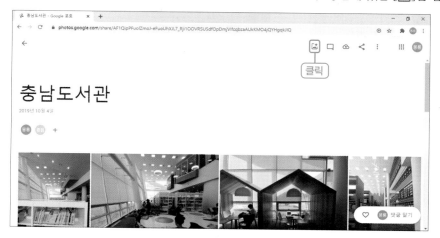

**2** Google 포토에 있는 사진이 나타나면 추가하고 싶은 사진을 선택하고, [완료]를 클릭합니다.

> **잠깐만요** 내 컴퓨터에 있는 사진을 선택하려면 [컴퓨터에서 선택]을 클릭합니다.

**3** | 선택한 사진이 앨범에 추가되고, 사진마다 누가 올린 사진인지 이름이 표시됩니다.

**전문가의 조언 :** **공유 앨범 비활성화**

앨범 소유자는 공유 사용자가 앨범에 사진을 업로드하지 못하게 설정할 수 있습니다.

앨범에서 [⋮]—[옵션]을 선택합니다.

옵션 팝업 창에서 '공동작업'의 활성화 버튼을 비활성화로 변경하고, 창을 닫습니다.

# Google 포토에서 검색하기

Google 포토에 업로드된 사진과 동영상을 다양한 검색어로 찾을 수 있습니다. 또한, 얼굴을 인식하여 사람별로 사진과 동영상을 모아서 볼 수 있습니다.

**1 |** Google 포토의 검색란에 원하는 검색어를 입력합니다.

**2 |** 사진 파일, 동영상 내용, 앨범 이름, 사진에 있는 글자 등을 모두 검색하여 보여줍니다.

**3** | 사람별로 사진과 동영상을 찾을 수 있습니다. 검색란을 클릭한 후 하단에서 [모든 인물 보기]를 클릭합니다.

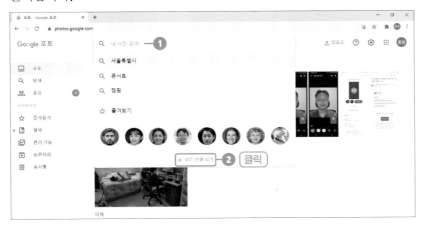

**4** | 보고 싶은 사람의 얼굴을 선택합니다.

**5** | 선택한 사람의 얼굴이 있는 사진과 동영상을 모두 확인할 수 있습니다.

# CHAPTER 5

# Google
# 사이트 도구

Google 사이트 도구에서는 간편하게 웹사이트를 만들어 정보를 공유할 수 있습니다. 일반적인 공개형 웹사이트로도 사용할 수 있지만 Google 문서 도구, 드라이브의 폴더, 지도, 캘린더 등 업무 도구를 삽입할 수 있어 조직 내 인트라넷으로 사용하기에 적합합니다.

# 웹사이트 만들기

웹사이트 제작을 위한 코딩 내용을 몰라도 Google 사이트 도구를 이용하여 웹사이트를 간편하게 제작할 수 있습니다. 특히, Google의 다양한 앱을 사용할 수 있는 기능을 제공합니다.

**1** | Google 사이트(google.com)에서 [ :::: ]–[사이트 도구]를 선택한 후 웹사이트를 만들기 위해 [ ⊕ ]를 클릭합니다.

**2** | 사이트 화면을 구성하기 위해 화면 오른쪽의 [삽입] 탭에서 [지도]를 선택합니다.

**잠깐만요** 텍스트 상자, 이미지, 드라이브, 목차, 버튼, YouTube, 캘린더, 문서 도구 등을 삽입할 수 있습니다.

**3 |** 지도 선택 팝업 창에서 [내 지도] 탭을 클릭한 후 미리 만들어 놓은 지도를 선택하고, [선택]을 클릭합니다.

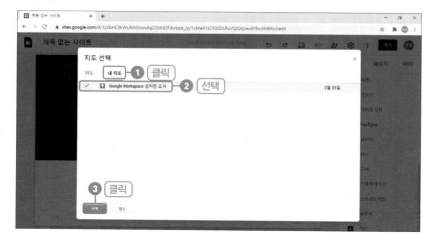

**4 |** 지도가 사이트 페이지에 삽입되면 개체의 크기 조절 핸들을 드래그하여 지도 크기를 조절합니다.

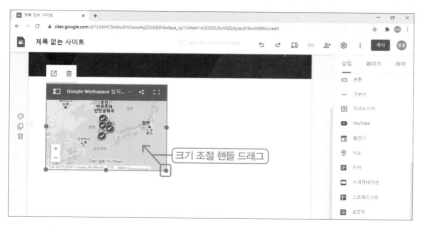

**5 |** 상단의 페이지 제목 입력란에서 원하는 제목을 입력하고, 임의의 글꼴 스타일을 설정합니다.

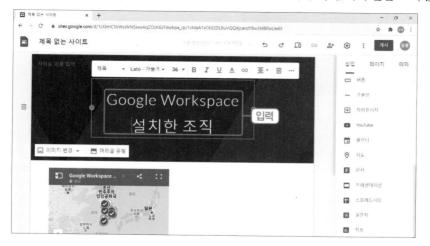

**6** | 새 페이지를 추가하기 위해 [페이지] 탭을 선택하고, 하단에서 [+]를 클릭합니다.

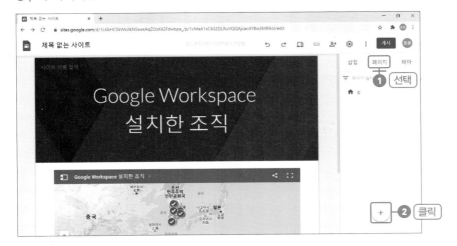

**7** | 새 페이지 팝업 창에서 페이지 이름을 입력하고, [완료]를 클릭합니다.

**8** | 오른쪽 상단에 페이지가 추가되면 두 번째 페이지를 구성하기 위해 [삽입] 탭에서 [문서]를 선택합니다.

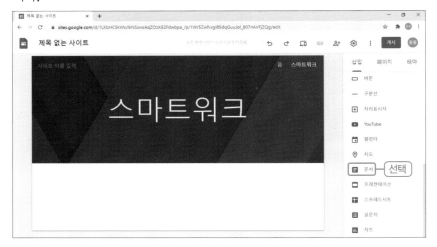

잠깐만요 | 메뉴의 기본은 상단 구성으로 이를 바꿔서 왼쪽에 사이드바로 배치할 수 있습니다. [⚙]를 클릭한 후 '모드' 항목에서 [측면]을 선택합니다.

**9** | 원하는 문서를 찾아 선택한 후 [삽입]을 클릭하고, 문서가 삽입되면 적당한 크기로 조절합니다.

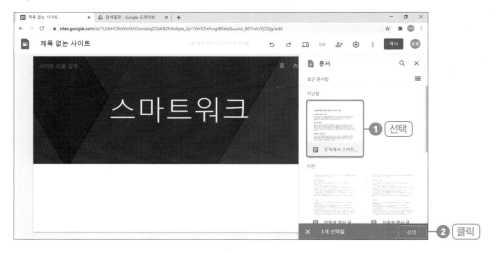

**10** | 웹페이지 구성이 마무리 되면 게시 전 화면이 원하는 대로 구성되었는지 확인하기 위해 상단에서 [🗗]를 클릭합니다.

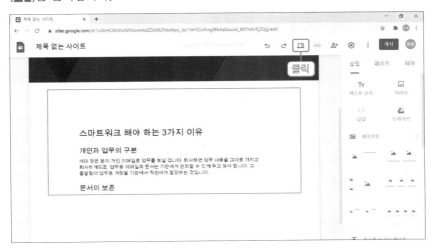

**11** | 게시되는 웹사이트의 미리보기를 볼 수 있으며, 화면 하단에서 [스마트폰], [태블릿], [컴퓨터] 버튼을 클릭하면 기기별 화면 구성을 확인할 수 있습니다. ✖를 클릭하면 다시 수정 화면으로 돌아옵니다.

- [📱(스마트폰)] : 스마트폰에서 볼 수 있는 화면 구성을 미리 확인합니다.
- [▭(태블릿)] : 태블릿에서 볼 수 있는 화면 구성을 미리 확인합니다.
- [🖥(대형 화면)] : 컴퓨터와 같은 대형 기기에서 볼 수 있는 화면 구성을 미리 확인합니다.

# 웹사이트 게시하기

다른 사용자가 웹사이트를 이용할 수 있도록 게시할 수 있으며, 링크 주소를 알고 있는 사람 또는 특정 사용자만 웹사이트를 볼 수 있도록 설정할 수 있습니다.

**1 |** 사이트 도구에서 오른쪽 상단의 [게시]를 클릭합니다.

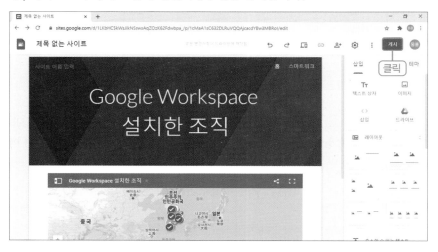

**2 |** 내 사이트 게시 팝업 창의 '웹 주소' 입력란에 원하는 주소를 입력한 후 해당 웹사이트를 이용할 수 있는 사용자를 설정하기 위해 [관리]를 클릭합니다.

**잠깐만요** 웹 주소에는 짧은 주소나 이미 게시된 주소는 입력할 수 없으며, 사용할 수 있는 웹 주소는 입력란 오른쪽에 ⊘ 표시가 나타납니다.

**3 |** 링크로 사이트를 이용하는 사용자에 대한 권한을 설정하기 위해 하단에서 [링크]를 클릭합니다.

잠깐만요 ▶ 특정 사용자에게만 공유하려면 '사용자 및 그룹과 공유' 항목에서 사용자 계정을 입력합니다.

**4 |** 다른 사용자가 사이트를 수정하지 못하도록 '임시' 항목은 [제한됨]을 선택한 후 우리 조직의 사용자만 사이트를 이용하기 위해 '게시된 사이트' 항목은 [(조직 이름)]을 선택합니다. 모든 설정이 마무리되면 [완료]를 클릭합니다.

- **임시** : Google 사이트 도구의 수정 링크를 공유했을 때 수정할 권한을 누구에게 까지 부여할지 설정합니다. 수정 링크는 현재 페이지의 주소 표시줄에 있는 링크로 [제한됨], [(조직명)], [링크가 있는 모든 사용자에게 공개] 중에 선택할 수 있습니다.
- **게시된 사이트** : 웹 주소 링크로 게시된 사이트를 이용할 수 있는 대상 범위를 설정합니다. [제한됨], [(조직명)], [전체 공개], [링크 삭제] 중에 선택할 수 있습니다.

**5 |** 다시 내 사이트 게시 팝업 창이 나타나면 [게시]를 클릭합니다.

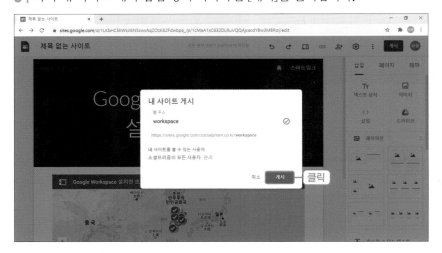

**6 |** [게시]에서 목록 단추를 클릭하고, [게시된 사이트 보기]를 선택합니다.

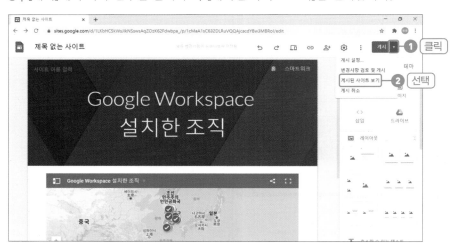

**7 |** 새 탭에서 게시된 사이트를 확인할 수 있으며, 주소 표시줄의 링크를 다른 사용자에게 공유하면 권한에 따라 게시된 사이트를 이용할 수 있습니다.

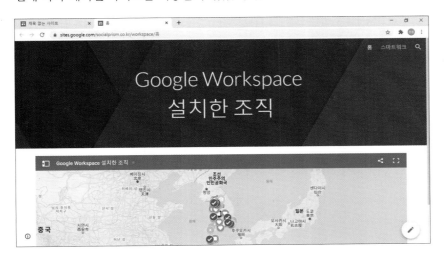

전문가의 조언 **사이트를 수정한 후 다시 게시하는 방법**

사이트를 게시한 후 Google 사이트 도구에서 해당 사이트를 수정해도 게시된 사이트에는 수정 사항이 바로 반영되지 않으므로 수정 후 반드시 [게시]를 클릭합니다. 현재 게시된 버전과 수정된 버전을 비교한 후 수정이 제대로 이루어졌으면 다시 [게시]를 클릭합니다. 이제 게시된 웹페이지에 수정 사항이 반영되어 다른 사용자도 갱신된 웹사이트를 볼 수 있습니다.

# CHAPTER 6

# Google Keep

Google Keep은 간편하게 사용할 수 있는 메모 서비스로 어느 기기에서든 필요한 메모를 작성하고 공유할 수 있습니다. 또한, 라벨 기능으로 같은 주제끼리 분류하여 관리할 수 있습니다.

# Google Keep에 메모 작성하기

Google Keep의 가장 큰 장점은 원하는 메모 내용을 빠르게 작성할 수 있는 신속함과 단순함이라고 할 수 있습니다. 특히, 직관적으로 사용 방법을 이해할 수 있어 빠르게 메모를 남길 수 있습니다.

**1** | Google 사이트(Google.com)에서 [:::]-[Keep]을 선택하고, 메모 작성 입력란을 클릭합니다.

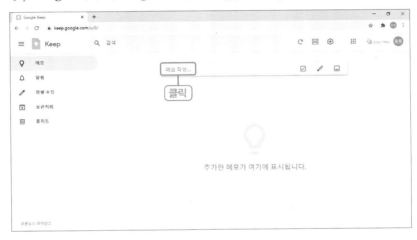

**2** | 메모 제목과 내용을 입력하고, [닫기]를 클릭합니다.

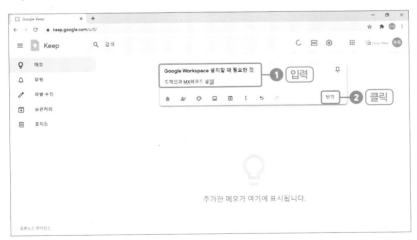

**잠깐만요** 커서가 메모 작성 창에서 벗어나 다른 화면을 클릭하면 메모 내용은 자동으로 저장됩니다.

**3** | 메모가 저장되면서 입력한 내용을 확인할 수 있습니다.

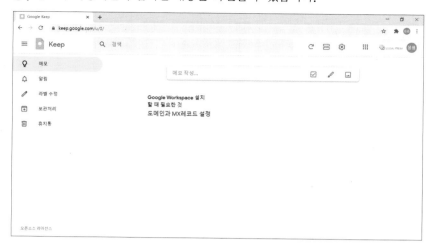

**4** | 같은 계정이 등록된 스마트폰의 Google Keep 앱에서도 같은 메모를 확인할 수 있습니다.

스마트폰의 Google Keep 앱에서 음성을 녹음하면 녹음 파일과 함께 문자가 자동으로 입력되어 나타납니다. 스마트폰의 Google Keep 앱에서 [🎤]을 터치한 후 스마트폰의 마이크에서 녹음하려는 말을 하면 음성이 문자로 변환되어 나타납니다.

컴퓨터의 Google Keep에서도 변환된 문자와 녹음 파일을 사용할 수 있습니다. [▶]를 클릭하면 활성화되는 [오디오 다운로드]를 클릭하여 파일로 다운로드 받을 수 있습니다.

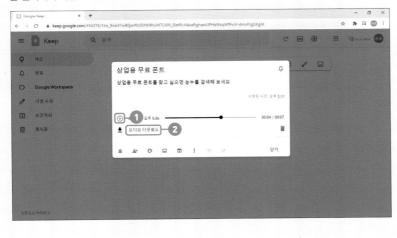

# 메모 분류하기

메모에 라벨을 붙이면 주제별로 분류할 수 있어 메모 관리가 편리합니다. 또한, 사용자의 상황에 따라 메모에 여러 라벨을 붙여서 관리할 수도 있습니다.

**1 |** Keep에서 임의의 메모를 추가한 후 왼쪽에서 [라벨 수정]을 선택합니다.

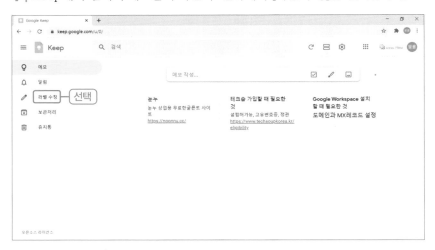

**2 |** 라벨 수정 팝업 창에서 원하는 라벨 이름(여기에서는 'Google Workspace')을 입력하고, [완료]를 클릭합니다.

**3** | 화면 왼쪽에 라벨 이름이 추가된 것을 확인할 수 있습니다.

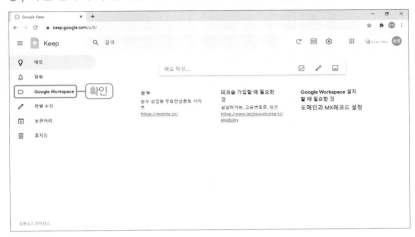

**4** | Google Workspace 라벨로 등록하기 위해 원하는 메모에서 [ ⋮ ]-[라벨 추가]를 선택합니다.

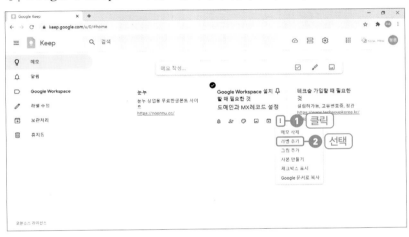

**5** | '메모 라벨 지정' 항목에서 미리 등록한 'Google Workspace' 라벨을 선택하고, [닫기]를 클릭합니다.

**잠깐만요**　메모 라벨 지정 시 여러 라벨을 동시에 선택할 수도 있습니다.

**6** | 해당 메모에 'Google Workspace' 라벨이 등록된 것을 확인할 수 있습니다. 이와 같은 방법으로 다른 메모에도 라벨 등록을 합니다.

**7** | 화면 왼쪽에서 [Google Workspace] 라벨을 선택하면 해당 라벨로 등록된 메모를 확인할 수 있습니다.

Google Keep Chrome 확장 프로그램을 이용하면 방문하는 웹사이트를 신속하게 Google Keep에 저장할 수 있습니다. Google Keep Chrome 확장 프로그램을 Chrome 웹 스토어에서 다운받아 설치한 후 저장하고 싶은 웹사이트에서 마우스 오른쪽 버튼을 클릭하고, [Save to Keep]을 선택합니다.

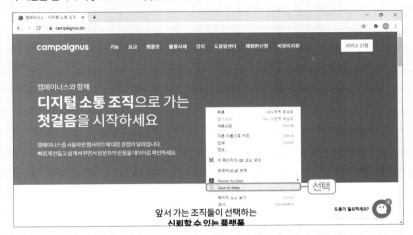

Google Keep 팝업 창에서 저장하고 싶은 제목과 내용을 입력하면 바로 Google Keep에 저장됩니다.

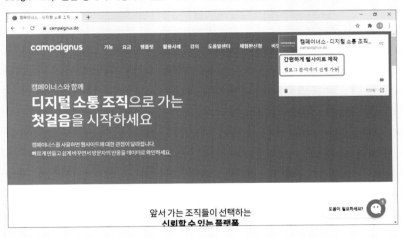

PART 05

# 관리 콘솔 고급 관리

보안 설정, 데이터 이전, 사용자 기기 관리, 직장 프로필 등 관리 콘솔 고급 설정을 다룰 수 있다면 조직 운영에 발생할 수 있는 다양한 상황에 대처할 수 있습니다. 여기에서는 관리 콘솔의 고급 설정과 직접 해결이 어려운 순간, Google 지원팀에 문의하는 방법까지 알아보겠습니다.

# CHAPTER 1

# 관리 콘솔
# 고급 설정

1장에서 사용자 등록과 관리를 중심으로 관리 콘솔의 사용 방법에 대해 살펴보았습니다. 이번 장에서는 Google Workspace의 계정 설정, 보안, 도메인, 데이터 이전 등 관리 콘솔에서 할 수 있는 고급 설정에 대해 알아보겠습니다.

# 계정 설정

계정 설정에서는 조직의 Google Workspace에 관한 기본 설정을 변경할 수 있습니다. 특히, 조직 이름, 언어, 로고, 맞춤 URL, 조직 계정 삭제 등을 조직 상황에 맞게 설정할 수 있습니다.

## 조직 로고 설정

조직의 로고가 일부 Google 앱에 표시되는데 기본적으로 설정된 로고는 Google 로고입니다.

**1** | 관리 콘솔에서 [계정 설정]을 선택한 후 로고를 설정하기 위해 '맞춤설정'을 클릭합니다.

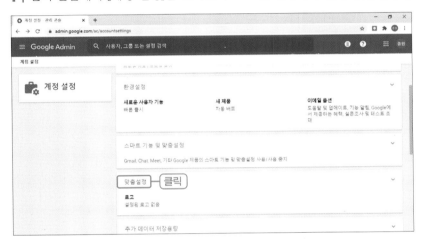

**2** | [업로드할 파일 선택]을 클릭합니다.

**3** | [열기] 대화상자에서 업로드하려는 로고를 선택하고, [열기]를 클릭합니다.

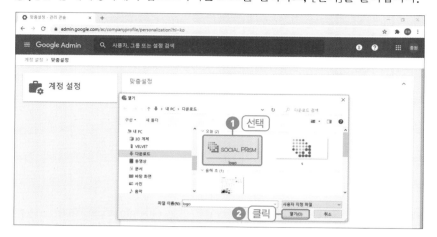

잠깐만요 / 이미지 파일은 최대 320 x 132픽셀의 PNG 또는 GIF 형식이고, 용량은 30KB 이하이어야 합니다. 더 작은 이미지는 320 x 132픽셀로 늘어나므로 비율 왜곡을 피하려면 가로와 세로 비율이 동일해야 합니다.

**4** | 로고가 미리보기 형식으로 나타나면 로고를 확인한 후 [저장]을 클릭합니다.

잠깐만요 / '사용자가 만든 모든 사이트에 이 로고 표시'를 선택하면 Google 사이트 도구로 만든 웹사이트에 로고가 표시됩니다.

**5 |** Google 드라이브, Gmail 등 Google Workspace의 일부 Google 앱에서 로고가 표시됩니다.

> **잠깐만요** 새 로고가 모든 사용자의 Google Workspace 앱에 표시되려면 최대 4일 정도 소요됩니다.

## 조직 계정 삭제

조직에서 Google Workspace를 더 이상 사용하지 않을 경우 Google Workspace를 삭제할 수 있습니다. 모든 사용자 계정과 데이터가 완전히 삭제되면 복원할 수 없으므로 사전에 데이터를 백업하거나 다른 Google Workspace로 이전하는 것이 좋습니다.

**1 |** 관리 콘솔에서 [계정 설정]-[계정 관리]를 선택한 후 Google Workspace Marketplace 앱을 제거하기 위해 [앱을 제거]를 클릭합니다. Google Workspace Marketplace에 관한 자세한 내용은 234쪽을 참고하세요.

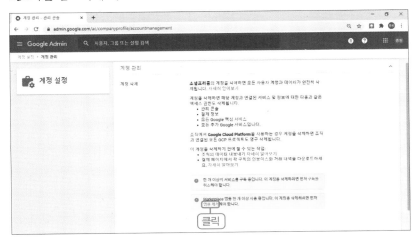

> **잠깐만요** Google Workspace의 조직 계정을 삭제하기 위해서는 사전에 구독중인 서비스와 Marketplace 앱을 삭제해야 합니다. 사용 환경에 따라 설정이 다를 수 있습니다.

**2 |** 도메인에 설치된 Google Workspace Marketplace로 이동하면 목록에서 삭제할 항목을 선택합니다.

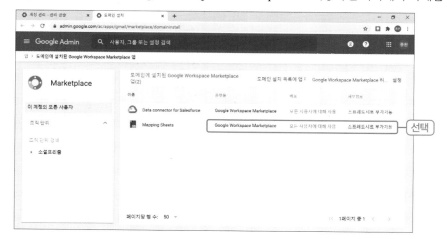

**3 |** 화면 왼쪽에서 [앱 삭제]를 클릭합니다. 동일한 방식으로 모든 앱을 삭제합니다.

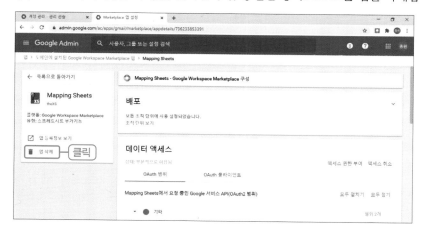

**4 |** 다시 계정 관리로 이동한 후 '한 개 이상의 서비스를 구독 중입니다.' 항목에서 [구독을 취소]를 클릭합니다.

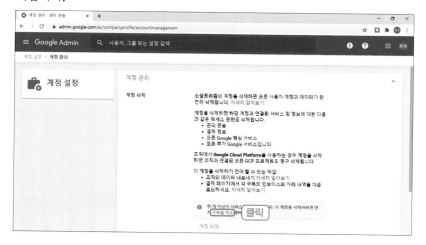

**5** | 관리 콘솔에서 [결제]로 이동한 화면이 나타나면 '구독' 항목에서 'Google Workspace Business Standard'를 선택합니다.

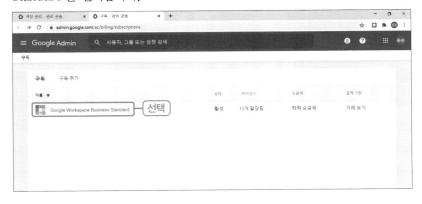

> **잠깐만요**  구독한 Google Workspace 버전에 따라 '구독' 항목에 다른 버전이 나올 수 있습니다.

**6** | 화면 왼쪽에서 [구독 취소]를 클릭합니다.

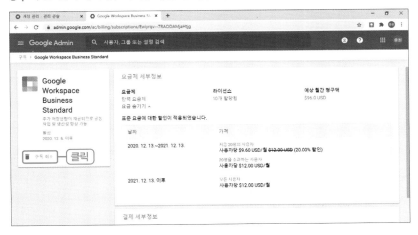

**7** | 모든 작업이 끝나면 관리 콘솔의 '계정 설정'에서 [계정 삭제]를 클릭합니다. 지금까지 이용했던 Google Workspace 구독이 취소되고, 모든 데이터는 삭제됩니다.

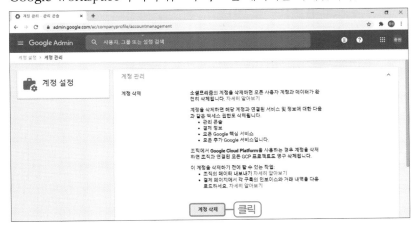

Google Workspace 관리자는 사용자의 보안 설정을 조회하고 관리할 수 있습니다. 사용자에게 비밀번호 정책에 맞는 비밀번호 수준을 요구하거나 2단계 인증 등 고급 보안 정책을 설정할 수 있습니다.

## 비밀번호 관리

**1 |** 관리 콘솔에서 [보안]을 선택한 후 비밀번호 정책을 구성하기 위해 [비밀번호 관리]를 클릭합니다.

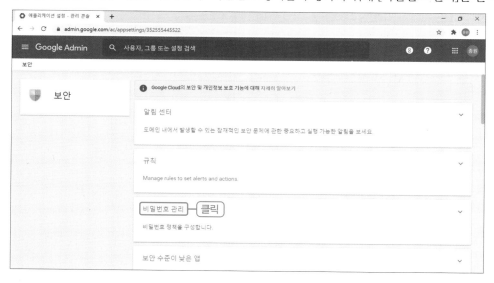

**2** | 각 옵션에서 조직에 필요한 비밀번호 설정을 지정하고, [저장]을 클릭합니다.

- **안전한 비밀번호 적용** : 사용자에게 안전한 비밀번호를 사용하도록 제안합니다. 문자, 숫자, 기호 등의 조합으로 8자 이상을 사용하여 암호를 지정합니다.
- **세션 시간** : 비밀번호의 최소, 최대 길이를 설정합니다.
- **다음 로그인 시 비밀번호 정책 시행** : 사용자가 다음 로그인 할 때 관리자가 설정한 비밀번호 정책이 시행됩니다. 사용자의 비밀번호가 정책을 충족하지 않으면 정책에 맞는 비밀번호를 설정하도록 제안합니다.
- **비밀번호 재사용 허용** : 사용자가 비밀번호를 변경할 때 이전에 지정했던 비밀번호를 다시 사용할 수 있습니다.
- **만료** : 만료일을 설정하면 사용자는 만료일마다 비밀번호를 재설정해야 합니다. '만료일 없음', '30', '60', '90', '180', '365'일 중에서 선택할 수 있습니다.

**비밀번호 모니터링**

관리자는 사용자의 비밀번호 설정 수준을 확인할 수 있습니다. 관리 콘솔에서 [보고서]를 선택한 후 화면 왼쪽에서 '사용자 보고서' 항목의 [보안]을 클릭합니다. 외부 앱 수, 2단계 인증 등록, 2단계 인증 시행, 비밀번호 길이 규정 준수, 비밀번호 안전성 등 보안에 필요한 정보를 한 눈에 볼 수 있는데, 여기에서 사용자 이름을 클릭하면 사용자마다 보안 정책을 설정할 수 있습니다. 자세한 내용은 105쪽을 참고하세요.

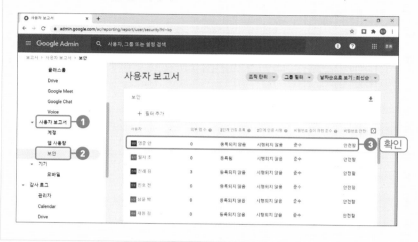

## 2단계 인증

보안을 높이기 위해 조직의 전체 사용자에게 2단계 인증 정책을 강제할 수 있습니다. 2단계 인증 정책을 시행하면 사용자가 로그인할 때 계정과 비밀번호를 입력한 후 Google 메시지, Google OTP, 문자 메시지 등으로 추가 신원 인증을 거쳐야 합니다. 2단계 인증을 사용하면 무단의 액세스로부터 계정을 보호할 수 있으므로 조직의 데이터를 보호하기 위한 가장 효율적인 조치입니다.

관리 콘솔에서 [보안]을 선택하고, '2단계 인증'을 클릭합니다. 각 옵션에서 조직에 필요한 인증을 설정하고, [저장]을 클릭합니다.

**❶ 사용자가 2단계 인증을 사용하도록 허용** : 해당 내용을 선택하면 관리자 설정에 따라 3가지 옵션(사용 안함, 사용, 다음 날짜에 사용 설정)이 나타납니다.

**❷ 사용 안함** : 원하는 사용자만 2단계 인증을 사용할 수 있습니다.

**❸ 사용** : 모든 사용자에게 2단계 인증을 사용하도록 즉시 강제합니다.

**❹ 다음 날짜에 사용 설정** : 날짜를 설정하여 그 날부터 모든 사용자가 2단계 인증을 사용합니다.

**❺ 새 사용자 등록 기간** : 새로 등록된 사용자에게 2단계 인증을 시행하기 전 유예 기간을 줍니다. '없음', '1일', '1주', '2주', '1개월', '3개월', '6개월' 옵션 중에서 선택할 수 있습니다.

**❻ 빈도** : '사용자가 기기를 신뢰하도록 허용'을 선택하면 2단계 인증을 이미 진행한 기기에서는 신뢰할 수 있는 기기로 등록됩니다. 해당 기기에서 재로그인 시 2단계 인증을 진행하지 않습니다.

**❼ 모두** : 보안키, Google 메시지, Google OTP, 백업 코드, 문자 메시지 또는 전화 통화를 포함한 모든 2단계 인증 방법을 사용할 수 있습니다.

**❽ 문자 또는 전화 통화를 통한 인증 코드를 제외한 모든 항목** : 외부 이동 통신사 네트워크를 사용하는 인증 방법은 중간에 정보를 가로채기 당할 수 있기 때문에 2단계 인증 방법 중에 문자와 전화 통화를 제외합니다.

**❾ 보안 키만** : 2단계 인증 방법 중 가장 안전한 방법으로 피싱의 위협으로부터 보호해 줍니다. 하드웨어 보안 키 또는 Titan 보안 키, 휴대전화의 내정 보안 키를 사용합니다.

**2단계 인증 사용하기**

조직의 데이터 보호를 위해 관리자는 2단계 인증을 강제 적용하는 것이 좋습니다. 이를 설정하려면 [사용자가 2단계 인증을 사용하도록 허용]-[사용]/[다음 날짜에 사용 설정]-[모두]-[저장]을 차례로 선택합니다. 그리고 최소한의 설정으로 사용자가 2단계 인증을 사용할 수 있게 하려면 [사용자가 2단계 인증을 사용하도록 허용]-[사용 안함]-[저장]을 차례로 선택합니다. 2단계 인증을 설정한 상태에서 사용자가 로그인하면 같은 계정이 등록되어 있는 휴대 기기에서 다음과 같은 Google 메시지를 받게 되므로 [예]를 터치하여 로그인을 완료합니다.

# 도메인

관리 콘솔의 도메인에서는 크게 2가지를 설정할 수 있습니다. 첫 번째는 기본 도메인 이외에 다른 도메인을 추가하여 복수의 도메인을 해당 조직의 Google Workspace 계정으로 사용할 수 있고, 두 번째는 다른 조직의 Google Workspace와 연결하여 해당 조직과 파일을 공유하면서 공동 작업을 할 수 있습니다.

## 도메인 추가

다른 도메인을 소유하고 있다면 Google Workspace에 추가하여 사용할 수 있습니다. 예를 들어 법인에서 Google Workspace를 가입하고, 산하 조직에게 Google Workspace 계정을 배포할 경우 조직별로 다른 도메인을 할당할 수 있습니다. 또는 사용자의 ID는 같지만 도메인이 다른 계정을 사용할 수 있도록 도메인 별칭 설정을 할 수 있습니다. 도메인 별칭에 관해서는 345쪽을 참고하세요.

**1 |** 관리 콘솔에서 [도메인]을 선택한 후 '도메인 관리'를 클릭합니다.

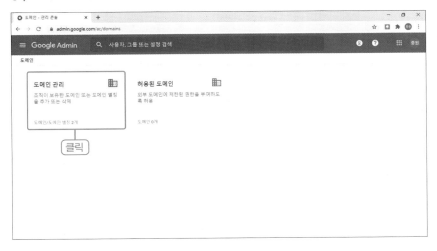

**잠깐만요** 허용된 도메인에 관한 내용은 347쪽을 참고하세요.

**2** │ 도메인 관리 항목에서 [도메인 추가]를 클릭합니다.

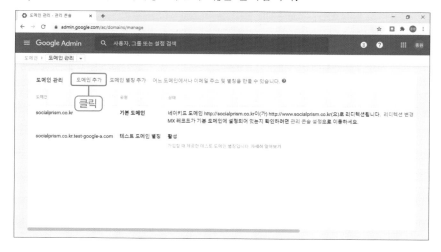

**잠깐만요** 도메인을 추가하는 방법은 Google Workspace를 처음 설치했을 때 도메인 소유권 확인과 MX 레코드 설정 과정과 비슷합니다. 관련된 내용은 39쪽을 참고하세요.

**3** │ 도메인 추가 팝업 창에서 '도메인 이름 입력'에 추가할 도메인을 입력하고, [계속하여 도메인 소유권 확인]을 클릭합니다.

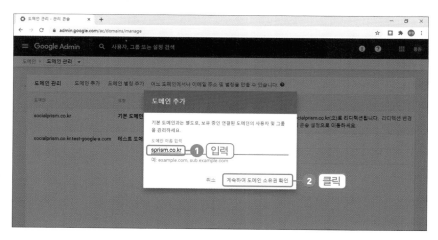

**잠깐만요** 도메인 이름 입력 시 반드시 소유하고 있는 도메인을 입력해야 합니다.

**4 |** 도메인 소유자 확인을 위해 TXT 인증을 해야 한다는 설명이 나타나면 [계속]을 클릭합니다.

**5 |** 확인 코드 추가 항목에서 [복사]를 클릭합니다.

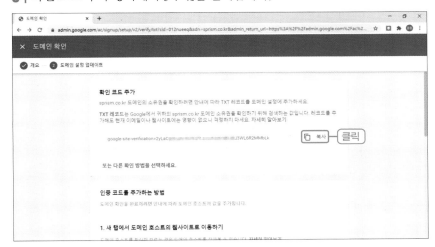

**잠깐만요** 홈페이지 제작업체가 도메인까지 관리한다면 DNS 구성에 필요한 TXT 레코드와 MX 레코드 정보를 홈페이지 제작업체에 전달하여 설정합니다. 자세한 내용은 44쪽을 참고하세요.

**6 |** 소유하고 있는 도메인 공급업체의 웹사이트에서 DNS 레코드를 수정해야 합니다. 가비아를 기준으로 DNS 레코드를 추가하기 위해 'DNS 관리' 페이지에서 [레코드 추가]를 클릭한 후 표 항목에 맞게 정보를 입력하고, [저장]을 클릭합니다.

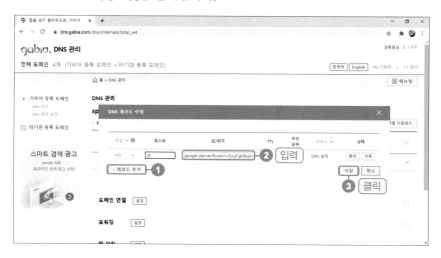

| 타입 | 호스트 | 값/위치 | TTL |
|------|--------|---------|-----|
| TXT | @ | google-site-verification=.......... (복사한 값) | 600 |

**7 |** 다시 Google Workspace 도메인 설정 과정으로 이동한 후 [내 도메인 확인]을 클릭합니다.

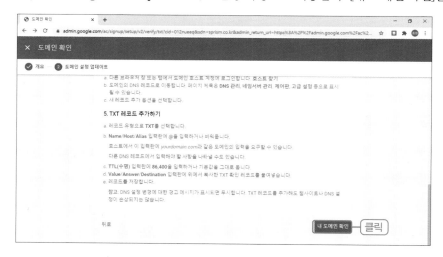

**8 |** 추가한 도메인 상태가 '인증됨'으로 나타나면 도메인에 마우스 포인터를 올려놓고, [Google MX 레코드 설정]을 클릭합니다.

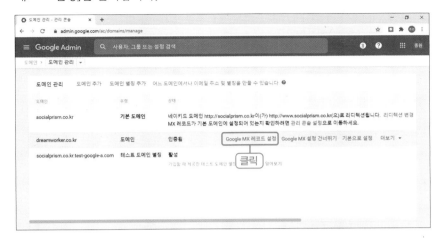

**9 |** '(도메인 주소)의 모든 기존 이메일 주소를 추가함'과 'Gmail에서 (도메인 주소)의 모든 이메일을 받을 준비가 되었습니다.'를 모두 선택하고, [계속]을 클릭합니다.

**10** | 화면 오른쪽에서 스크롤을 하단으로 드래그하면 MX(메일교환) 레코드 설정 방법을 확인할 수 있습니다.

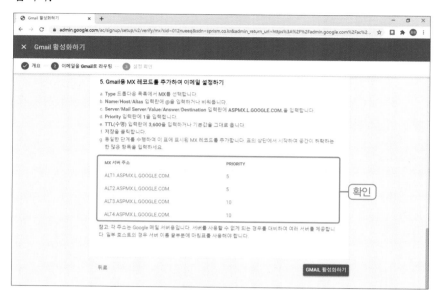

**11** | 다시 소유하고 있는 도메인 공급업체(가비아) 웹사이트의 DNS 레코드 수정에서 [레코드 추가]를 클릭한 후 표에 있는 MX 레코드를 추가하고, [저장]을 클릭합니다.

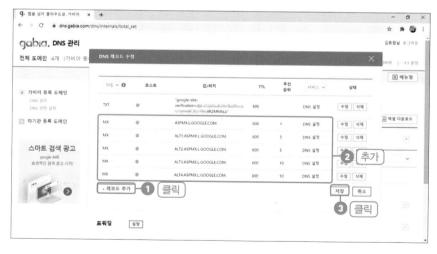

**잠깐만요** 추가한 도메인으로 타사의 이메일 서비스를 사용하고 있었다면 MX 레코드 변경 시 신중하게 진행해야 합니다.

| 타입 | 이름/호스트/별칭 | 값/응답/목적지 | TTL(수명) | 우선순위 |
|---|---|---|---|---|
| MX | 공백 또는 @ | ASPMX.L.GOOGLE.COM | 3,600 | 1 |
| MX | 공백 또는 @ | ALT1.ASPMX.L.GOOGLE.COM | 3,600 | 5 |
| MX | 공백 또는 @ | ALT2.ASPMX.L.GOOGLE.COM | 3,600 | 5 |
| MX | 공백 또는 @ | ALT3.ASPMX.L.GOOGLE.COM | 3,600 | 10 |
| MX | 공백 또는 @ | ALT4.ASPMX.L.GOOGLE.COM | 3,600 | 10 |

**12 |** 다시 Google Workspace 도메인 설정으로 이동한 후 [GMAIL 활성화하기]를 클릭합니다.

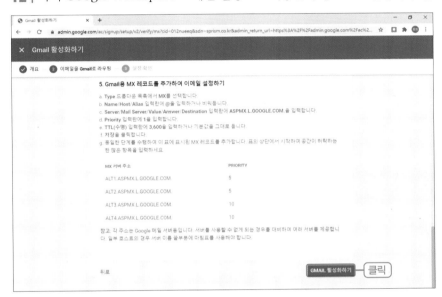

**13 |** 자동으로 MX 레코드 확인 과정이 진행됩니다.

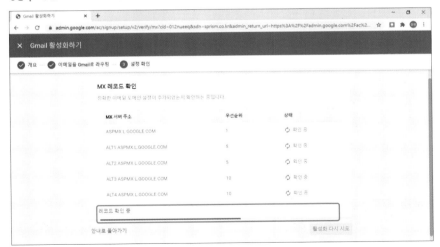

**14** | MX 레코드 확인이 완료되면 추가한 도메인 상태가 '활성'으로 변경된 것을 확인할 수 있습니다.

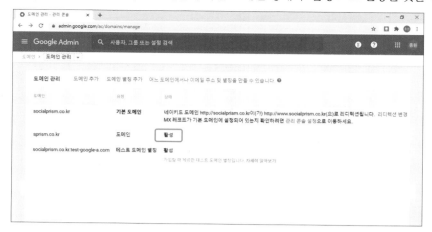

**15** | 도메인 추가 설정을 완료하면 새 사용자 추가 시 추가된 도메인으로 계정을 만들 수 있습니다. 새 사용자 추가에 대한 내용은 75쪽을 참고하세요.

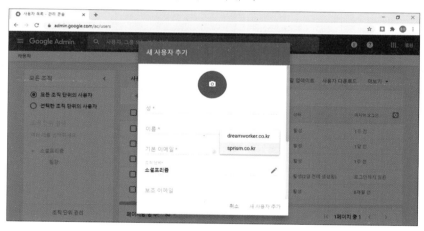

**잠깐만요** 추가된 도메인으로 보조 이메일(이메일 별칭)을 설정할 수 있습니다. 보조 이메일 주소에 관한 자세한 내용은 107쪽을 참고하세요.

## 도메인 별칭 추가

도메인 별칭을 사용하면 sy@your-company.co.kr를 기본 계정으로 사용하는 사용자는 보조 이메일으로 sy@other-company.co.kr의 이메일 주소를 사용할 수 있습니다.

**1** | 관리 콘솔에서 [도메인]-[도메인 관리]를 선택한 후 [도메인 별칭 추가]를 클릭합니다. (도메인 주소)의 도메인 별칭 추가 팝업 창에서 별칭으로 사용한 도메인 주소를 입력하고, [계속하여 도메인 소유권 확인]을 클릭합니다.

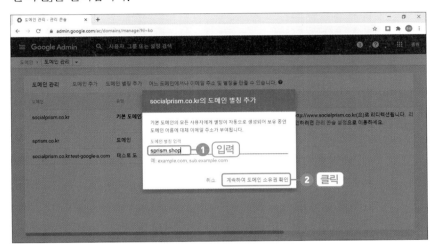

**2** | TXT 인증 설정 화면이 나타나면 앞서 337쪽의 도메인 추가에서 진행한 TXT 레코드, MX 레코드 설정을 진행합니다.

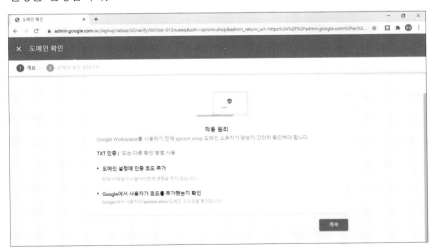

**3** | TXT 레코드와 MX 레코드 설정이 마무리되면 유형에 '(기본 도메인)의 도메인 별칭'이라고 표시됩니다.

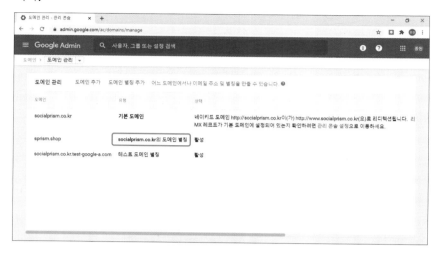

**4** | 추가된 도메인 별칭을 확인하기 위해 관리 콘솔에서 [사용자]−[(사용자 이름)]−[사용자 정보]−[보조 이메일 주소(이메일 별칭)]를 선택하면 기본 도메인 이외에 도메인 별칭으로 보조 이메일이 자동으로 생긴 것을 확인할 수 있습니다.

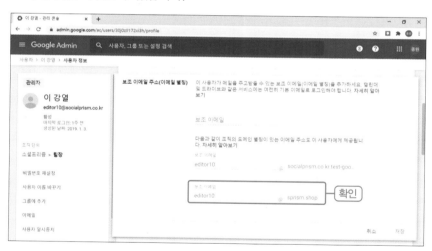

| 도메인 추가 | 도메인 별칭 추가 |
|---|---|
| 산하 조직별로 별도의 도메인을 제공 | 아이디는 같지만 도메인이 다른 보조 이메일 주소를 제공 |
| jw@a-company.co.kr | jw@a-company.co.kr<br>jw@a-nickname.co.kr |
| sy@b-company.co.kr | sy@b-company.co.kr<br>sy@b-nickname.co.kr |
| • 법인에서 다른 산하 조직에게 각 도메인별로 Google Workspace를 사용하도록 나눕니다.<br>• 각 도메인마다 서로 다른 사용자 집합이 존재합니다.<br>• 사용자에게 해당하는 도메인의 Google Workspace 계정이 제공됩니다. | • 각 사용자에게 기본 도메인과 다른 도메인으로 보조 이메일 주소를 제공합니다. 보조 이메일 주소에 대한 자세한 내용은 107쪽을 참고하세요.<br>• 사용자는 두 주소 모두로 이메일을 주고받을 수 있습니다. |

## 허용된 도메인

다른 조직과 긴밀한 협력을 위해 허용된 다른 조직의 Google Workspace와 연결하여 문서를 공유하고 공동 작업을 할 수 있습니다.

**1 |** 관리 콘솔에서 [도메인]을 선택한 후 '허용된 도메인'을 클릭합니다.

**2** | 허용된 도메인에서 [도메인 추가]를 클릭합니다.

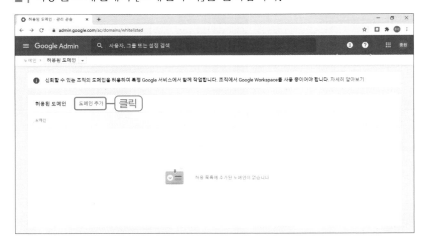

**3** | 도메인 추가에서 다른 조직의 Google Workspace 도메인을 입력하고, [추가]를 클릭합니다.

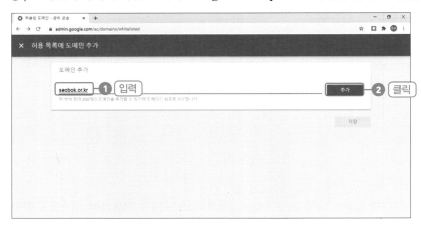

**4** | 도메인 목록에 추가되면 [저장]을 클릭합니다.

**5 |** 허용된 도메인에서 다른 조직의 Google Workspace 도메인이 추가된 것을 확인할 수 있습니다.

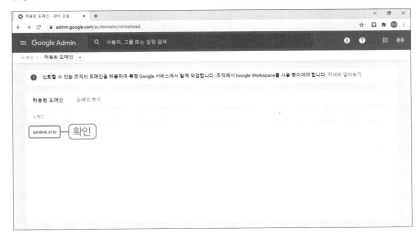

**6 |** 다시 관리 콘솔에서 [앱]–[Google Workspace]–[Drive 및 Docs 설정]–[공유 설정]–[공유 옵션]을 클릭합니다. '허용된 도메인'을 선택하고 [저장]을 클릭하면 해당 직원이 소유한 파일을 허용된 도메인과 공유할 수 있습니다. 공유 옵션에 관한 자세한 내용은 127쪽을 참고하세요.

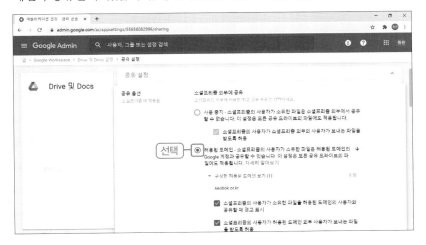

**잠깐만요** 허용된 도메인을 서로 추가해야 두 조직이 파일을 동일하게 볼 수 있습니다. 예를 들어 socialprism.co.kr 도메인의 Google Workspace에서는 공유 옵션에서 '허용된 도메인'으로 seobok.or.kr를 선택하고, seobok.or.kr 도메인에서는 공유 옵션을 '사용 중지'로 선택한 경우 socialprism.co.kr 도메인의 사용자는 seobok.or.kr 도메인 파일에 접근할 수 없습니다.

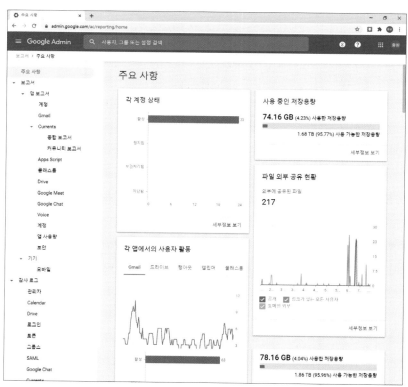

# SECTION 04 보고서

보고서는 크게 보고서와 감사 로그를 제공합니다. 관리자는 보고서를 확인하여 잠재적인 보안 위험을 검토하고 앱 활용 상황을 평가할 수 있으며, 그래프 및 표를 통해 세분화된 사용자 정보와 데이터를 볼 수 있습니다. 또한, 감사 로그에서는 누가 어떤 앱을 어떻게 사용했는지 추적하고, 관리자 활동의 분석 등을 수행할 수 있습니다.

## 보고서 보기

조직원 전체가 Google Workspace 앱을 어떻게 사용하는지 앱, 사용자, 기기별로 그래프와 표를 통해서 확인할 수 있습니다.

**1 |** 관리 콘솔에서 [보고서]-[주요 사항]을 클릭하면 Google Workspace에 대한 총괄적인 통계를 볼 수 있습니다. 화면 왼쪽에서 원하는 항목을 선택하면 기능별로 자세한 분석 결과를 그래프로 확인할 수 있습니다.

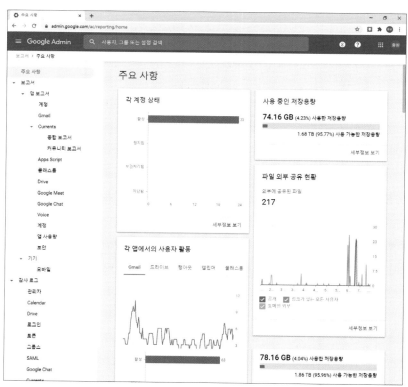

**2** │ 화면 왼쪽에서 [앱 보고서]–[계정]을 선택하면 2단계 인증 등록 및 시행, 비밀번호 길이 규정 준수, 비밀번호 안전성, 사용자 계정 상태, 앱에서 사용한 저장 용량 정보를 그래프로 확인할 수 있습니다.

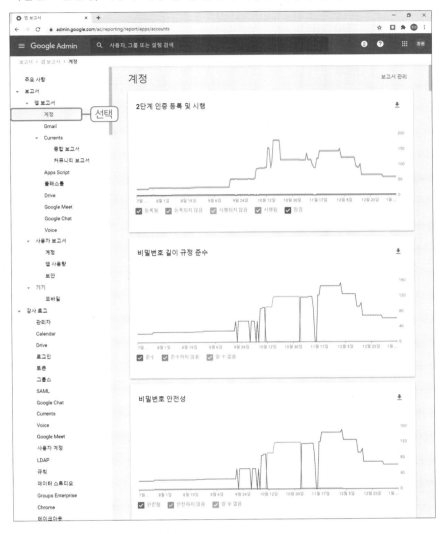

**잠깐만요** 그래프 오른쪽 상단에서 [⬇]를 클릭하면 Google 스프레드시트 문서로 세부 데이터를 볼 수 있습니다.

## 감사 로그 필터링

감사 로그에서는 조직의 사용자 활동을 검토할 수 있으며, 해당 정보를 사용하여 사용자와 관리자를 추적하고 보안을 강화할 수 있습니다. 특히, 필터링으로 원하는 로그만 모아서 확인할 수 있으며 감사 로그의 내용은 수정, 삭제할 수 없어 조작이 불가능합니다.

**1** | 관리 콘솔에서 [보고서]를 선택한 후 [감사 로그]-[Drive]를 클릭하면 Google 드라이브의 모든 감사 로그를 확인할 수 있는데, 여기에서 원하는 로그만 찾기 위해 [필터 추가]를 클릭합니다.

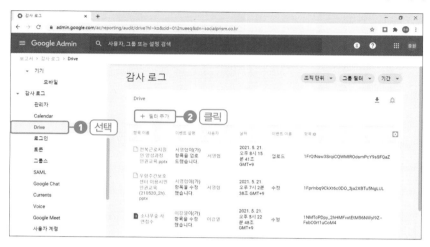

**2** | Google 드라이브에서 '링크가 있는 모든 사용자'로 공개한 설정 항목을 찾기 위해 필터 추가의 목록에서 [이벤트 이름]을 선택합니다.

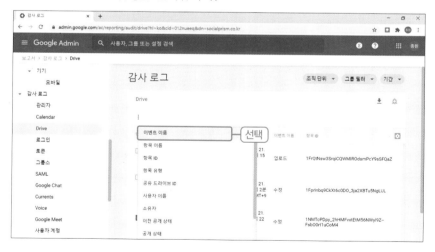

**3** | 이벤트 이름의 목록에서 [링크 공유 공개 상태 변경]을 선택합니다.

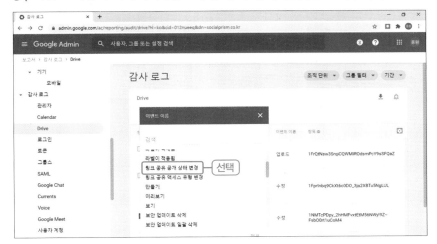

**4** | '받는사람' 항목에서는 [링크가 있는 모든 사용자]를 선택하고, [적용]을 클릭합니다.

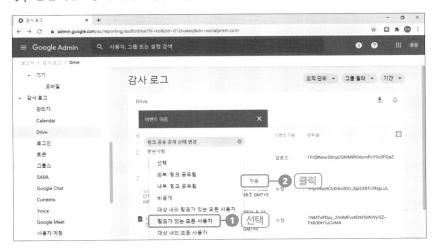

**5 |** 검색 결과 Google 드라이브에서 '링크가 있는 모든 사용자' 권한으로 공유한 파일과 사용자가 모두 검색된 것을 확인할 수 있습니다. 필터를 추가하거나 조직 단위, 그룹 필터, 기간을 설정하면 보다 세분화된 정보를 찾을 수 있습니다.

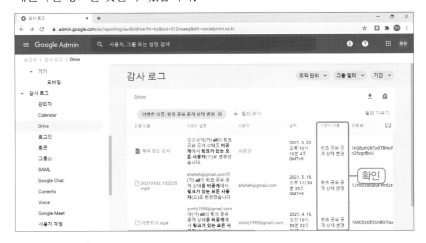

잠깐만요 '감사 로그' 항목에서 [관리자]를 클릭하면 관리자가 관리 콘솔에서 진행한 모든 설정을 확인할 수 있습니다.

## 감사 보고 알림 받기

감사 로그에서 필터를 만들어 상황을 파악하는 방법으로는 문제를 바로 확인하고 대처하기가 어렵습니다. 보안이 의심될 때, 특별한 문제가 있을 때 특정 활동에 대한 경고 알림을 즉시 받아 빠르게 문제를 확인할 수 있습니다.

**1 |** 앞서 Google 드라이브에서 링크 공유 상태가 '링크가 있는 모든 사용자'로 설정된 파일 상태에서 [🔔]을 클릭하면 추후 '링크가 있는 모든 사용자에게 공개'로 설정이 변경되면 관리자가 즉시 알림을 받습니다.

**2** | 보고 규칙 생성 팝업 창의 보고 규칙 이름에 '외부 공개 설정 파일 보고'를 입력하고, [만들기]를 클릭합니다.

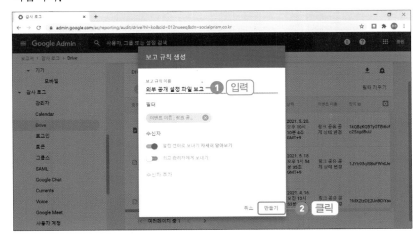

- **알림 센터로 보내기** : 관리 콘솔의 [보안] – [알림 센터]에서 알림 목록을 확인할 수 있으며, 해당 알림을 알림 센터로 보냅니다.
- **최고 관리자에게 보내기** : 최고 관리자 권한이 있는 모든 사용자가 알림 이메일을 받게 됩니다. 최고 관리자에 대한 자세한 내용은 114쪽을 참고하세요.
- **수신자 추가** : 사용자 계정을 입력하면 알림을 받게 됩니다.

**3** | 관리자가 설정한 보고 규칙이 제대로 등록되었는지 확인하기 위해 관리 콘솔에서 [보안]–[규칙]을 선택하면 목록에 추가된 해당 규칙을 확인할 수 있습니다. 그 외의 규칙은 Google이 사용자 보호를 위해 기본적으로 설정해 놓은 규칙입니다.

**잠깐만요** 감사 로그 이벤트에서 알림 만들기의 [목록 보기]를 클릭하면 조직의 관리자가 등록한 보고서 규칙 목록만을 확인할 수 있습니다.

**4 |** 이제부터 사용자가 Google 드라이브에서 파일 공유 권한을 '링크가 있는 모든 사용자에게 공유'로 설정하면 알림 센터에서 알림을 받게 됩니다. 관리 콘솔에서 [보안]−[알림 센터]를 클릭하면 알림 목록을 확인할 수 있습니다. 알림 내용을 자세히 보기 위해 [보고 규칙]을 클릭합니다.

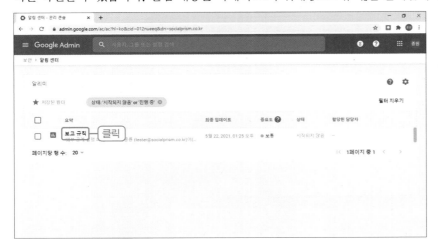

**5 |** 요약, 날짜, 이벤트 설명, 문서 제목, 감사 로그 소스 등의 주요 세부정보를 확인할 수 있습니다.

> **잠깐만요.** '감사 로그'에서는 다양한 필터를 제공하고 있어 사용자의 모든 일거수일투족을 확인할 수 있습니다. 그러므로 자율성과 보안이라는 균형을 고려하여 설정하는 것이 중요합니다.

보고 규칙 생성 팝업 창에서 '최고 관리자에게 보내기'를 활성하거나 '수신자 추가'에 사용자 계정을 입력하면 보고 규칙 알림을 이메일로 받을 수 있습니다.

# 이메일 로그 검색

관리자는 도메인 내 이메일 전송 로그를 조사하여 메일의 전송 상태를 확인할 수 있습니다. 이메일 로그는 스팸으로 분류되거나 기타 잘못 라우팅되어 누락된 메일을 추적하는 데 유용하며, 메일의 전송 상태를 추적하는 것 외에 사용자의 Gmail 편지함으로 전송된 메일의 현재 상태를 조사할 수도 있습니다.

**1 |** 조직에서 받은 모든 메일을 확인하기 위해 관리 콘솔에서 [보고서]-[이메일 로그 검색]을 선택합니다. 날짜 항목에서 '7일'을 선택하고, 수신자 항목에서 조직의 도메인(예 : socialprism.co.kr)을 입력한 후 [검색]을 클릭합니다.

- **날짜** : 오늘, 어제 이후, 지난 7일, 범위 지정, 30일 이상으로 설정할 수 있습니다. 30일이 지난 메일의 검색 결과에서는 전송 후 메일의 세부정보만 표시됩니다.
- **발신자** : 발신자의 이메일 주소 전체 또는 일부를 입력합니다. 특정 이메일만 검색하려면 이메일 주소를 따옴표로 묶습니다(예 : "you@company.co.kr"). 그룹 이메일 주소로 발송된 이메일을 검색하려면 메일 ID로 검색합니다.
- **수신자** : 수신자의 이메일 주소 전체 또는 일부를 입력합니다. 수신자를 그룹 주소로 검색하면 개별 그룹 회원에게 전송된 메일은 표시되지 않습니다.
- **발신자 IP 또는 수신자 IP** : IP 주소를 입력하되 정확한 발신자 또는 수신자의 IP 주소를 입력하지 않으면 검색이 제대로 이루어지지 않습니다.
- **제목** : 이메일의 제목을 입력하되 제목에는 정확한 텍스트(대소문자를 구분하지 않음)를 포함해야 합니다.
- **메시지 ID** : 메일 헤더에 있는 고유한 메일 식별자를 입력합니다. 메일 ID와 함께 날짜/시간 범위를 지정하면 메일 ID에서 날짜와 시간 범위를 재정의하여 범위를 벗어난 검색 결과를 보여줍니다.

**2 |** 하단에 나타난 검색 결과에서 자세히 보고 싶은 메일 제목(또는 메일 ID)을 클릭합니다.

**잠깐만요** 검색 결과는 경우에 따라 1분~1시간까지 걸릴 수 있으며, 1,000개의 메일로 제한됩니다.

**3 |** 메일 세부정보, 수신자 세부정보, 전송 후 메시지 세부정보 등을 확인할 수 있지만 메일 본문은 확인할 수 없습니다. 수신자 세부정보와 전송 후 메시지 세부정보를 확인하려면 각 항목에서 [∨] 를 클릭합니다.

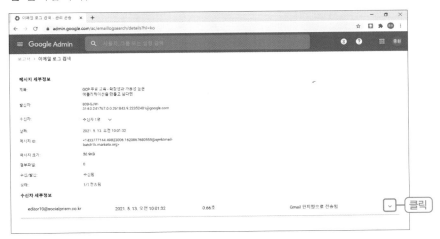

- **메시지 세부정보** : 메일 제목, 발신자, 수신자, 날짜 등의 정보를 확인합니다.
- **수신자 세부정보** : 메일의 수신 기록을 확인하며, 이메일 주소를 클릭하면 이메일 전송 단계가 펼쳐집니다. 각 단계마다 날짜/시간 및 전송 상태가 표시됩니다.
- **전송 후 메시지 세부정보** : 수신자 세부정보 항목에서 [∨]를 클릭하면 각 수신자의 전송 후 메일 상태를 확인할 수 있습니다. 사용자 편지함의 메일 상태를 보여주거나 메일의 삭제 여부를 알 수 있습니다.

# 데이터 이전

다른 서비스를 이용하고 있는 사용자 이메일을 조직의 Google Workspace 계정으로 이전할 수 있습니다. 데이터 이전 작업을 하려면 최고 관리자 권한이 있는 사용자로 진행해야 하는데 설정이 간단하고 대부분의 메일 서버와 연결할 수 있습니다.

## 다른 조직의 Google Workspace 계정에서 이메일 이전하기

다른 조직의 Google Workspace 계정에서 원하는 조직의 Google Workspace 계정으로 이메일을 이전할 수 있습니다.

**1 |** 관리 콘솔에서 [데이터 이전]을 선택한 후 '데이터 이전 설정'을 클릭합니다.

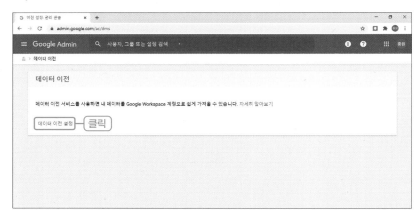

**2 |** 소스 연결 설정을 구성하기 위해 '이전 원본'에서 [Google Workspace]를 선택하고, [시작 시간]을 클릭합니다.

**3** | '이전 시작일'에서 [지난 1년]을, '이전 옵션'에서 원하는 옵션을 각각 선택한 후 [사용자 선택]을 클릭합니다.

- **이전 시작일** : 오래된 이메일을 이전하지 않을 경우 지정하며 '지난 1년', '지난 6개월', '지난 3개월', '지난 1개월', '맞춤 날짜' 중에서 선택할 수 있습니다. 최근 날짜의 메일부터 이전됩니다.
- **삭제한 메일 이전** : 삭제한 메일까지 이전합니다.
- **스팸메일 이전** : 스팸메일을 이전합니다.
- **이전 시 다음 폴더(쉼표로 구분한 목록) 제외** : 특정 Gmail의 라벨 이름을 입력하여 라벨 내 이메일이 이전되지 않게 하고, 쉼표로 구분된 목록으로 라벨을 지정합니다(예 : 보낸편지함, 내폴더, 전체보관함). 주의할 점은 쉼표로 구분된 목록에 '전체보관함'을 추가해야 합니다. 그렇지 않으면 메일 이전에서 제외하려는 라벨이 지정되더라도 전체보관함 라벨로 지정되어 있는 경우에는 이전됩니다.

**4** | 사용자 이전에 관한 설정이 마무리되면 사용자를 선택하기 위해 [사용자 추가]를 클릭합니다.

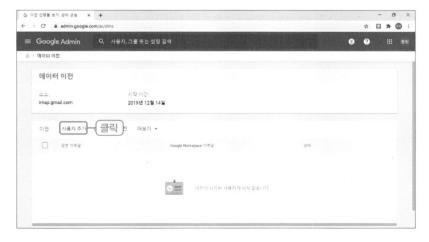

**5** | 이전 시작 팝업 창에서 '원본 이메일'에는 기존 이메일 주소를, '비밀번호'에는 기존 이메일 주소의 비밀번호를 각각 입력합니다.

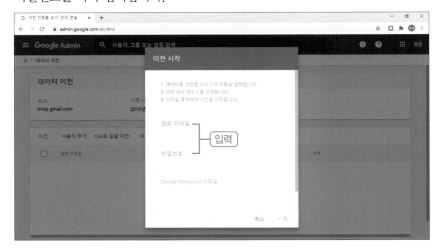

**6** | 'Google Workspace 이메일'에는 이전 받을 Google Workspace 이메일 주소를 입력하고, [시작]을 클릭합니다.

잠깐만요 ▶ 이전을 진행하기 전에 이전 받을 Google Workspace 계정을 사전에 등록해야 합니다. 계정 등록에 대한 자세한 내용은 75쪽을 참고하세요.

**7 |** 데이터 이전에 목록이 추가되면서 자동으로 이전이 시작되는데, 메일 양에 따라 몇 분에서 몇 시간이 걸릴 수 있습니다.

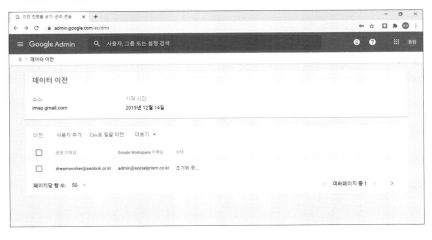

잠깐만요 ▶ 동시에 다른 사용자도 데이터 이전을 하려면 [사용자 추가]를 클릭합니다.

**8 |** 데이터 이전 작업이 마무리되면 '상태' 항목이 '완료'로 변경됩니다. 데이터 이전을 종료하거나 다른 방식으로 데이터 이전을 진행하려면 [더보기]-[이전 종료]를 선택합니다.

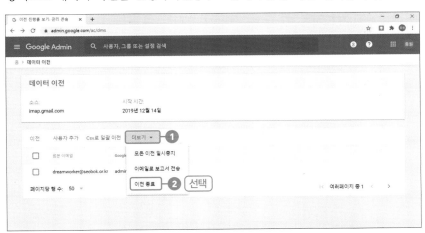

**9 |** 이전 받는 계정의 Gmail을 확인하면 다른 조직의 계정에서 수신 받은 이메일을 확인할 수 있습니다.

**전문가의 조언 : 데이터 이전 서비스가 가능한 환경**

기존 환경이 아래의 목록에 있는 경우 데이터 이전 서비스를 사용하여 이메일을 이전할 수 있습니다. 일부 서비스에서는 연락처와 캘린더 정보를 이전할 수 있습니다.

- Microsoft® Exchange Server 2003, 2007, 2010, 2013, 2016 또는 Exchange Online(Office 365®)
- IMAP 프로토콜을 사용하는 웹 메일 제공업체(예 : 1&1 IONOS®, AOL®, Apple® iCloud®, Bluehost®, Yahoo!®, Zoho®)
- 다른 Google Workspace 계정 또는 개인 Gmail(@gmail.com) 계정

## 개인 Gmail 계정에서 이메일 이전하기

Google 개인 계정에 있는 이메일을 Google Workspace 계정의 Gmail로 이전할 수 있습니다.

**1 |** 관리 콘솔에서 [데이터 이전]을 선택한 후 '데이터 이전 설정'을 클릭합니다.

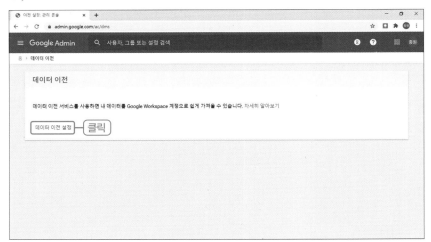

**2 |** 소스 연결 설정을 구성하기 위해 '이전 원본'에서 [Gmail]을 선택하고, [시작 시간]을 클릭합니다.

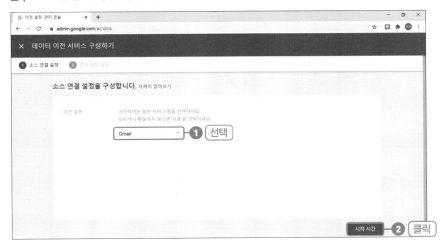

**3 |** '이전 시작일'과 '이전 옵션'에서 필요한 옵션을 각각 선택하고, [사용자 선택]을 클릭합니다. 옵션에 대한 자세한 내용은 361쪽을 참고하세요.

**4** | 데이터 이전에서 사용자를 선택하기 위해 [사용자 추가]를 클릭합니다.

**5** | 이전 시작 팝업 창에서 '원본 이메일'에 Google 개인 계정을 입력하고, [승인]을 클릭합니다.

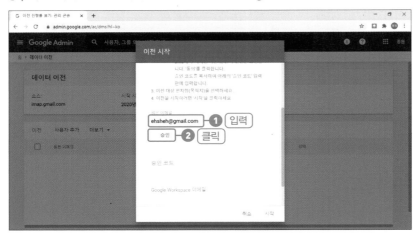

**6** | 로그인 화면에서 이메일 계정과 비밀번호를 차례로 입력하고, [다음]을 클릭합니다.

**7** | Google Workspace Data Migration Service가 작업을 할 수 있도록 권한을 부여하기 위해 [허용]을 클릭합니다.

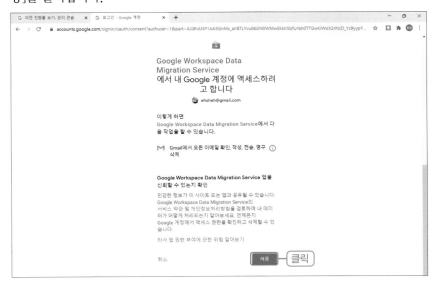

**8** | 코드가 생성되면 [🗐]를 클릭하여 코드를 복사합니다.

**9 |** 이전 시작 팝업 창에서 '승인 코드'에 복사한 코드를 붙여넣고, 새 Google Workspace 계정을 입력한 후 [시작]을 클릭합니다.

**10 |** 데이터 이전 목록에 이전 정보가 나타나면서 진행 과정을 확인할 수 있습니다. 이메일 이전이 완료되면 [더보기]-[이전 종료]를 선택합니다.

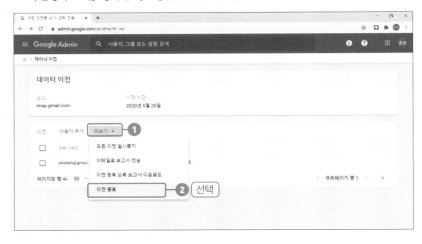

**11 |** Google Workspace 계정의 Gmail에서 이전된 메일을 확인할 수 있습니다.

Google Workspace의 도움말을 검색하거나 직접 Google 지원팀에 전화, 메일 등으로 필요한 내용을 문의하여 도움을 받을 수 있습니다.

## 도움말 검색하기

Google Workspace에 대한 정보는 도움말에서 키워드를 중심으로 검색하면 대부분의 정보를 찾을 수 있습니다.

**1** | 관리 콘솔에서 [지원]을 선택하거나 오른쪽 상단에서 [?]를 클릭합니다.

**2** | 도움말 어시스턴트 팝업 창에서 [도움말을 검색하세요.]를 클릭한 후 검색어 입력란에 정보를 입력하고, (Enter)를 누르면 원하는 정보를 찾을 수 있습니다.

## Google 지원팀에 전화로 문의하기

도움말에서 원하는 정보를 찾을 수 없을 때는 Google 지원팀에 전화로 문의할 수 있습니다.

**1** | 도움말 어시스턴트 팝업 창에서 [지원팀에 문의]를 클릭합니다.

**잠깐만요**   Google Workspace를 리셀러를 통해 구입했다면 [(리셀러)에 문의]라는 버튼이 나타납니다. Google 지원팀에 문의하고 싶으면
[Google 지원팀]을 클릭합니다.

**2** | '문제를 설명해 주세요.' 입력란에 필요한 정보를 입력하고, [ ➤ ]를 클릭합니다. 관련 정보가 검색
되더라도 [도움이 되지 않았으며 지원팀에 문의]를 클릭합니다.

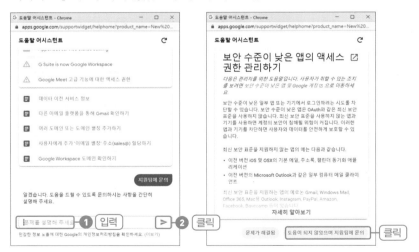

**3** | '전화'를 선택하고 [계속]을 클릭한 후 '080-578-0880'으로 전화를 겁니다. 통화가 연결되면 PIN 번호를 입력한 후 Google 지원팀과 통화가 진행됩니다. 상황에 따라서는 Google Meet로 내 화면을 보면서 설명을 해줄 때도 있습니다. Google Meet에 대한 자세한 내용은 267쪽을 참고하세요.

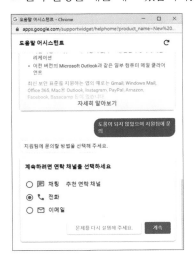 

> **잠깐만요** ▶ 평일(공휴일 포함) 오전 9시~오후 12시 사이에 지원팀으로 전화를 걸면 한국 담당자가 전화를 받지만 그 외 시간에 전화를 걸면 외국 담당자와 영어로 상담을 해야 합니다.

---

**전문가의 조언** : **관리자 외 사용자의 도움말 검색**

관리 콘솔에서 관리자 외 사용자는 도움말 어시스턴트를 이용할 수 없습니다. 사용자는 Google 검색란에서 "구글 워크스페이스 (검색어)"를 입력하면 Google Workspace 도움말을 쉽게 찾을 수 있습니다. 사용자는 Google 지원팀에 원하는 내용을 직접 문의할 수 없기 때문에 Google Workspace 관리자를 통해서 진행해야 합니다.

# CHAPTER 2

# 기기 관리

Google Workspace 서비스를 사용하는 개인 기기 및 회사 소유 기기에 액세스 권한을 부여하면 안전하게 업무를 처리할 수 있습니다. 이외에도 휴대 기기에 업무용 앱을 배포하거나 개인용 앱과 업무용 앱을 분리 사용하는 직장 프로필을 설정할 수 있습니다.

# 휴대 기기 관리

조직의 Google Workspace 서비스를 사용하는 기기 목록을 살펴보고, 상황에 맞게 관리할 수 있습니다. 보안이 의심될 때는 관리자가 원격으로 기기 연결을 차단할 수 있습니다.

**1** | 관리 콘솔에서 [기기]를 선택한 후 관리할 수 있는 기기 유형이 나타나면 [휴대 기기]를 클릭합니다.

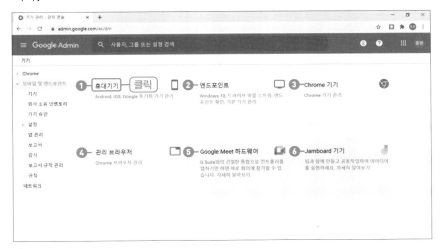

❶ **휴대 기기** : Google Workspace 서비스를 사용하는 Android, iOS 기기를 관리합니다.

❷ **엔드포인트** : Google Workspace 서비스를 사용하는 Chrome 웹 브라우저를 통해서 컴퓨터 정보를 확인하고, 관리합니다.

❸ **Chrome 기기** : 조직 소유의 Chrome OS 기기를 관리합니다.

❹ **관리 브라우저** : 조직 소유의 Windows, Mac OS, Linux 기기에서 Chrome 브라우저 관리합니다.

❺ **Google Meet 하드웨어** : 조직 소유의 Google Meet 하드웨어 시스템을 관리합니다.

❻ **Jamboard 기기** : 조직 소유의 Jamboard 기기를 관리합니다. Jamboard는 토론(토의)하면서 공동으로 작업하기 위해 Google에서 만든 스마트 칠판입니다.

**2 |** Google Workspace 서비스를 이용하는 휴대 기기와 사용자, OS, 마지막 동기화 시간 등을 확인할 수 있습니다. [⋮]를 클릭하면 세부 설정이 가능합니다.

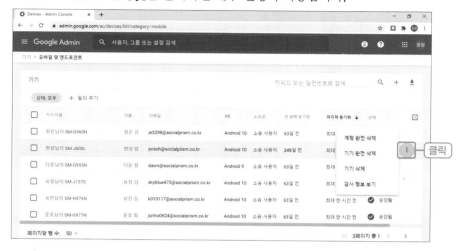

**잠깐만요** 목록 상단에 [필터 추가]를 클릭하면 '관리 수준', '이동통신사', '보안 침해 상태' 등으로 검색하여 해당 목록을 확인할 수 있습니다.

- **계정 완전 삭제** : 휴대 기기에서 Google Workspace 계정을 사용한 앱과 데이터를 삭제합니다. 사용자가 퇴사한 경우 사용자 기기의 업무용 앱과 데이터를 삭제하기에 적합합니다.
- **기기 완전 삭제** : 직장 프로필을 사용한 경우 Google Workspace 계정을 사용한 앱과 데이터를 삭제하고, 직장 프로필을 사용하지 않는 경우 휴대 기기를 초기화합니다. 휴대 기기를 분실 또는 도난 당했을 때 사용하기에 적합합니다. 기본 모바일 설정에서는 해당 옵션이 나오지 않습니다. 기본 모바일 설정에 대한 자세한 내용은 376쪽을 참고하세요.
- **기기 삭제** : 일시적으로 휴대 기기에 업무 데이터를 동기화하지 않으려면 기기 목록에서 해당 기기를 삭제합니다. 기기는 기기 목록에서 삭제되고 대부분의 경우 사용자가 다시 로그인할 때까지 데이터가 동기화되지 않습니다. 일반적으로 기기 목록에서 기기를 삭제해도 업무 데이터는 삭제되지 않습니다.
- **감사 정보 보기** : 기기의 ID를 기준으로 감사 로그를 확인할 수 있습니다.

## 계정 완전 삭제와 기기 완전 삭제의 비교

| 기기 유형 | 계정 완전 삭제 | 기기 완전 삭제 |
|---|---|---|
| 직장 프로필을 설정한 개인 Android 기기 | Google Workspace 계정과 관련된 모든 앱과 데이터를 삭제합니다. 개인 앱과 데이터는 삭제되지 않습니다. | |
| 직장 프로필을 설정하지 않은 개인 Android 기기 | Google Workspace 계정과 관련된 모든 앱과 데이터를 삭제합니다. Google Workspace 계정과 관련된 모든 앱과 데이터를 삭제합니다. 개인 앱과 데이터가 삭제되지 않지만 기기가 완전 관리 모드로 설정되고 Google Workspace 계정이 다시 추가되면 기기에서 모든 앱이 삭제됩니다.<br><br>참고 : Android 5.1 Lollipop 이상인 경우 기기에 계정이 하나이면 해당 계정은 삭제할 수 없습니다. 계정을 완전히 삭제하면 새 업무 데이터의 동기화는 중지되지만 기기에서 기존 데이터 및 Google Workspace 계정은 삭제되지 않습니다. 계정과 기존 데이터를 삭제하려면 기기에서 모든 데이터를 초기화합니다. | 기기가 초기화됩니다. SD 카드가 있는 기기에서는 SD 카드의 데이터도 삭제됩니다.<br><br>참고 : SD 카드에서는 보안 삭제가 아닌 빠른 삭제를 수행합니다. 마운트된 기본 SD 카드만 초기화되며, 읽기 전용 카드는 초기화되지 않습니다. |
| 회사 소유 Android 기기 | Android Device Policy 기기 : 기기가 초기화됩니다. Google Workspace 및 개인 데이터가 모두 삭제됩니다.<br>Google Apps Device Policy 기기 : Google Workspace 계정은 삭제되지만 개인 앱과 데이터는 삭제되지 않습니다. 하지만 기기가 완전 관리 모드로 설정되고 Google Workspace 계정이 다시 추가되면 기기에서 모든 앱이 삭제됩니다. | 기기가 초기화됩니다. |
| Google Workspace용 iOS 동기화를 사용하는 개인 iOS 기기 | Google Workspace 계정과 관련된 모든 앱과 데이터를 삭제합니다. 개인 앱과 데이터는 삭제되지 않습니다. | 기기가 초기화됩니다. |
| 회사 소유 iOS 기기 | 기기가 초기화됩니다. | |
| Google Workspace용 Google 동기화를 사용하는 개인 iOS 기기 | 지원하지 않습니다. | 기기가 초기화됩니다. |

# 모바일 관리 설정

Google Workspace를 사용하는 휴대 기기에 대해 기본 관리와 고급 관리 중에서 선택할 수 있으며, 기기 유형에 맞게 관리를 맞춤 설정할 수도 있습니다. 관리 수준별로 서로 다른 기능이 제공됩니다.

**1|** 관리 콘솔에서 [기기]를 선택한 후 '모바일 및 엔드포인트' 항목의 [설정]−[범용 설정]을 클릭합니다.

**2|** 범용 설정에서 [일반]을 클릭합니다.

**3 |** '일반' 항목에서 [모바일 관리]를 클릭합니다.

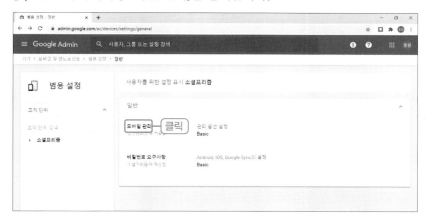

**4 |** '모바일 관리' 항목에서 원하는 옵션을 선택하고, [저장]을 클릭합니다.

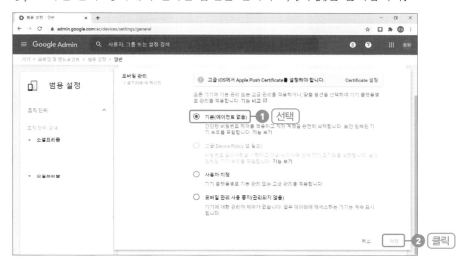

- **기본(에이전트 없음)** : 화면 잠금 또는 비밀번호를 설정하여 기기를 보호하고, 관리자가 원격에서 기기를 초기화할 수 있으며, Android 기기에서 앱을 관리합니다. 기본적으로 설정되어 있는 옵션으로 관리를 위해 따로 휴대 기기에 설치해야 하는 앱이 없습니다.
- **고급(Device Policy 앱 필요)** : Google Workspace 서비스를 사용하는 휴대 기기를 세부적으로 관리하며, Android와 iOS 기기의 앱을 감독합니다. 안전한 비밀번호를 요구하면서 기기를 원격으로 초기화할 수 있습니다. Android 기기에서는 직장 프로필을 사용하는 작업을 할 수 있습니다. 해당 옵션을 선택하기 위해서는 사전에 iOS 기기를 위한 Apple Push Certificate를 설정해야 합니다. 설정에 관한 자세한 내용은 383쪽을 참고하세요.
- **사용자 지정** : Android, iOS 기기별로 다른 모바일 관리 설정을 할 수 있으며 '고급', 'Basic', '관리되지 않음' 중에 선택할 수 있습니다.
- **모바일 관리 사용 중지(관리되지 않음)** : Google Workspace 서비스를 이용하는 휴대 기기를 관리 제어하지 않기 때문에 해당 옵션은 추천하지 않습니다.

## 직장 프로필 관리자 설정

직장 프로필은 Android 기기에서 개인 계정용 앱과 업무 계정용 앱을 분리합니다. 직장 프로필을 통해서 설치된 업무용 앱과 앱 알림에는 [■(직장 배지)]가 표시되어 개인 앱과 쉽게 구분할 수 있습니다. 직장 프로필을 사용하려면 사전에 '모바일 관리' 항목을 '고급'으로 설정해야 합니다.

**1 |** 관리 콘솔에서 [기기]를 선택한 후 [모바일 및 엔드포인트]−[설정]−[Android 설정]을 클릭하고, '직장 프로필'을 선택합니다.

**2 |** 직장 프로필에서 '직장 프로필 설정'을 클릭합니다.

**3** | 직장 프로필 설정에서 '직장 프로필을 생성하도록 사용 설정'을 선택하여 활성화한 후 '직장 프로필 생성을 선택사항으로 설정'을 선택하고 [저장]을 클릭합니다.

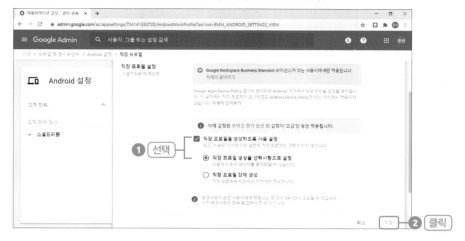

- **직장 프로필 생성을 선택사항으로 설정** : 사용자가 Android 기기에서 Google Workspace 서비스를 사용할 때 직장 프로필의 설치 유무를 선택할 수 있습니다.
- **직장 프로필 강제 생성** : 사용자가 Android 기기에서 Google Workspace 서비스를 사용하려면 무조건 직장 프로필을 사용해야 합니다.


## 직장 프로필 사용자 설정

직장 프로필에 대한 관리자 설정을 마무리하면 사용자가 Android 기기에 직장 프로필을 적용할 수 있습니다. 실습 내용은 삼성 Android 기기를 기준으로 진행하겠습니다.

**1** | Android 기기에서 [Google 드라이브] 앱을 실행한 후 [프로필]–[다른 계정 추가]를 터치하고, Google Workspace 계정으로 로그인합니다.

**잠깐만요** Google 드라이브 이외에도 Google이 제작한 앱을 실행하여 Google Workspace 계정으로 로그인 할 수 있습니다.

**2 |** 약관에 [동의]와 함께 Android 기기에서 Google Workspace 앱을 관리하는 Android Device Policy를 설치하기 위해 [설치]를 터치한 후 Device Policy 설치 팝업 창에서도 [설치]를 터치합니다.

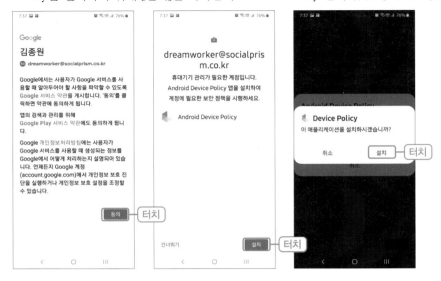

잠깐만요 ▶ 기기에 직장 프로필을 한 번 이상 설치했을 경우는 Device Policy 설치 화면이 나오지 않을 수 있습니다.

**3 |** 직장 프로필 설정에서 [동의 및 계속]을 터치한 후 주어진 화면에서 [다음]과 [설치]를 차례로 터치합니다.

잠깐만요 ▶ 기기에 화면 잠금이 설정되어 있지 않다면 화면 잠금 설정부터 진행됩니다.

**4** | 설치되는 앱을 확인하면서 [다음]과 [완료]를 차례로 터치합니다.

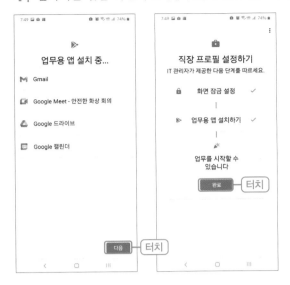 

잠깐만요 Google Workspace 관리자가 등록한 앱 설정에 따라 설치되는 앱이 다를 수 있습니다. 앱 관리에 대한 자세한 내용은 394쪽을 참고하세요.

**5** | 설치가 완료되면 Android 기기의 홈 화면이 '개인'과 '업무'로 분리된 것을 확인할 수 있습니다. '업무' 탭은 Google Workspace 앱으로 앱마다 [💼(직장 배지)]가 표시되어 있습니다.

▲ 개인 홈 화면     ▲ 업무 홈 화면

**6** | Android 기기에서 [설정]-[계정 및 백업]-[계정]을 터치하면 '업무 인증서' 항목에 설정한 계정이 나타나는 것을 확인할 수 있습니다.

잠깐만요 Android 기기 제조사마다 직장 프로필을 표현하는 방법이 다릅니다. LG는 앱 폴더 방식으로, 샤오미는 홈 화면 분할 방식으로 표현합니다.

**7** | 사용자는 Google Workspace 앱 활성화 여부를 선택할 수 있습니다. Android 상태바를 내린 후 [ ⋮ ]-[버튼 순서]를 터치하고, '업무 프로필' 아이콘을 추가합니다. '업무 프로필'을 누르면 버튼이 비활성화되고, 직장 프로필로 등록된 모든 앱도 비활성화된 것을 확인할 수 있습니다. 퇴근이나 휴가 시 해당 기능을 사용하면 업무 관련 메시지를 받지 않습니다.

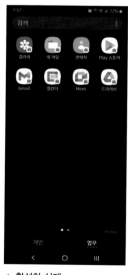

▲ 활성화 상태

▲ 비활성화 상태

**직장 프로필을 사용하지 않을 때 Google Workspace 계정 추가**

Google Workspace 관리자가 직장 프로필을 활성화하지 않은 설정 상태에서 사용자가 Android 기기에 Google Workspace 계정을 추가하면 기존 앱에 계정이 추가됩니다. 계정을 서로 전환하면서 앱을 사용할 수 있습니다.

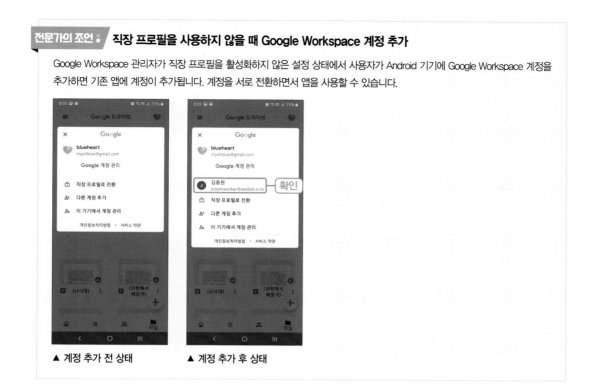

▲ 계정 추가 전 상태          ▲ 계정 추가 후 상태

## Apple 인증서 관리자 설정

iOS 기기와 Google Workspace 서비스 연결을 원활하게 하면서 조직에서 관리하는 앱을 구성하기 위해 Apple Push Certificate 설정을 해야 합니다. 특히, 고급 모바일 관리 기능을 사용할 경우 Apple Push Certificate 설정이 필요한데, Apple 인증서는 매년 갱신해야 합니다.

**1** │ 관리 콘솔에서 [기기]를 선택한 후 [모바일 및 엔드포인트]−[설정]−[iOS 설정]을 클릭하고, iOS 설정에서 'Apple 인증서'를 클릭합니다.

**2 |** 'Apple 푸시 알림 서비스' 항목에서 [APPLE 인증서 설정]을 클릭합니다.

**3 |** 인증 요청에서 [CSR 가져오기]를 클릭하여 Google의 공개 키 인증서를 다운받은 후 'Apple Push Certificates 포털'을 클릭하여 Apple 웹사이트로 이동합니다.

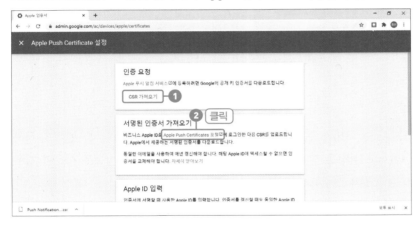

**4 |** Apple ID로 로그인에서 Apple ID와 비밀번호를 입력합니다(Apple.com에 가입하고, iOS 기기를 사용하고 있어야만 가능).

**5 |** 같은 Apple ID로 설정된 iOS 기기로 확인 코드를 받으면 이중 인증 입력란에 확인 코드를 입력합니다.

**6 |** Apple Push Certificates Portal로 이동한 후 [Create a Certificate]를 클릭합니다.

**7 |** 'I have read and agree to these terms and conditions.'를 선택하고, [Accept]를 클릭합니다.

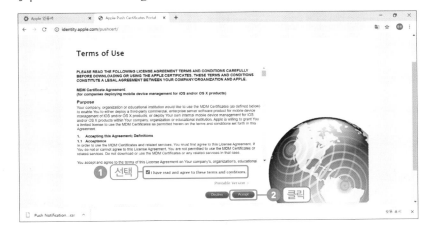

**8** | [파일 선택]을 클릭한 후 다운받은 Google의 공개 키 인증서를 선택하고, [Upload]를 클릭합니다.

**9** | [Download]를 클릭하여 Apple Push Certificates 파일을 다운받습니다.

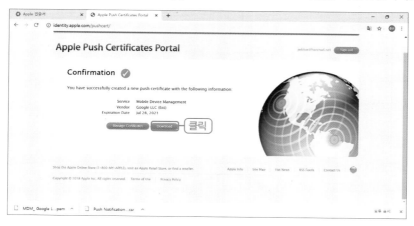

**10** | 다시 Google Workspace의 'Apple Push Certificates 설정' 화면으로 이동한 후 Apple ID 입력란에 사용한 Apple ID를 입력합니다. 'APNS 인증서 설정 완료' 항목에서 [인증서 업로드]를 클릭하여 다운받은 Apple Push Certificates 파일을 첨부한 후 모든 설정이 끝나면 [저장하고 계속하기]를 클릭합니다.

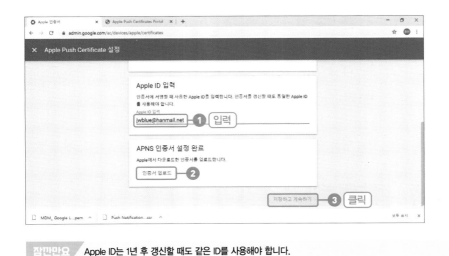

**잠깐만요** Apple ID는 1년 후 갱신할 때도 같은 ID를 사용해야 합니다.

**11** | 'Apple 푸시 알림 서비스 인증서 업로드 완료' 메시지가 나타나면 [완료됨]을 클릭합니다.

**12** | 인증서가 최신 상태로 등록되면 이제부터 iOS 기기를 설정할 수 있습니다. 매년마다 '인증서 갱신'을 클릭한 후 Apple 인증서 설정 작업을 다시 진행하여 인증서를 갱신해야 합니다.

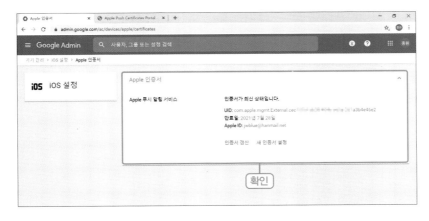

**잠깐만요** Apple Push Certificates의 모든 설정이 끝나면 iOS 기기의 고급 모바일 관리 설정을 할 수 있습니다. 자세한 내용은 376쪽을 참고하세요.

## iOS 기기 사용자 설정

Apple 인증서 설정을 마무리한 후 고급 모바일 관리 설정을 하면 Google Workspace 앱을 iOS 기기에서 조직이 관리하는 상태로 사용할 수 있습니다. 고급 모바일 관리 설정에 대한 자세한 내용은 376쪽을 참고하세요.

**1 |** iOS 기기에서 [Google 드라이브] 앱을 실행한 후 [계정]–[다른 계정 추가]를 터치하고, 계정 추가 팝업 창에서 [계속]을 터치합니다.

**잠깐만요** Google이 제공하는 다른 앱에 다른 계정을 추가해서 로그인을 진행해도 됩니다.

**2 |** Google Workspace 계정과 비밀번호를 입력한 후 Google Device Policy를 설치하기 위해 [APP STORE]와 [ 받기 ]를 차례로 터치하여 Google Device Policy 앱을 실행합니다.

**3 |** 앱이 실행되면서 알림 팝업 창이 나타나면 [허용]을 터치한 후 설정 완료가 되면 [시작하기]을 터치합니다.

**4 |** 앞서 입력한 Google Workspace 계정을 선택한 후 서비스 약관 팝업 창에서 [수락]을 터치하고, 프로필 설치를 위해 [●]를 터치합니다.

**5 |** 구글 프로파일을 다운받기 위해 [허용]과 [닫기]를 차례로 터치한 후 iOS 기기에서 [설정] 앱을 실행합니다.

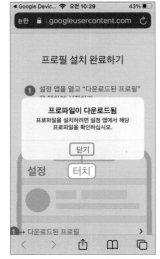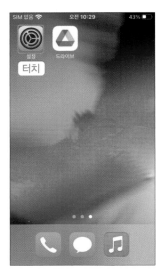

**6 |** 설정에서 [프로파일이 다운로드됨]–[설치]를 차례로 터치하고, iOS 기기의 암호를 입력합니다.

**7** | 프로파일을 설치하기 위해 [설치]를 차례로 터치한 후 원격 관리 팝업 창에서 [신뢰]를 터치합니다.

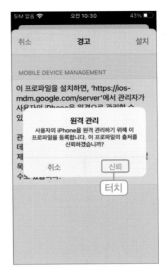

**8** | 프로파일이 설치되면 [완료]를 터치한 후 iOS 기기의 홈 화면에서 설치된 Google Device Policy 앱을 실행합니다. 사이드 메뉴를 보기 위해 [≡]를 터치합니다.

**9** | 메뉴에서 [앱]을 터치하면 Google Workspace 관리자가 관리하는 앱 목록을 확인할 수 있습니다. 관리되는 앱으로 등록하기 위해 [수락]을 터치한 후 앱 관리 변경 팝업 창에서 [관리]를 터치합니다.

잠깐만요 Google Workspace 관리자가 관리하는 앱 목록을 만들려면 406쪽을 참고하세요. 느낌표가 표시되어 있는 앱은 Google Workspace 관리자가 관리하지 않는 앱입니다.

**10** | 등록된 모든 앱이 조직의 Google Workspace에서 관리하는 앱으로 변경된 것을 확인할 수 있습니다.

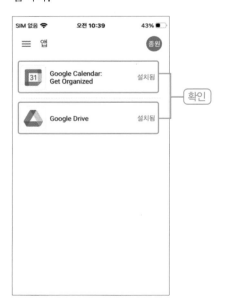

**11** | Apple 앱 스토어에서 설치하지 않은 앱이 자동으로 설치되며, Google이 제공하는 앱
(Google 드라이브)을 실행한 후 [프로필]을 터치하면 추가된 Google Workspace 계정이 나타나
므로 해당 계정을 터치합니다.

**12** | Google Workspace 계정의 Google 드라이브로 전환됩니다.

Google Workspace 관리자는 업무용 앱 목록을 만들어 사용자 휴대 기기에 제공할 수 있습니다. 특히, Android 기기에는 앱을 자동으로 배포할 수 있습니다.

## Android 기기에서 업무 앱 배포하기

업무용 앱 목록을 만들어 Andorid 기기 사용자에게 배포할 수 있습니다. 또한, 기본 모바일 관리 설정에서도 Android 기기에 앱을 배포할 수 있습니다. 모바일 관리 설정에 관한 자세한 내용은 376쪽을 참고하세요.

**1** | 관리 콘솔에서 [앱]을 선택한 후 [웹 및 모바일 앱]을 클릭합니다.

관리자는 사용자의 Android 기기에서 다음과 같은 작업을 할 수 있습니다.

• 업무용 앱 목록을 만들어 사용자가 설치하도록 제공합니다.

• Google Workspace 관리자가 업무용 앱을 사용자 기기에 원격으로 설치할 수 있습니다.

• 회사 소유 기기에 설치된 시스템 앱을 관리할 수 있습니다.

**2** | 웹 및 모바일 앱에서 [앱 추가]-[앱 검색]을 선택합니다.

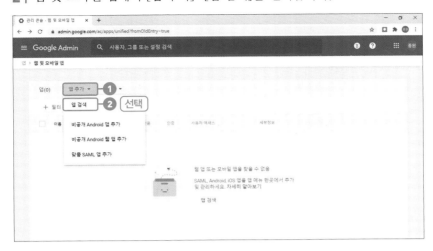

- **앱 검색** : Android 앱과 iOS 앱을 검색하고, 사용자가 사용할 수 있도록 앱을 등록합니다. iOS 앱을 검색하기 위해서는 Apple 인증서 설정을 해야 합니다. Apple 인증서에 대한 자세한 내용은 383쪽을 참고하세요. 기본 모바일 설정 상태에서는 Android 앱만 검색할 수 있습니다.
- **비공개 Android 앱 추가** : 조직을 위해 특별히 제작한 앱을 사용하도록 설정합니다. Google Workspace Business Plus 버전 이상에서 사용할 수 있습니다.
- **비공개 Android 웹 앱 추가** : 조직을 위해 특별히 제작한 웹 앱을 사용하도록 설정합니다. 자세한 내용은 399쪽을 참고하세요.
- **맞춤 SAML 앱 추가** : 싱글 사인온(SSO)을 이용하면 사용자는 Google Workspace 계정을 사용하여 다른 회사가 만든 업무용 서비스에 로그인할 수 있습니다.

**3** | 앱 검색에서 Google Keep 앱을 추가하기 위해 입력란에 'Google Keep'을 입력하여 검색합니다.

**4** | 검색된 항목 중 플랫폼이 Android인 앱에서 [선택]을 클릭합니다.

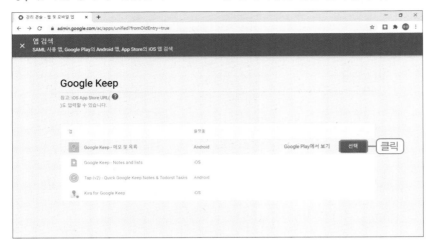

**5** | 그룹 또는 조직 단위별로 앱을 배포할 수 있는 설정 화면이 나타나면 아무런 설정 없이 [계속]을 클릭합니다.

**잠깐만요** Google Workspace Business Standard 버전에서는 그룹 또는 조직 단위별로 앱을 배포할 수 없으며, Google Workspace Business Plus 버전 이상이어야 합니다.

**6** | 업무용 앱 목록을 제공하기 보다는 Android 기기에 강제 설치하기 위해 '강제 설치'를 선택하고, [마침]을 클릭합니다.

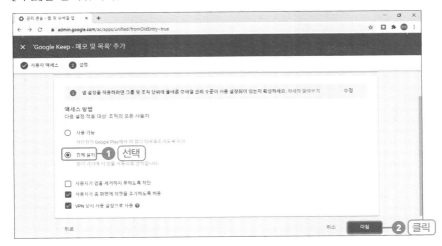

- **사용 가능** : 사용자가 Google Play 스토어에서 해당 앱을 다운로드할 수 있게 업무용 앱 목록에 앱을 추가합니다.
- **강제 설치** : 사용자의 Android 기기에 해당 앱을 자동으로 설치합니다.
- **사용자가 앱을 제거하지 못하도록 차단** : 사용자가 해당 앱을 제거하지 못하도록 차단합니다.
- **사용자가 홈 화면에 위젯을 추가하도록 허용** : 사용자가 해당 앱의 위젯을 사용할 수 있게 허용합니다.
- **VPN 상시 사용 설정으로 사용** : 모든 트래픽이 앱을 통과하면 공개 인터넷에 노출되지 않으므로 직장 프로필 트래픽의 네트워크 연결이 안전하게 구성됩니다.

**7** | 추가 설정을 하려면 '사용자 액세스', '설정', '런타임 권한' 등을 클릭합니다. 설정이 완료되면 [웹 및 모바일 앱]을 클릭합니다.

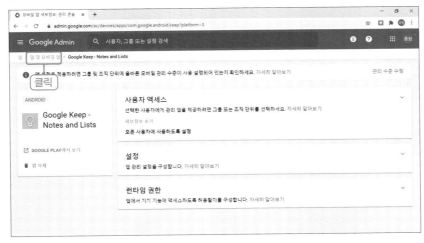

**8** | 선택한 앱이 앱 관리 목록에 등록되면 Android 기기에서의 앱 관리 설정이 마무리 됩니다.

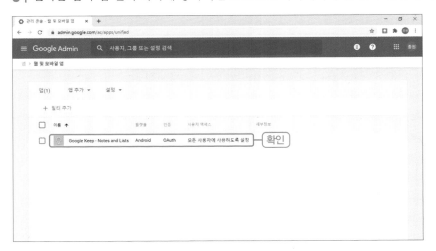

**9** | 앞에서 '강제 설치'를 선택했기 때문에 Google Workspace 계정을 사용하는 사용자의 Android 기기에 자동으로 'Google Keep' 앱이 설치됩니다.

**잠깐만요** 모든 사용자의 Android 기기에 해당 앱이 설치되는 데 최대 24시간이 소요됩니다.

## Android 기기에서 웹 앱 배포하기

Google Workspace 관리자는 웹 앱을 만들어 Android 기기 사용자에게 배포할 수 있습니다. 조직의 웹사이트나 사이트 도구로 만든 인트라넷 등을 웹 앱으로 만들어 배포할 수 있는데 웹 앱은 모바일용 Chrome 웹 브라우저에서 실행됩니다.

**1** | 관리 콘솔에서 [앱]을 선택한 후 [웹 및 모바일 앱]을 클릭합니다. 웹 및 모바일 앱에서 [앱 추가]-[비공개 Android 웹 앱 추가]를 선택합니다.

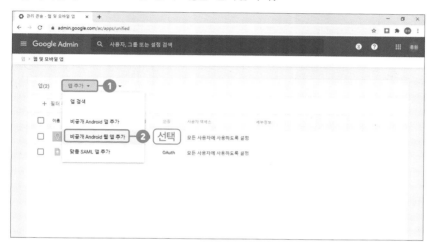

**2** | 웹 앱 만들기에서 [+]를 클릭합니다.

**3 |** 제목, URL, 표시, 아이콘 항목에서 필요한 정보를 각각 입력하고, [만들기]를 클릭합니다.

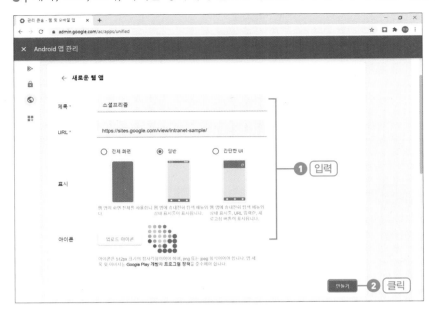

- **제목** : 웹 앱 이름을 입력합니다.
- **URL** : 웹 앱을 터치했을 때 나타나는 인터넷 주소를 입력합니다.
- **표시** : 웹 앱의 표시 방법을 전체 화면, 일반, 간단한 UI 중에서 선택합니다.
- **아이콘** : [업로드 아이콘]을 클릭하여 아이콘을 업로드합니다. 아이콘은 png 또는 jpg 형식으로 512px 크기의 정사각형이어야 합니다.

**4 |** 웹 앱이 목록에 표시되면 사용자가 웹 앱을 사용할 수 있도록 등록하기 위해 목록에 있는 등록된 웹 앱을 클릭합니다.

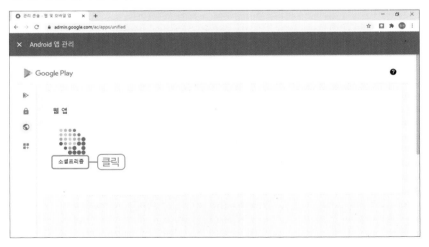

**5 |** 하단에서 [선택]을 클릭합니다.

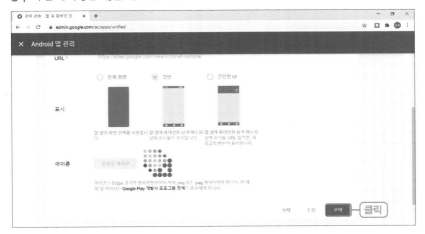

**6 |** 그룹 또는 조직 단위별로 앱을 배포할 수 있는 설정 화면이 나타나면 [계속]을 클릭합니다.

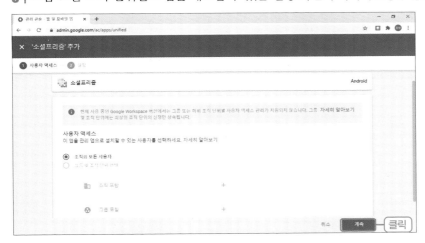

**7 |** Android 기기에 강제 설치하기 위해 '강제 설치'를 선택하고, [마침]을 클릭합니다.

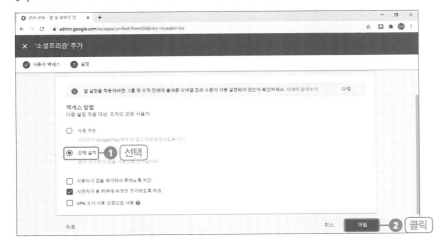

**8** | [웹 및 모바일 앱]을 클릭합니다.

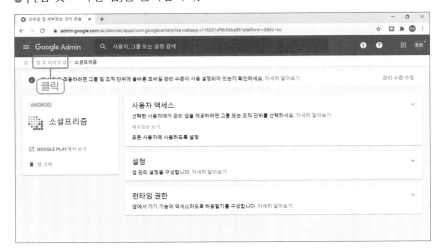

**9** | 비공개 웹 앱이 목록에 등록된 것을 확인할 수 있습니다.

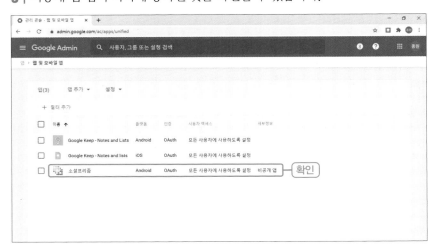

**10** | 최대 24시간 내에 사용자의 Android 기기에 웹 앱이 자동으로 설치됩니다. 웹 앱을 실행하면 Chrome을 통해서 해당 웹 앱을 확인할 수 있습니다.

**잠깐만요** 기기에 Chrome이 설치되어 있지 않다면 웹 앱을 실행할 때 따로 설치할 수 있습니다.

## 허용한 앱만 설치하도록 설정하기

직장 프로필의 기본 설정은 사용자가 Android 기기의 Google Play 스토어에서 업무용 앱을 제한 없이 설치할 수 있습니다. 또한, Google Workspace 관리자가 허용한 앱만 설치할 수 있도록 변경할수 있습니다.

**1** | 관리 콘솔에서 [기기]를 선택한 후 [설정]-[Android 설정]-[앱 및 데이터 공유]-[사용 가능한앱]을 클릭합니다. 사용 가능한 앱에서 '허용된 앱만'을 선택하고, [저장]을 클릭합니다.

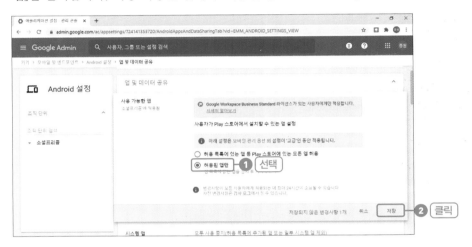

**2** | 사용자의 Android 기기에서 직장 프로필이 적용된 Google Play 스토어를 실행합니다.

**3 |** 앱 화면이 변경되면서 다른 앱을 선택할 수 있는 다양한 버튼이 사라집니다. 검색을 해도 Google Workspace 관리자가 허용된 앱 안에서만 찾을 수 있습니다.

▲ '허용된 앱만'을 설정했을 때 화면

▲ '허용된 앱만'을 설정했을 때 메뉴

**4 |** 다음은 '허용 목록에 있는 앱 등 Play 스토어에 있는 모든 앱 허용'을 설정했을 때 화면입니다. 업무 계정으로 Play 스토어에서 자유롭게 검색하고 다양한 앱을 찾아 설치할 수 있습니다.

▲ '허용 목록에 있는 앱 등 Play 스토어에 있는 모든 앱 허용'을 설정했을 때 화면

▲ '허용 목록에 있는 앱 등 Play 스토어에 있는 모든 앱 허용'을 설정했을 때 메뉴

## iOS 기기에서 앱 관리하기

Google Workspace 관리자는 iOS 기기의 Google Device Policy 앱 목록에 iOS 앱을 등록할 수 있습니다. 사용자는 Google Device Policy 앱 목록에서 앱을 선택하여 설치하면 조직이 관리하는 상태로 업무용 앱을 사용할 수 있습니다. iOS 앱 관리는 Apple 인증서 설정과 고급 모바일 관리 설정을 마쳐야 진행할 수 있습니다. iOS 인증서에 관한 자세한 내용은 383쪽을, 고급 모바일 관리 설정에 관한 자세한 내용은 376쪽을 참고하세요.

**1** | 관리 콘솔에서 [앱]을 선택한 후 [웹 및 모바일 앱]을 클릭합니다. 웹 및 모바일 앱에서 [앱 추가]−[앱 검색]을 선택하여 원하는 앱을 검색한 후 플랫폼이 'iOS'인 앱에서 [선택]을 클릭합니다.

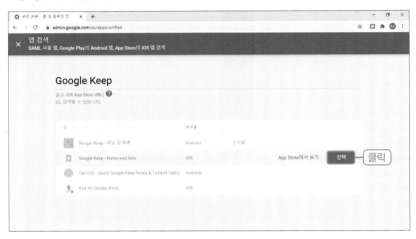

**잠깐만요** 　관리자는 사용자의 iOS 기기에서 다음과 같은 작업을 할 수 있습니다.
- 업무용 앱 목록을 만들어 사용자가 업무용 앱을 설치하도록 제안할 수 있습니다.
- 사용자가 Google 휴대 기기 관리 구성 프로필을 제거하지 않는 상태에서 관리자는 기기의 업무용 앱을 관리할 수 있습니다.

**2** | 그룹 또는 조직 단위별로 앱을 배포할 수 있는 설정 화면이 나타나면 [계속]을 클릭합니다.

**3 |** '관리되는 앱으로 지정'과 '구성 프로필 삭제 시 앱 삭제'를 각각 선택하고, [마침]을 클릭합니다.

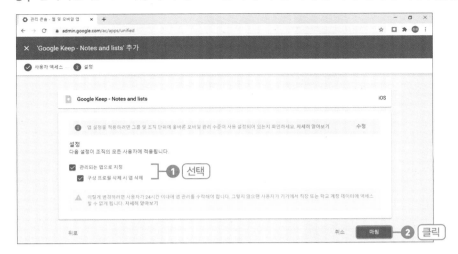

- **관리되는 앱으로 지정** : Google Workspace 관리자가 관리하는 앱으로 등록합니다.
- **구성 프로필 삭제 시 앱 삭제** : Google Workspace 관리자는 Apple 인증서를 통해 설치한 구성 프로필에서 사용자의 기기를 보호하고 관리합니다. 해당 구성 프로필을 삭제하면 관리되는 앱도 삭제됩니다.

**4 |** 선택한 iOS 앱이 앱 관리 목록에 등록됩니다.

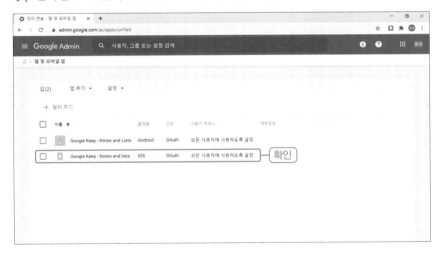

**5 |** iOS 기기 사용자는 Google Device Policy 앱을 실행한 후 [☰]를 터치하여 나타난 사이드 메뉴에서 [앱]을 선택합니다.

**6 |** 앱 설치 팝업 창에서 [설치]를 터치한 후 Google Workspace 관리자 관리한다는 메시지가 나타나면 다시 [설치]를 터치합니다. 기기의 홈 화면으로 이동하면 해당 앱이 설치된 것을 확인할 수 있습니다.

# 찾아보기